ISBN 3 8000 2007 6
J 368/7
Alle Rechte vorbehalten
Titel der englischen Ausgabe
„The merry adventures of Robin Hood"
Übersetzung von Inge Marten
Gesamtherstellung: Salzer - Ueberreuter, Wien
Printed in Austria

ÜBER ROBIN HOODS FRÖHLICHE SCHAR

Als im guten, alten England König Heinrich II. (1154 bis 1189) herrschte, lebte im Sherwoodwald in der Nähe von Nottingham ein berühmter Brigant, ein Räuber, der Robin Hood hieß. Kein Schütze konnte geschickter mit Pfeil und Bogen umgehen als er, und keiner hatte unerschrockenere Gefährten als die acht Dutzend Freisassen, die mit ihm durch die Wälder streiften. Vergnügt und ungestört lebten sie im tiefen Wald, vertrieben sich die Zeit mit Schützenspielen und Jagen und nährten sich vom Wild des Königs. Das Gesetz hatte Robin Hood und alle seine Freunde geächtet, aber die Landleute weit und breit liebten sie, denn niemals ging jemand mit leeren Händen fort, der Robin Hood in Notzeiten um Hilfe bat.

Doch wie war es geschehen, daß Robin Hood sich mit dem Gesetz überwarf?

Als Robin ein kräftiger junger Bursche von achtzehn Jahren war, veranstaltete der Sheriff von Nottingham einen Schützenwettkampf und versprach als ersten Preis ein Faß voll Bier. »Das gewinne ich mir«, sagte Robin, nahm seinen Bogen aus Eibenholz und zwei Dutzend scharfe Pfeile und machte sich an einem schönen Maienmorgen auf den Weg, um von seiner Heimatstadt Locksley durch den Sherwoodwald nach Nottingham zu wandern.

Bäume und Sträucher zeigten ihr erstes helles Grün, gelbe Schlüsselblumen und rosige Anemonen säumten die Hecken, die wilden Apfel=bäume blühten rosig, die Lerchen sangen, und auch Robin pfiff fröhlich vor sich hin. Plötzlich stieß er auf ein Dutzend Jäger des Königs, die unter einem Baum auf dem weichen Waldboden saßen und es sich bei einer riesengroßen Pastete und Bier gutgehen ließen. Einer rief Robin mit vollem Mund zu:

»Hallo, Kleiner, wohin willst du denn mit deinem Bogen, der nur einen Penny wert ist?«

Robin ärgerte sich und antwortete: »Mein Bogen und meine Pfeile sind genauso gut wie eure, und ich gehe zum Schützenfest nach Nottingham, um mit anderen Freisassen um den ersten Preis zu kämpfen, für den der Sheriff ein Faß Bier gibt.«

»Du bist noch nicht ganz trocken hinter den Ohren und kannst kaum einen Bogen spannen, und schon prahlst du darüber, daß du mit Männern Bier trinken willst«, sagte ein Jäger.

»Ich wette mit dem besten Schützen unter euch um zwanzig Taler, daß ich die Zielscheibe auf sechzig Ruten treffe«, behauptete Robin kühn.

»Und morgen mischt du deine Milch schon mit Bier«, spottete ein anderer Jäger.

Da wurde Robin richtig zornig: »Da, schaut! Dort tritt ein Rudel Rotwild auf die Lichtung. Es ist noch weiter als sechzig Ruten entfernt. Ich wette zwanzig Taler, daß ich den besten Bock treffe.«

»Und ich wette zwanzig Taler, daß du weder den besten Bock noch ein anderes Tier triffst«, entgegnete der Jäger, der Robin als erster angesprochen hatte.

Robin nahm seinen Bogen, stützte die Spitze auf den Schenkel und legte einen Pfeil auf. Dann hob er den Bogen, zielte, und schon surrte die Bogenschnur, und der Pfeil schoß dahin wie ein Vogel vor dem Nordwind. Der edelste Hirsch des Rudels sprang hoch, stürzte getroffen zu Boden, und sein Blut färbte das Gras rot.

»So, wie gefällt euch dieser Schuß?« rief Robin. »Ich wußte, daß ich die Wette gewinnen würde, und wenn es um dreihundert Pfund gegangen wäre!«

6

»Du bekommst keinen Penny!« schrie der Jäger wütend, der die Wette verloren hatte. »Jetzt schau, daß du weiterkommst, oder ich verwalke dich so, daß du nie wieder einen Bogen in die Hand nimmst!«

»Du hast das Wild des Königs erlegt, und das Gesetz befiehlt, daß dir dafür beide Ohren abgeschnitten werden«, rief ein anderer.

»Laßt ihn laufen; er ist ja noch jung«, beschwichtigte ein dritter.

Robin erwiderte kein Wort. Er sah die Jäger mit bösem Gesicht an, machte auf dem Absatz kehrt und stapfte davon.

Jetzt hätte der Jäger, der die Wette verlor, gut daran getan, Robin in Ruhe zu lassen. Aber er ließ sich von der Wut hinreißen, sprang plötzlich auf und schickte ohne jede Warnung einen Pfeil hinter Robin her. »Dir will ich Beine machen!« schrie er.

Der Jäger hatte sehr viel Bier getrunken und stand deshalb nicht sehr sicher auf den Füßen. Das war Robins Glück, denn sonst wäre es um ihn geschehen gewesen. So pfiff der Pfeil dicht an seinem Kopf vorbei. Robin wirbelte herum, riß den Bogen hoch und schoß zurück.

»Jetzt sag noch einmal, daß ich kein Bogenschütze bin!« rief er zornig.

Der Jäger stürzte mit einem Schrei zu Boden. Robins Pfeil hatte ihm das Herz durchbohrt. Ehe die anderen Jäger sich von ihrem Schreck erholt hatten, war Robin Hood im Wald verschwunden. Sie verfolgten ihn nicht, denn jeder fürchtete, daß es ihm so ergehen könnte, wie seinem Kameraden.

Robin rannte immer tiefer in den Wald hinein, das Herz voll Trauer und Verzweiflung, denn er hatte einen Menschen getötet. »Oh, ich wollte, ich wäre dir niemals begegnet!« klagte er. »Ich wollte, du hättest mich niemals angesprochen! Ich wollte, der rechte Zeigefinger wäre mir abgefallen, ehe ich den Pfeil abschnellen ließ! Ich habe unüberlegt gehandelt, und jetzt habe ich mein ganzes Leben lang Zeit, das zu bereuen!«

Robin wußte genau, daß er jetzt geächtet wurde, weil er das Wild des Königs erlegt und einen Menschen getötet hatte.

Zweihundert Pfund Belohnung wurden auf Robins Kopf ausgesetzt, und der Sheriff von Nottingham schwor sich, ihn selbst zu fangen, damit er das Geld in seinen eigenen Sack stecken konnte.

Aber Robin Hood versteckte sich gut und kam ein ganzes Jahr lang keinen einzigen Schritt aus dem Sherwoodwald heraus. Während dieser Zeit versammelten sich viele Freisassen um ihn, die genau wie er aus irgendeinem Grund geächtet worden waren. Manche hatten im strengen Winter Wild erlegt, weil sie gar nichts anderes zu essen finden konnten; waren von den Jägern des Königs dabei erwischt worden und geflohen, um ihre Haut zu retten. Andere waren von ihren Höfen vertrieben worden, um damit die Ländereien des Königs zu vergrößern. Wieder andere hatten ihre Felder an reiche Barone und Grafen verloren, denen sie nach einer schlechten Ernte die Abgaben nicht pünktlich zahlen konnten. Alle suchten im tiefen Sherwoodwald Schutz vor Unterdrükkung und Ausbeutung. Sie wählten Robin Hood zu ihrem Anführer und schworen, sich an ihren Unterdrückern zu rächen und ihnen all das wieder abzunehmen, was sie von den Armen durch ungerecht hohe Pachtzinsen und Steuern und Strafen erpreßt hatten. Die Freisassen schworen auch, allen Armen zu helfen und niemals Frauen und Kindern etwas zuleide zu tun. Weit und breit merkten die Landleute bald, daß sie von Robin Hood und seinen Gefährten nichts zu befürchten hatten und in schlechten Zeiten immer Hilfe bei ihm fanden. Sie betrachteten ihn als einen der ihrigen, liebten ihn und verbreiteten die Geschichten von seinen Heldentaten und Abenteuern im ganzen Land.

An einem schönen Sommermorgen sagte Robin Hood zu seinen Gefährten: »Schon seit vierzehn Tagen haben wir nichts Besonderes mehr erlebt, deshalb breche ich jetzt auf, um ein Abenteuer zu suchen. Folgt mir so weit, daß ihr den Ruf meines Jagdhorns hören könnt. Wenn ich dreimal hineinstoße, brauche ich eure Hilfe.«

Robin Hood wanderte aus dem tiefen Sherwoodwald heraus. Auf der Landstraße begegnete er einem hübschen jungen Mädchen, und sie grüßten einander freundlich im Vorübergehen. Er zog seine Mütze vor einer feinen Dame, die mit ihrem Gefolge reiste, und sie nickte ihm würdevoll zu. Dann traf er einen dicken Mönch auf einem mit Körben beladenen Esel; einen tapferen Ritter, dessen Rüstung in der Sonne funkelte; einen purpurgekleideten Pagen und einen Bürger aus Nottingham, der ernsthaft dahinschritt. Aber einem Abenteuer begegnete Robin nicht!

Endlich führte ihn sein Weg zu einem breiten Bach, den eine schmale Brücke aus Baumstämmen überspannte. Von der anderen Seite näherte sich ein Wanderer, der nun genau wie Robin die Schritte beschleunigte, denn jeder wollte zuerst über den Steg.

»Warte und laß den besseren Mann zuerst hinüber«, rief Robin.

»Der bessere bin ich, also warte du«, gab der Fremde zurück.

»Das werden wir schon sehen«, entgegnete Robin. »Bleib stehen, wo du bist, oder ein Pfeil aus gutem Holz aus Nottinghamshire kitzelt dich.«

»Wenn du es nur wagst, die Sehne deines Bogens zu berühren, gerbe ich dir das Fell, bis es in so vielen Farben schimmert wie der Kittel eines Bettlers!«

»Du Prahlhans!« rief Robin Hood. »Mein Pfeil durchbohrt dich schneller, als ein Mönch sein Kreuz über einer gebratenen St.-Michaels-Gans schlagen kann!«

»Du Feigling!« gab der Fremde zurück. »Du kannst mich mit Pfeil und Bogen erschießen, aber ich habe nur einen einfachen Knüppel, um mich zu wehren.«

»Auf mein Ehrenwort, in meinem ganzen Leben bin ich noch niemals ein Feigling genannt worden. Wenn du warten willst, schneide ich mir auch einen Knüppel, und wir kämpfen mit gleichen Waffen miteinander.«

»Ich warte gerne, und das wird dir leid tun«, sagte der Fremde und stützte sich auf seinen Stock.

Im Hain neben dem Bach schnitt Robin Hood sich einen dicken, einsachtzig langen Eichenknüppel. Während er die kleinen Zweige davon entfernte, beobachtete er verstohlen den Fremden, der noch größer und breitschultriger war als er selber und gelassen mitten auf dem Steg auf ihn wartete.

»So, jetzt kämpfen wir, bis einer von uns in den Bach fällt«, rief Robin und sprang auf die kleine Brücke.

»Nur zu!« Der Fremde ließ seinen langen Stock wirbeln.

Nun begann ein Stockfechtkampf, an den die zwei sich noch lange erinnern sollten. Beide schlugen mit gleicher Kraft zu, beide fingen die Schläge mit der gleichen Geschicklichkeit mit den langen Knüppeln ab oder steckten sie mit demselben Gleichmut ein. Eine Stunde lang droschen sie aufeinander los, aber keiner wich auch nur einen Schritt zurück. Jeder hatte Beulen und blaue Flecken, aber keiner bat um Gnade, und keiner fiel in den Bach. Hin und wieder hielten sie inne, um zu verschnaufen, und jeder dachte bei sich, daß er noch niemals solch einen standhaften Gegner gehabt habe. Endlich schlug Robin seinen Gegner so mächtig von der Seite auf die Rippen, daß dieser fast das Gleichgewicht verlor. Er fing sich jedoch wieder, und sein nächster Schlag traf Robin so hart auf den Kopf, daß ihm schwarz vor den Augen wurde. Robin schlug mit aller Kraft blindlings zurück; der Fremde fing den Schlag auf, traf Robin noch einmal, und diesmal kippte Robin um wie ein Kegel auf der Kegelbahn und fiel in den Bach.

»Und wo bist du jetzt, mein stolzer Freund?« schrie der Fremde lachend.

»Im Bach«, schrie Robin genauso lachend zurück, als er wieder auf die Beine kam und ans Ufer watete, denn er war nicht nachtragend. »Gib mir deine Hand. Du bist ein standhafter, tapferer Bursche. Zwischen hier und Canterbury gibt es keinen Mann, der mich so besiegt haben könnte wie du.« Damit setzte Robin sein Jagdhorn an die Lippen und stieß dreimal hinein, daß das Echo weit durch den Wald hallte.

»Ich habe noch niemals solch einen standhaften Freisassen gesehen wie dich«, gestand der Fremde.

Plötzlich knackte es rundum im Unterholz, und wie aus dem Boden gestampft tauchten drei Dutzend kräftige, gut bewaffnete Männer auf, die alle das gleiche jägergrüne Wams trugen.

»Was ist hier los? Du bist ja naß bis auf die Haut!« rief Will Stutely, der sie anführte.

»Der Bursche da hat mich verprügelt und dann ins Wasser geworfen«, erklärte Robin vergnügt.

»Dann wird er ebenfalls verprügelt und ins Wasser geworfen. Auf ihn, Freunde!« schrie Will.

Der Fremde schlug tapfer rechts und links mit dem Knüppel drauflos, und es setzte noch ein paar Beulen und blaue Flecken, ehe sie ihn überwältigten.

»Hört auf!« schrie Robin Hood. »Er ist der richtige Mann für uns und es soll ihm nichts geschehen! Höre, Fremder, willst du nicht bei uns bleiben? Du bekommst dreimal im Jahr ein neues grünes Gewand, und einmal vierzig Taler bares Geld und teilst das Wild des Königs und gutes Bier mit uns. Du sollst auch meine rechte Hand sein, denn ich kenne niemand, der so gut mit dem Knüppel fechten kann wie du. Sag, willst du einer von uns sein?«

»Ich weiß nicht«, antwortete der Fremde mißmutig. »Wenn du mit Pfeil und Bogen nicht besser umgehen kannst als mit dem Eichenknüppel, dann bist du es nicht wert, ein Freisasse genannt zu werden. Aber wenn unter deinen Leuten ein besserer Schütze ist als ich, dann will ich mir die Sache überlegen.«

»Du bist ein hochnäsiger Bursche«, bemerkte Robin Hood. »Aber weil du es bist, will ich mich noch einmal mit dir messen. Will, schneide an der Eiche dort drüben, die gute sechzig Ruten entfernt ist, ein weißes Stück Rinde heraus, vier Finger breit. Wenn du dieses Ziel triffst, Fremder, dann kannst du dich einen Bogenschützen nennen.«

»Ich treffe es! Gebt mir nur einen anständigen Bogen.« Der Fremde wählte den besten Bogen unter allen. Robin Hood und seine Freunde beobachteten gespannt, wie er einen Pfeil einlegte, den Bogen hob, die Sehne spannte... und das Ziel genau in der Mitte traf. Da klatschten sie alle laut Beifall.

»So, jetzt mach's besser, wenn du kannst!« sagte der Fremde.

Robin Hood nahm seinen Bogen, zielte sorgfältig, und sein Pfeil traf den Pfeil des Fremden und spaltete ihn in der Mitte. Seine Gefährten schrien vor Begeisterung über den guten Schuß ihres Anführers.

»Bei allen Heiligen, solch einen Schuß habe ich in meinem ganzen Leben noch nicht gesehen! Jetzt schließe ich mich euch an«, rief der Fremde.

»Dann habe ich heute einen guten Mann gewonnen«, sagte Robin. »Wie heißt du?«

»Man nennt mich John Klein.«

Da meinte Will Stutely: »Dein Name gefällt mir anders herum besser, und weil du so klein und schmächtig bist, sollst du von nun an der kleine John genannt werden, und ich werde dein Pate sein.«

Robin Hood und seine Freunde lachten, aber der Fremde antwortete ärgerlich: »Wenn du dich über mich lustig machst, wird dir das schlecht bekommen!«

»Guter Freund, ärgere dich nicht, denn der Name paßt wirklich gut zu dir, und von jetzt an heißt du der kleine John. Kommt, jetzt bereiten wir unserem Täufling ein Fest«, sagte Robin.

Robin Hoods Freunde wanderten zurück zu ihrem Versteck im tiefen Wald. Dort hausten sie in Hütten aus Ästen und Rinde und schliefen auf Laubhaufen, über die sie Hirschfelle breiteten. Unter einer mächtigen alten Eiche stand ein erhöhter Sitz aus grünem Moos für Robin

Hood. Hier waren die zurückgebliebenen Männer damit beschäftigt, fette Hasen am Spieß zu braten. Ein Faß Bier wurde angezapft, und alle ließen sich zum Essen auf dem weichen Waldboden nieder. Robin Hood wies dem kleinen John den Platz zu seiner Rechten an, denn er sollte der zweite Anführer sein.

Als sie sich gestärkt hatten, begann Will Stutely: »Jetzt wollen wir unser hübsches Baby taufen!«

Und seine Freunde riefen alle lachend: »Ja, ja, sofort!«

»Wir brauchen sieben Paten«, sagte Will und wählte die sieben kräftigsten Männer unter allen.

Der kleine John sprang auf: »Ihr werdet es bereuen, wenn ihr mich anrührt!«

Aber die Männer stürzten sich auf ihn, packten ihn an Armen und Beinen und trugen ihn einmal im Kreis um das Lagerfeuer herum. Dann trat einer vor, der die Rolle des Pfarrers spielen mußte, weil er kahlköpfig war. Er hielt einen Becher Bier in der Hand und fragte feierlich: »Wer bringt das Kind zur Taufe?«

»Ich«, antwortete Will Stutely.

»Und welchen Namen gibst du ihm?«

»Klein-John.«

»Klein-John sollst du von nun an heißen«, rief der falsche Pfarrer und kippte Klein-John den Becher Bier über den Kopf.

Das Bier tropfte Klein-John aus den Haaren, von der Nase, vom Kinn und brannte ihm in den Augen. Zuerst wollte er sehr wütend darüber werden, aber weil alle anderen so vergnügt waren, lachte er notgedrungen mit ihnen. Dann nahm Robin Hood ihn beiseite, kleidete ihn von Kopf bis zu Fuß in dem gleichen jägergrünen Tuch ein, das auch die anderen Gefährten trugen, und schenkte ihm einen schönen Bogen. Nun gehörte der kleine John zu Robin Hoods fröhlicher Schar.

1 ROBIN HOOD UND DER KESSELFLICKER

Zweihundert Pfund waren auf Robins Kopf ausgesetzt, und der Sheriff von Nottingham war entschlossen, sie für seinen eigenen Beutel zu gewinnen, denn er war ein geldgieriger Mensch. Der Sheriff wußte noch nicht, wie viele geächtete Freisassen sich schon im Sherwoodwald um Robin Hood geschart hatten und wie die Landleute weit und breit sie liebten und bewunderten. Er bildete sich ein, er könnte Robin Hood den Haftbefehl des königlichen Gerichts vorlegen lassen und ihn auffordern, sich zu ergeben. Die einzige Schwierigkeit war nur, Robin Hood im riesigen Sherwoodwald aufzustöbern, dachte der Sheriff, und deshalb wollte er achtzig Goldpfennige Botenlohn zahlen. Er ahnte nicht, wie die Männer von Nottingham über ihn lachten, denn sie wußten genau, daß ihnen solch ein Botengang nur eine ordentliche Tracht Prügel einbringen konnte. Keiner meldete sich, und nach vierzehn Tagen sagte der Sheriff verwundert:

»Achtzig Goldpfennige sind doch ein sehr anständiger Lohn für einen Botengang. Ich verstehe nicht, warum niemand von euch sie verdienen will.«

Da antwortete einer aus seinem Gefolge: »Habt Ihr denn noch nicht gehört, wie mächtig Robin Hood ist? Er lacht nur über einen Haftbefehl des Königs oder des Sheriffs. Niemand wird diesen Botengang für Euch übernehmen, denn niemand will sich einen eingeschlagenen Kopf und zerbrochene Knochen holen.«

»Dann sind alle Männer von Nottingham Feiglinge«, erklärte der Sheriff und schickte noch am selben Morgen einen reitenden Boten nach Lincoln, um dort einen Mann zu suchen, der genug Mut hatte, Robin Hood einen Haftbefehl zu überbringen.

Der Tag war heiß, die Straße staubig, und als er die Hälfte des Weges hinter sich hatte, freute sich der Bote, daß vor ihm das Wirtshaus »Zum blauen Eber« auftauchte. Es lag unter hohen Eichen, die kühlen Schatten spendeten, und auf den Bänken vor der Tür saßen ein Kesselflicker, zwei barfüßige Bettelmönche und sechs grüngekleidete Jäger des Königs, die Bier tranken und fröhliche Balladen aus der guten alten Zeit sangen. Der müde Bote sprang vom Pferd, und ein Jäger rief ihm zu:

»Komm, setz dich zu uns! Wirt, einen frischen Becher Bier für jeden. Welche Neuigkeit führt dich so weit über Land?«

Der Bote war ein geselliger Mann, der gerne erzählte und sich wichtig machte. Ein Becher Bier löste ihm stets die Zunge. Er lümmelte sich bequem auf die Bank und berichtete lang und breit und ganz von Anfang an: Wie Robin Hood den Jäger getötet hatte und sich seitdem im Sherwoodwald verbarg; mit seinen Kumpanen das Wild des Königs erlegte, von reichen Äbten, Rittern und Baronen Wegzoll forderte, so daß sich keiner mehr ohne Gefolge über die Landstraßen traute; und daß der Sheriff, der ihm, dem Boten, jeden Samstag sechs Pence gab und dazu ein Faß Bier zu St. Michael und eine fette Gans zu Weihnachten, diesem Robin Hood nun den Haftbefehl des Königs zustellen sollte. Und da in ganz Nottingham kein einziger Mann dem Sheriff diesen Dienst erweisen und Robin Hood den Haftbefehl überbringen wollte, weil sie sich alle miteinander fürchteten, mit angeschlagenen Köpfen nach Hause zu kommen, deshalb war er, der Bote, jetzt auf dem Weg nach Lincoln, um dort nach einem Mann zu suchen, der noch Mumm in den Knochen hatte. Und so kam es, daß er jetzt hier saß und sich an dem besten Bier labte, das je durch seine Kehle gelaufen war.

Kesselflicker, Bettelmönche, Jäger, Wirt und Wirtin, die unter der

Tür standen, hörten dem Boten stumm und mit offenem Mund zu. Als er endlich fertig war, brach der Kesselflicker das Schweigen:

»Ich komme aus Banbury, und niemand aus Nottingham oder Lincoln kann so mit dem Knüppel umgehen wie ich. Habe ich nicht Simon aus Ely auf der Kirmes in Hertford besiegt, und Sir Robert von Leslie und seine Frau haben selber dabei zugesehen! Dieser Robin Hood scheint ein toller Bursche zu sein, und sehr stark, aber bin ich nicht noch stärker? Er ist gerissen, aber ich bin noch gerissener! So wahr man mich Wat mit dem Eichenknüppel nennt: Ich werde ihm den Haftbefehl bringen, und wenn er das Siegel unseres Königs nicht achtet, dann verprügle ich diesen Burschen so, daß er nie wieder einen Finger rühren kann! Habt ihr das gehört? Und jetzt noch eine Runde, Frau Wirtin!«

»Du bist der richtige Mann! Du mußt sofort mit mir nach Nottingham kommen«, sagte der Bote erfreut.

Der Kesselflicker schüttelte den Kopf: »Ich muß überhaupt nichts! Niemand kann mich zu irgend etwas zwingen. Ich komme nur, wenn es mein eigener, freier Wille ist.«

»Natürlich kann niemand solch einen tapferen Burschen wie dich zu irgend etwas zwingen«, schmeichelte der Bote. »Aber unser Sheriff zahlt dir achtzig glänzende Goldpfennige, wenn du Robin Hood den Haftbefehl bringst.«

»Dann komme ich mit«, erklärte der Kesselflicker und nahm den Beutel mit seinem Handwerkszeug über die Schulter. Der Bote zahlte die Zeche für alle. Dann schwang er sich in den Sattel. Der Kesselflicker lief neben dem Pferd her, und so machten sie sich auf den Weg nach Nottingham.

Wenige Tage später schlug auch Robin Hood den Weg nach Nottingham ein, um einmal nachzusehen, was sich inzwischen dort ereignet haben mochte. Das Jagdhorn hing an seiner Hüfte, er trug den Bogen

auf dem Rücken und einen festen Eichenknüppel in der Hand. Wie er so dahinschritt, sah er einen Kesselflicker auf sich zukommen, der fröhlich vor sich hin sang:

>*Zur Jagdzeit froh das Horn erschallt*
in Feld und Wald, trara!«

»Hallo, guter Freund!« rief Robin Hood.

>*Der Meute Bellen widerhallt*
in Feld und Wald . . .«

sang der Kesselflicker weiter.

»He da, bist du taub? Hallo, guter Freund, habe ich gesagt!« schrie Robin Hood.

»Ich bin nicht taub, aber wer bist du, daß du einfach ein Lied unterbrichst?« gab der Kesselflicker zurück. »Wenn ich ein guter Freund bin, dann ist das dein Glück; wenn ich es nicht bin, dann hast du Pech gehabt.«

»Dann wollen wir lieber gute Freunde sein«, meinte Robin. »Woher kommst du?«

»Aus Banbury.«

»O weh! Dort gibt es heute morgen schlechte Nachrichten«, sagte Robin mit bekümmertem Gesicht.

»Was für Nachrichten? Wie du siehst, gehöre ich zur Zunft der Kesselflicker, und wir hören immer gerne Neuigkeiten, die wir den Leuten auf unseren Wanderungen von Dorf zu Dorf mitbringen können.«

»Nun, dann fasse dich, denn es ist eine traurige Nachricht: zwei Kesselflicker sind ins Gefängnis geworfen worden, weil sie zuviel Bier getrunken haben«, sagte Robin.

»Das ist wirklich traurig«, seufzte der Kesselflicker. »Die armen Burschen!«

»Du hast mich ganz falsch verstanden. Das Traurige an der Geschichte ist, daß nur zwei im Gefängnis sitzen und die anderen noch immer frei im Lande herumziehen«, antwortete Robin.

»Ich versohle dir gleich das Fell für deinen schlechten Witz«, schrie der Kesselflicker. »Du meinst wohl, wenn andere dafür ins Gefängnis kommen, dann kriegst du ihren Teil auch noch mit?«

»Du bist selbst wie Bier, denn das sprudelt auch über, wenn es sauer wird«, lachte Robin Hood. »Aber du hast recht, ich trinke sehr gerne Bier, und deshalb lade ich dich jetzt ein, mit mir in das Wirtshaus ›Zum blauen Eber‹ zu kommen. Dort gibt es das beste Bier in ganz Nottinghamshire.«

»Du scheinst doch ein guter Bursche zu sein, trotz deiner schlechten Witze«, sagte der Kesselflicker.

Sie gingen zusammen weiter, und Robin fragte: »Und was weißt du für Neuigkeiten? Kesselflicker kommen überall herum und erfahren alles.«

»Ich habe eine Neuigkeit, die ich nicht jedem erzähle, denn ich bin ein gescheiter Mann. Aber weil du es bist, will ich es dir verraten. Der Sheriff von Nottingham hat mir einen wichtigen Auftrag übergeben, für den mein ganzer Verstand nötig ist. Ich muß den kühnen Briganten suchen, den die Leute Robin Hood nennen, und ihm den Haftbefehl übergeben, den ich hier in meinem Sack habe, auf Pergament geschrieben und mit dem großen roten Siegel des Königs. Und wenn er dann nicht freiwillig mit mir kommt, haue ich ihn windelweich. Du lebst doch hier in der Gegend; vielleicht kennst du diesen Robin Hood?«

»Ja, und ich habe ihn erst heute morgen noch gesehen. Die Leute sagen, er sei ein gerissener Bursche. Paß nur gut auf deinen Haftbefehl auf, sonst stiehlt er ihn dir noch aus dem Sack.«

»Das soll er nur versuchen! Wenn er gerissen ist, so bin ich es auch. Ich wollte, ich hätte ihn schon vor mir.« Der Kesselflicker wirbelte drohend seinen Eichenknüppel. »Was für ein Bursche ist er eigentlich?«

18

»In Gestalt und Alter ungefähr so wie ich«, antwortete Robin Hood. »Er hat auch blaue Augen.«

»Aber du bist nur ein junger Bursche. Ich dachte, er sei ein erfahrener, älterer Mann, weil die Leute in Nottingham solche Angst vor ihm haben.«

»Er ist nicht so alt und gesetzt wie du, aber es heißt, er kann sehr gut mit dem Knüppel fechten.«

»Schon möglich«, gab der Kesselflicker zu. »Aber ich kann das noch besser, denn ich habe auf der Kirmes von Hertford Simon aus Ely besiegt. Kannst du mich nicht zu Robin Hood führen? Der Sheriff von Nottingham hat mir achtzig Goldpfennige versprochen, wenn ich ihn verhafte, und wenn du mich zu ihm führst, dann gebe ich dir zehn davon ab.«

»Das will ich gerne tun«, sagte Robin. »Aber zeig mir erst den Haftbefehl, damit ich sehe, ob er auch echt ist.«

»Den würde ich nicht einmal meinem eigenen Bruder vorweisen«, wehrte der Kesselflicker ab. »Niemand darf das Dokument sehen, bis ich es dem Burschen übergebe.«

»Wenn du mir das Pergament nicht zeigst, dann weiß ich nicht, wem du es zeigen willst«, meinte Robin. »Doch hier sind wir schon am ›Blauen Eber‹ angelangt.«

In ganz Nottinghamshire gab es kein hübscheres Wirtshaus als den »Blauen Eber«. Keines lag unter solch herrlichen alten Bäumen und an keinem rankten sich solch dichte Waldreben und solch süßduftendes Geißblatt empor. Und in keinem gab es solch gutes Bier. Im Winter, wenn der Nordwind den Schnee zu hohen Wächten auftürmte, versammeln sich Freisassen und allerlei fahrendes Volk vor dem lodernden Kaminfeuer im »Blauen Eber«, rösten kleine saure Äpfel in der Asche und vertrieben sich die Zeit mit Bier und Liedern. Robin Hood und seine Gefährten kannten das Wirtshaus gut, denn hier suchten sie Unterschlupf, wenn Schnee das Land bedeckte. Der Wirt war ein verschwiegener Mann, der genau wußte, auf welcher Seite sein Brot gebuttert war: Robin und seine Freunde waren seine besten Gäste, die immer bar bezahlten und niemals mit Kreide hinter der Tür anschreiben ließen. Als Robin Hood nun mit dem Kesselflicker daherkam und schon laut nach zwei großen Bechern Bier rief, verriet der Wirt mit keinem Blick und keinem Wort, daß er den Verfemten kannte.

»Setz dich hier draußen auf die Bank«, forderte Robin den Kesselflicker auf. »Ich gehe nur hinein und passe auf, daß der Wirt vom richtigen Faß abzapft.« In der Küche flüsterte er dann dem Wirt schnell zu, dem Kesselflicker etwas starken flämischen Schnaps ins Bier zu tun.

Der Kesselflicker leerte mit dem ersten Zug gleich den halben Becher. Dann schnalzte er mit der Zunge: »So wahr ich Wat mit dem Eichenknüppel heiße, das ist das beste Bier, das mir je durch die Kehle gegluckert ist.«

»Trink, guter Freund, trink«, ermunterte Robin ihn. »Wirt, noch einen Becher für meinen Freund! Und dann singst du uns ein Lied.«

»Das Lied bekommst du gleich zu hören, denn nach solch einem guten Trunk singe ich besonders gern. Frau Wirtin, holt eure Tochter, denn wenn hübsche Mädchen mir zuhören, geht es noch besser.« Dann stimmte der Kesselflicker eine Ballade aus der Zeit des edlen Königs Arthur an. Er hatte wirklich eine sehr schöne Stimme, aber schon nach einigen Versen gehorchte ihm seine Zunge nicht mehr, sein Kopf wurde immer schwerer, und plötzlich sackte ihm das Kinn auf die Brust. Der Kesselflicker war mitten in einer Zeile eingeschlafen, als ob er nie wieder aufwachen wollte.

Robin Hood lachte und zog blitzschnell das gerollte Pergament aus dem Sack des Kesselflickers. »Du wolltest so gescheit sein, aber Robin Hood war noch gescheiter!« Dann rief er den Wirt und sagte: »Hier hast du zehn Schilling für meine Zeche. Kümmere dich gut um deinen

Gast hier. Wenn er aufwacht, soll er dir noch einmal zehn Schilling zahlen, und wenn er die nicht hat, dann nimm seinen Beutel, seinen Hammer und seine Jacke. So strafe ich jeden, der mir Böses will.«

Der Kesselflicker schlief tief und fest, bis der Nachmittag sich neigte und die Schatten länger wurden. Dann wachte er auf, rieb sich die Augen, sah sich verwirrt um und versuchte, seine Gedanken zu sammeln, die wie Stroh vor dem Wind in alle Richtungen davonflogen. Zuerst fiel ihm sein Weggefährte ein: der war weg. Dann erinnerte er sich an seinen wichtigen Auftrag und an das Pergament in seinem Beutel. Er riß den Beutel auf: auch die Rolle war weg. Da sprang er wütend auf und schrie:

»Wirt, wo ist der Kerl hin, mit dem ich gekommen bin?«

»Ich habe keinen Kerl mit Euer Gnaden kommen sehen«, antwortete der Wirt. Er nannte den Kesselflicker »Euer Gnaden«, damit er sich bei dieser Schmeichelei wieder beruhige. »Ich habe nur einen anständigen Freisassen gesehen, und ich dachte, Euer Gnaden würden ihn kennen, so wie alle Leute hier.«

»Woher soll ich alle Schweine in deinem Koben kennen?« Der Kesselflicker schrie noch immer wütend. »Du kennst den Kerl also? Wer ist er, und wo steckt er?«

»Das ist kein Kerl, sondern ein guter Bursche, den die Leute Robin Hood nennen und der . . .«

»Was, du hast mich hierherkommen sehen, mich, einen ehrlichen Handwerker, und du hast mir nicht gesagt, wer sich zu mir gesetzt hat?« Der Kesselflicker hob drohend den Knüppel.

»Woher hätte ich wissen sollen, daß du ihn nicht kennst?« gab der Wirt zurück.

»Du kannst froh sein, daß ich ein geduldiger Mensch bin, denn sonst könntest du etwas erleben«, brüllte der Kesselflicker. »Jetzt lauf' ich sofort hinter diesem Robin Hood her, und wenn ich ihm nicht eines auf den Schädel gebe, dann will ich meinen Eichenknüppel zu Brennholz hacken und mich selbst einen Feigling nennen!«

Der Wirt stellte sich mit ausgebreiteten Armen vor ihn wie ein Gänsehirt, der seine Herde zurücktreiben will: »Nein, du gehst nicht, ehe du deine Zeche bezahlt hast.«

»Hat er die nicht bezahlt?«

»Keinen Penny, und du hast für zehn Schilling Bier getrunken.«

»Aber ich habe kein Geld, um dich zu bezahlen, guter Mann.«

»Ich bin kein guter Mann, wenn es darum geht, bares Geld zu verlieren. Bezahl deine Zeche oder laß deine Jacke und dein Handwerkszeug hier, wenn dein Plunder auch keine zehn Schilling wert ist und ich dabei noch draufzahle! Und wenn du dich davonmachen willst, hetze ich meinen Hund auf dich.«

»Nimm, was du haben willst, und laß mich in Frieden ziehen, Wirt«, bat der Kesselflicker schnell, denn er hatte auf seinen weiten Wanderfahrten durch das Land schon öfter schlechte Erfahrungen mit Hofhunden gemacht.

Dann ging er und murmelte wütend vor sich hin. Der Wirt, die Wirtin und ihre Tochter standen unter der Tür und sahen ihm nach und lachten, als er hinter einer Anhöhe verschwand.

»Robin und ich haben den Burschen schön hereingelegt«, bemerkte der Wirt zufrieden.

Der Vollmond warf silbernes Licht, und Robin Hood wanderte durch den Wald nach Foss Way. Das Jagdhorn hing an seiner Hüfte, und in der Hand trug er seinen dicken Eichenknüppel. Über einen anderen Pfad kam der Kesselflicker. Er hielt den Kopf gesenkt wie ein wütender Stier und brummelte ärgerlich vor sich hin. Hinter einer scharfen Biegung kreuzten sich die Wege, und die beiden Männer stießen aufeinander. Sie starrten sich einen Augenblick an, dann sagte Robin munter:

»Hallo, fröhlicher Vogel! Wie hat dir das Bier geschmeckt? Willst du mir nicht noch ein Lied vorzwitschern?«

Der Kesselflicker starrte ihn böse an und antwortete: »Ich bin wirklich froh, daß ich dich getroffen habe, und wenn ich nicht dafür sorge, daß dir gleich die Knochen in der Haut wie in einem leeren Sack herumrappeln, dann kannst du mir den Fuß auf den Nacken stellen!«

»Mit Vergnügen«, schrie Robin und packte seinen Knüppel mit beiden Fäusten. Der Kesselflicker spuckte in die Hände, packte ebenfalls seinen Knüppel und stürzte sich auf seinen Gegner. Doch Robin fing die ersten drei Schläge geschickt ab und versetzte dann dem Kesselflicker einen Schlag gegen die Rippen, ehe der wußte, wie. Robin lachte spöttisch, und der Kesselflicker schlug immer wütender drauflos. Wieder fing Robin die Hiebe auf, aber als der Knüppel des Kesselflickers zum drittenmal mit aller Wucht auf Robins Stock sauste, brach dieser mitten durch.

»Jetzt ergib dich! Du bist mein Gefangener, und wenn du nicht gutwillig mitkommst, geht's dir schlecht«, befahl der Kesselflicker.

Statt einer Antwort setzte Robin das Jagdhorn an die Lippen und blies dreimal kräftig hinein.

»Blas nur zu«, meinte der Kesselflicker. »Du mußt trotzdem mit mir nach Nottingham, denn der Sheriff will dich sehen. Kommst du jetzt endlich, oder muß ich mit dem Knüppel nachhelfen?«

»Ich habe mich noch niemals ergeben, aber ich glaube, diesmal gebe ich nach«, antwortete Robin und schrie noch: »Beeilt euch!«

Aus dem Unterholz sprangen sechs kräftige Männer, die alle das gleiche jägergrüne Wams trugen. Klein-John rief: »Was ist los, Robin?«

»Dieser Kesselflicker will mich nach Nottingham bringen, damit ich gehängt werde.«

»Dann soll er selber hängen«, schrie Klein-John, und seine Gefährten stürzten sich schon auf den Kesselflicker.

»Nein, laßt ihn nur«, erklärte Robin. »Er ist ein unerschrockener

Bursche und versteht es, Metall zu bearbeiten. Solch einen Mann können wir brauchen. Außerdem kann er sehr schön singen. Sag, guter Freund, willst du nicht zu uns gehören? Du bekommst jedes Jahr drei neue Anzüge in Jägergrün und zwanzig Taler Lohn. Wir führen ein vergnügtes Leben im Wald, und du teilst alles mit uns: Wildbraten, Haferkuchen, Honig und Bier. Willst du?«

»Du hast mich hereingelegt und mir obendrein noch die Rippen blau geschlagen, aber du gefällst mir trotzdem, und ich muß zugeben, daß du noch gescheiter bist als ich. Deshalb will ich dein treuer Gefährte sein«, antwortete der Kesselflicker.

Er wanderte mit Robin Hood und seinen Freunden in den Wald und sang ihnen lange Zeit abends am Lagerfeuer alte Balladen vor, bis sich der berühmte fahrende Sänger Allan aus Dale zu ihnen gesellte, neben dessen Stimme alle anderen wie Rabenschreie klangen.

2 DAS SCHÜTZENFEST IN NOTTINGHAM

Schlechte Nachrichten reisen immer viel schneller als gute, und so erfuhr der Sheriff bald, daß die Leute noch mehr als vorher über ihn lachten, weil er einen Kesselflicker mit dem Haftbefehl zu Robin Hood geschickt hatte. Nichts ärgert einen Mann mehr, als wenn man sich über ihn lustig macht, und so sagte der Sheriff wütend:

»Unser edler Herr und König selbst soll erfahren, wie diese Bande sein Gesetz mißachtet, und den Kesselflicker, diesen Verräter, laß ich vom höchsten Galgen in ganz Nottinghamshire baumeln, wenn ich ihn erwische!«

Dann befahl er seinen Dienern, alles für eine Reise nach London zum Hof des Königs vorzubereiten. Zwei Tage lang glühten die Schmiedefeuer von Nottingham bis tief in die Nacht, und alle Schmiede in der ganzen Stadt waren damit beschäftigt, Rüstungen für die Eskorte des Sheriffs zu schmieden und zu flicken. Am dritten Morgen brach der Sheriff mit seinem Gefolge auf. Sie ritten zwei Tage lang, ehe sie in der Ferne die Türme und Wälle der großen Stadt London auftauchen sahen. Unterwegs blieben die Leute am Wegrand stehen und bewunderten die schönen Pferde mit dem prächtigen Zaumzeug und die Reiter in den glänzenden Rüstungen.

In London hielten König Heinrich II. und seine Gemahlin, Königin Elinor, inmitten von eleganten Damen und Herren in Samt und Seide und Goldbrokat Hof. Der Sheriff von Nottingham wurde vor den König geleitet und kniete vor ihm nieder.

»O mein edler Herr und König! Im Sherwoodwald in Eurer Grafschaft Nottingham haust ein kühner Brigant*, den die Leute Robin Hood nennen«, begann der Sheriff.

»Sogar unsere königlichen Ohren haben schon von seinen dreisten Streichen vernommen«, antwortete der König. »Er verstößt gegen unser Gesetz, aber er scheint ein lustiger Bursche zu sein.«

»Edler Herr und König! Ich habe ihm einen Haftbefehl mit Eurem eigenen Siegel geschickt, aber der Bursche hat den Boten verprügelt und ihm das Pergament aus dem Sack gestohlen. Er wildert in Euren Wäldern und raubt Eure Untertanen am hellichten Tag auf den Landstraßen aus.«

»Und was soll ich dagegen tun?« fragte der König ärgerlich. »Du kommst mit schwerbewaffnetem Gefolge an meinen Hof und wirst in deiner eigenen Grafschaft nicht mit einer Bande Wilderer fertig, die nicht einmal Schild und Rüstung besitzen? Soll ich mich etwa selber darum kümmern? Bist du mein Sheriff oder nicht? Gelten meine Gesetze nicht auch in Nottinghamshire? Reit nach Haus und überlege dir selber, was du tun mußt. Wenn du nicht dafür sorgen kannst, daß meine Gesetze auch in Nottinghamshire geachtet werden, dann bist du nicht der richtige Sheriff für mich, und es wird dir genau so übel ergehen wie den Burschen im Sherwoodwald. Wenn die Flut hereinbricht, schwemmt sie das Korn mit der Spreu davon, merke dir das!«

Der Sheriff bereute sehr, daß er so zahlreiches Gefolge mit nach London genommen hatte und machte sich tiefbetrübt wieder auf den Heimweg. Während des ganzen Rittes sprach er kein Wort mit seinen Leuten und grübelte nur darüber nach, wie er Robin Hood wohl einfangen könnte. Erst kurz vor Nottingham schlug er sich plötzlich an die Stirn und rief erfreut:

»Oh, ich hab's! Und noch ehe vierzehn Tage verstrichen sind, liegt Robin Hood im Kerker von Nottingham!«

Was plante der Sheriff? Wie ein Geizhals einen Silberling nach dem

*) Brigant = Straßenräuber

anderen aus dem Säckel nimmt und jede einzelne Münze sorgfältig be-
tastet, um festzustellen, ob sie echt oder falsch ist, so hatte der Sheriff,
als er langsam nach Nottingham zurückritt, jede einzelne Idee geprüft,
sie nach allen Richtungen gedreht und gewendet und an jeder Idee ir-
gendeinen Fehler gefunden. Doch zum Schluß fiel ihm plötzlich ein, daß
Robin Hood manchmal tollkühn und unverfroren bis nach Nottingham
hineinkam. Da beschloß der Sheriff, ein großes Schützenfest zu veran-
stalten, einen kostbaren Preis auszusetzen und den kühnen Räuber so in
die Stadt zu locken.

Kaum war der Sheriff sicher in seiner Burg angelangt, da sandte er
reitende Boten in alle vier Himmelsrichtungen aus und ließ in jedem
Weiler, jedem Dorf und jeder Stadt der Grafschaft das Schützenfest in
Nottingham ankündigen, bei dem der beste Schütze einen Bogen aus reinem Gold erhalten sollte.

Robin Hood erfuhr diese Nachricht in Lincoln. Er wanderte, so schnell
er nur konnte, zurück zum Sherwoodwald und rief seine Gefährten um
sich:

»Hört, welche Neuigkeiten ich aus Lincoln mitbringe. In Nottingham
soll ein großer Schützenwettkampf stattfinden, und der erste Preis ist ein
Bogen aus reinem Gold. Den müssen wir gewinnen, denn unser Freund,
der Sheriff von Nottingham, stiftet ihn. Spannt eure Bogen, spitzt eure
Pfeile, und wir gehen nach Nottingham. Was sagt ihr dazu?«

Da meldete sich der junge David aus Doncaster und warnte: »Ich
komme gerade von unserem Freund, dem Wirt vom ›Blauen Eber‹. Dort
habe ich auch von diesem Wettkampf gehört. Aber der Wirt hat vom
Boten erfahren, daß der Sheriff das Schützenfest nur veranstaltet, um dir
eine Falle zu stellen und um dich nach Nottingham zu locken. Deshalb
bitte ich dich, geh nicht dorthin.«

»Du bist ein guter Junge, der Augen und Ohren offen und den Mund
zu hält, wenn es darauf ankommt«, antwortete Robin Hood. »Aber soll

der Sheriff von Nottingham sagen können, daß er Robin Hood und die sechzig besten Schützen von ganz England eingeschüchtert hat? Wir müssen nach Nottingham und den Preis gewinnen und List mit List begegnen. Hört zu: ihr verkleidet euch als Bauern, Bettelmönche, Kesselflicker und anderes fahrendes Volk und mischt euch unter die Zuschauer. Ihr nehmt eure scharfen Schwerter mit. Ich schieße um den goldenen Bogen, und wenn ich ihn gewinne, hängen wir ihn hier an unserer schönen alten Eiche auf, damit wir uns immer daran freuen können. Seid ihr einverstanden?«

»Ja, ja!« riefen sie alle.

Am Tag des Schützenfestes bot Nottingham einen großartigen Anblick. Auf der großen Wiese vor der Stadtmauer waren Tribünen für die Ritter und ihre Damen, für die reichen Bürger und ihre Frauen aufgebaut worden. Nur Leute mit Rang und Namen durften dort sitzen. Auf den Sheriff und seine Gemahlin wartete ein Thronsitz mit einem Baldachin. An einem Ende der Wiese standen die Zielscheiben, am anderen Ende ein großes Zelt, an dessen Spitze bunte Wimpel flatterten und in dem Fässer voll frischen Bieres für die durstigen Schützen lagen.

Den Tribünen für die Edlen und Reichen gegenüber waren Barrieren eingeschlagen, damit das arme Volk sich nicht zu weit auf die Wiese drängte. Im Zelt versammelten sich schon die Schützen, prüften noch einmal ihre Bogen und Pfeile und unterhielten sich über Wettkämpfe, die sie schon gewonnen hatten. Die besten Bogenschützen des ganzen Landes hatten sich heute in Nottingham eingefunden. Zu ihnen gehörten Gilbert mit der roten Mütze, der die Schützentruppe des Sheriffs befehligte; Diccon aus Lincoln, Adam aus Dell und noch so manch anderer, von dessen Heldentaten und Schützenkünsten die alten Balladen berichten.

Als Lords und Ladies, Bürger und Bürgerinnen die Tribünen füllten, erschienen der Sheriff und seine Gemahlin hoch zu Roß. Beide ritten herrliche Schimmel, deren Zaumzeug und Schabracken von Silber strotzen. Der Sheriff war von Kopf bis zum Fuß in purpurroten Samt gekleidet. Ein mit Hermelin besetzter Umhang wallte von seinen Schultern herunter. Um den Hals hing eine lange, schwere Goldkette. Seine Gemahlin trug leuchtendblauen Samt, der mit Schwanenflaum abgesetzt war, und eine Kette aus kostbaren Steinen. Es war wirklich ein prächtiger Anblick, wie sie so nebeneinander über den grünen Turnierplatz ritten, und die Leute jubelten ihnen zu.

Als der Sheriff und seine Gemahlin auf dem Thronsitz Platz genommen hatten, trat der Herold vor und stieß dreimal in sein silbernes Jagdhorn. Die grauen Stadtmauern von Nottingham warfen das Echo zurück. Die Schützen traten an ihre Plätze. Als alles still geworden war, verkündete der Herold mit lauter Stimme die Regeln des Wettkampfes:

»Jeder Schütze schießt aus einer Entfernung von hundertfünfzig Yards einmal auf das Ziel. Dann werden die zehn besten Schützen ausgewählt und schießen jeder noch zweimal. Dann werden unter ihnen die drei besten Schützen ausgewählt und schießen jeder noch dreimal. Wer unter ihnen der beste wird, erhält den goldenen Bogen.«

Inzwischen spähte der Sheriff schon aufmerksam über den Turnierplatz und hoffte, daß er in der Menge einen jägergrün gekleideten Schützen entdecken würde. Aber er sah keinen und sagte sich: »Es sind zu viele, aber später, wenn nur noch zehn Schützen übrig sind, werde ich Robin Hood schon erkennen.«

Die Schützen traten einer nach dem anderen an. Als die erste Runde vorüber war und die zehn Besten ausgewählt wurden, gehörten sechs Männer aus Nottinghamshire dazu, die alle Leute kannten: Gilbert mit der roten Mütze, Adam aus Dell, Diccon aus Lincoln, William aus Leslie, Hubert aus Cloud und Swithin aus Hertford. Die anderen waren zwei Freisassen aus Yorkshire, ein gutgekleideter Bursche, der sagte, er sei aus London — und ein zerlumpter, schmutziger Fremder in einem roten Wams, der über einem Auge eine Binde trug.

»Siehst du Robin Hood unter diesen Schützen?« fragte der Sheriff den Leibwächter, der dicht neben ihm stand.

»Nein, Euer Gnaden. Sechs davon kenne ich gut. Von den beiden fremden Freisassen ist der eine zu groß und der andere zu klein, um Robin Hood sein zu können. Der feingekleidete Fremde in Blau ist ein Städter, das sieht man; er ist längst nicht so breitschultrig wie Robin. Robin Hoods Bart ist so hell wie Flachs, aber der zerlumpte Kerl dort hat einen braunen Bart. Außerdem ist er auf einem Auge blind.«

»Dann ist Robin Hood nicht nur ein Brigant, sondern auch ein Feigling, der es nicht wagt, sich mit guten Schützen zu messen«, betonte der Sheriff wütend.

Die zehn Schützen traten an und spannten ihre Bogen, während sich tiefe Stille über die Menge senkte. Einer nach dem anderen schoß zweimal, und erst als sich der letzte Pfeil in die Zielscheibe gebohrt hatte, brandete der Beifall auf. Die Schiedsrichter wählten Gilbert mit der roten Mütze, Adam aus Dell und den unbekannten zerlumpten Fremden mit der Binde über dem Auge als die drei besten Schützen aus. Die Zuschauer warfen ihre Mützen in die Höhe und schrien: »Hoch lebe Gilbert mit der roten Mütze!« und »Zeig's ihnen, Adam aus Dell!« aber kein einziger in der ganzen Menge munterte den zerlumpten Fremden auf.

»Wenn du gewinnst, bekommst du noch hundert silberne Pfennige von mir obendrauf, Gilbert!« schrie der Sheriff und vergaß seine Würde.

»Ich tue mein Bestes, Euer Gnaden«, antwortete Gilbert, legte einen Pfeil in seinen Bogen und zielte bedächtig, ehe er abzog. Der Pfeil schoß davon und traf kaum einen Fingerbreit von der Mitte entfernt ins Ziel.

»Bravo, Gilbert!« schrien die Leute, und der Sheriff schrie mit.

30

Dann trat der zerlumpte Fremde vor, und die Zuschauer spotteten über die Löcher in seinem Wams und die Binde über seinem Auge. Der Fremde hob den Bogen und schoß so schnell, daß der Pfeil in die Zielscheibe einschlug, ehe die Zuschauer ihm mit den Augen folgen konnten. Und die Pfeilspitze steckte um die Länge von zwei Roggenkörnern näher an der Mitte als Gilberts Pfeil!

»Das war wirklich ein wunderbarer Schuß«, mußte der Sheriff zugeben.

Dann schoß Adam aus Dell, und sein Pfeil bohrte sich dicht neben dem des Fremden in das Holz. Bei der zweiten Runde trafen sie wieder alle drei in die Zielscheibe, und wieder war der Schuß des zerlumpten Fremden der beste, während Adams Pfeil am weitesten von der Mitte entfernt war.

Nach einer kleinen Pause traten sie zur dritten Runde an. Gilbert zielte lange und vorsichtig, und als sein Pfeil ganz dicht neben dem Mittelpunkt der Zielscheibe einschlug, brüllte die Menge vor Begeisterung so laut, daß die Dohlen auf dem Stadtturm erschrocken auf flogen.

»Bravo, Gilbert, du hast den goldenen Bogen so gut wie gewonnen!« schrie der Sheriff erfreut. »Jetzt zeig, ob du es noch besser machen kannst, du zerlumpter Knecht!«

Der Fremde antwortete nicht. Die Menge hielt den Atem an, als er langsam den Bogen hob und dann so lange regungslos und wie aus Stein gehauen dastand, daß man bis fünf zählen konnte. Dann surrte die Bogensehne, und der Pfeil riß die grauen Gänsefedern von Gilberts Pfeil, ehe er haarscharf in die Mitte traf.

Niemand klatschte Beifall; niemand schrie bravo: die Leute starrten einander mit offenem Mund an. Adam aus Dell holte tief Luft, schüttelte den Kopf und sagte: »Seit über vierzig Jahren bin ich nun Bogenschütze und habe so manchen Wettkampf gewonnen, aber heute schieße ich nicht mehr, denn mit diesem Fremden kann es niemand aufnehmen.« Damit steckte er den Pfeil wieder in den Köcher und hing sich den Bogen über die Schulter.

Da erhob sich der Sheriff von seinem Thronsitz und trat in seinem prunkvollen Gewand zu dem zerlumpten Fremden: »Guter Freund, nimm den goldenen Bogen. Du hast ihn ehrlich gewonnen. Doch wer bist du und woher kommst du?«

»Man nennt mich Jack aus Teviotdale, und dorther komme ich«, antwortete der Fremde.

»Du bist der beste Bogenschütze, den ich je getroffen habe. Wenn du in meinen Dienst eintrittst, bekommst du ein besseres Wams, als du es heute trägst, gutes Essen und zu Weihnachten achtzig Taler Lohn. Du schießt noch viel besser als dieser Feigling Robin Hood, der es nicht gewagt hat, heute hierher zu kommen. Sag, willst du in meinen Dienst eintreten?«

»Nein, ich will frei bleiben, und kein Mann in ganz England soll mein Herr sein«, antwortete der Fremde rauh.

»Dann schau, daß du weiterkommst! Ich hätte gute Lust, dich für diese Unverschämtheit auspeitschen zu lassen!« Der Sheriff wandte sich auf dem Absatz um und ging wütend davon.

Es war wirklich eine armselige Gesellschaft, die sich unter der alten Eiche im Sherwoodwald wiedertraf: Kleinbauern, Knechte, Kesselflicker, Korbflechter, Bettler und Bettelmönche. Und auf dem Moossitz am Eichenstamm saß der zerlumpteste Bursche von allen und schwenkte stolz einen Bogen aus reinem Gold. Doch plötzlich riß er sich die Binde vom Auge und die Lumpen vom Leib und saß wieder in seinem schönen grünen Wams da. »Ich wollte, ich wäre die braune Walnußfarbe in meinem Bart so schnell los wie diese Lumpen«, lachte Robin Hood.

Sie machten sich alle mit großem Hunger über einen Festschmaus aus gebratenem Wild und Bier her und erzählten sich dabei lachend, welche

Abenteuer jeder einzelne von ihnen in seiner Verkleidung in Nottingham erlebt hatte. Als sie gegessen hatten, nahm Robin Hood seinen Vertrauten, den kleinen John, beiseite und begann:

»Ich ärgere mich schwarz, weil der Sheriff zu mir gesagt hat: du schießt besser als dieser Feigling Robin Hood, der es nicht gewagt hat, hierherzukommen. Ich will, daß der Sheriff erfährt, wer den goldenen Bogen aus seinen Händen bekommen hat.«

»Laß mich mit Will Stutely noch einmal nach Nottingham gehen, und wir schicken dem Sheriff diese Nachricht durch einen Boten, wie er ganz bestimmt noch niemals einen empfangen hat«, schlug Klein-John vor.

An diesem Abend speisten der Sheriff und seine Gemahlin mit ihrem ganzen Gefolge in der großen Halle der Burg. Sie saßen unter einem Baldachin auf einem erhöhten Sitz am Kopfende der Tafel. Die Soldaten und Diener redeten von nichts anderem als von dem Schützenfest.

»Ich war fest davon überzeugt, daß Robin Hood zum Wettkampf kommen würde«, begann der Sheriff mißmutig. »Jetzt habe ich den kostbaren goldenen Bogen umsonst hergegeben. Ich hätte nicht gedacht, daß er solch ein Feigling ist. Wer war nur der dreiste Kerl, der nicht in meinen Dienst treten wollte? Ich hätte ihn verprügeln lassen sollen, aber irgend etwas an seiner Haltung verriet, daß er nicht immer in Lumpen gegangen ist.«

Kaum hatte der Sheriff zu Ende gesprochen, da fiel klirrend etwas zwischen die Schüsseln auf dem Tisch. Die Männer fuhren zusammen. Dann griff einer danach, und alle sahen den stumpfen Pfeil, um den ein Pergament gewickelt war. Ein Diener brachte den Pfeil zum Sheriff. Der rollte neugierig das Pergament auseinander, warf einen langen Blick darauf und wurde vor Zorn so purpurrot wie sein Wams. Denn da stand:

»Hoher Sheriff, laßt Euch sagen,
der den Preis davongetragen
trug ein schwarzes Augenband
und zieht weiter frei durch's Land.
Schwört Ihr auch dem Meisterschützen,
er würd' bald im Kerker sitzen.
Euer Auge war wie blind,
drum dankt Euch für das Angebind,
für den schönen goldnen Bogen
Robin Hood im Walde droben,
grüßt Euer Gnaden auch ergebenst!
Eure List, Herr, war vergebens.«

»Woher kommt das?« schrie der Sheriff und schlug mit der Faust auf den Tisch.

»Durch das Fenster, Euer Gnaden«, antwortete ein Diener.

3 ROBIN HOOD GREIFT EIN

»Ich war ein Dummkopf«, sagte sich der Sheriff. »Hätte ich unserem König nicht von Robin Hood berichtet, dann säße ich jetzt nicht in dieser Zwickmühle. Nun muß ich den Kerl fangen, oder der Zorn des Königs trifft mich. Ich habe es mit dem Buchstaben des Gesetzes und mit List versucht, und beides ist mißlungen. Jetzt wende ich Gewalt an.«

Der Sheriff rief seine Hauptleute zu sich und befahl: »Teilt die Soldaten in kleine Gruppen von fünf Männern auf und laßt sie rund um den Sherwoodwald auf der Lauer liegen, bis sie den Banditen erwischen. Wer mir Robin Hood tot oder lebendig bringt, bekommt hundert Pfund in Silber. Wer mir einen von seinen Gefährten tot oder lebendig bringt, vierzig Pfund. Also seid mutig und geschickt.«

Dreihundert Soldaten zogen aus, um Robin Hood zu fangen, und jeder wollte sich die hundert Pfund Belohnung verdienen. Sieben Tage und sieben Nächte lang streiften sie in kleinen Gruppen von fünf Mann kreuz und quer durch den Wald, aber sie entdeckten keinen einzigen Geächteten im jägergrünen Wams. Der Wirt vom »Blauen Eber« hatte Robin Hood längst gewarnt.

Als Robin Hood diese Nachricht überbracht wurde, sagte er: »Wenn der Sheriff es wagt, Gewalt anzuwenden, wird es ein böser Tag für ihn und manchen anderen. Aber ich will kein Blut vergießen. Ich will nicht, daß brave Freisassen um meinetwillen ihr Leben lassen und daß ihre Frauen weinen. Ich habe einmal einen Menschen getötet und bereue das bitter. Deshalb wollen wir uns versteckt halten und uns nur verteidigen, wenn wir dazu gezwungen werden.«

Bei dieser Rede schüttelte mancher seiner Gefährten den Kopf und meinte: »Der Sheriff wird sagen, daß wir Feiglinge sind, und die Leute werden weit und breit erzählen, daß wir Angst haben, seinen Soldaten entgegenzutreten.« Aber sie schwiegen und befolgten Robins Befehl.

Sieben Tage und sieben Nächte hielten sie sich verborgen. Am Morgen des achten Tages sagte Robin: »Die Soldaten des Sheriffs können nicht immer im Wald bleiben. Wer will auskundschaften, wo sie sind und was sie jetzt vorhaben?«

Jeder wollte Kundschafter sein, und Robin Hood war stolz auf seine tapferen Freunde. »Ihr alle seid mutig, aber nicht alle können gehen, deshalb wollen wir Will Stutely aussenden, weil er so schlau ist wie ein alter Fuchs aus unserem Sherwoodwald«, bestimmte Robin.

Will zog sich ein weites Mönchsgewand über, unter dem er sein scharfes Schwert verbergen konnte, zog sich die Kapuze tief ins Gesicht und machte sich auf den Weg. Er begegnete zweimal Soldaten, aber sie ließen den Mönch unbehelligt weiterziehen. Auch im »Blauen Eber« waren Soldaten. Will setzte sich in eine Ecke und hielt den Kopf tief gebeugt wie zum Gebet. Er wartete auf eine Gelegenheit, allein mit dem Wirt zu sprechen. Aber der erkannte ihn nicht und hielt Will wirklich für einen armen, müden Bettelmönch, der sich ausruhen wollte. So ließ er ihn ungestört weiter in seiner Ecke sitzen. Der Wirt sah Mönche nicht gerne, aber er dachte an das alte Sprichwort, daß man einen lahmen Hund nicht von der Tür jagen soll.

Während Will so dasaß und wartete, kam auf leisen Pfoten die dicke Katze, rieb sich schnurrend an seinem Bein und schob dabei das Mönchsgewand kaum eine Handbreit hoch. Will zog die Kutte hastig wieder herunter, aber der Feldwebel der Soldaten hatte schon die jägergrünen Beinkleider darunter gesehen. Er überlegte bei sich: »Das ist kein richtiger Mönch und auch kein ehrlicher Freisasse, denn der trägt keine Kutte über seinem Wams. Es muß einer von Robin Hoods Leuten sein.«

Nach einer Weile fragte der Feldwebel: »Heiliger Bruder, willst du nicht einen Krug Bier mit uns trinken und deine durstige Seele stärken?«

Will schüttelte nur stumm den Kopf, denn er fürchtete, man könnte ihn an der Stimme erkennen.

»Heiliger Bruder, wohin ziehst du an diesem heißen Tag?« fragte der Feldwebel weiter.

»Ich pilgere nach Canterbury«, antwortete Will mit verstellter Stimme.

»Heiliger Bruder, tragen alle Pilger, die nach Canterbury wandern, ein jägergrünes Wams unter ihrer Kutte? Ich glaube, du gehörst zu Robin Hoods Bande, und wenn du jetzt noch einen Finger rührst, spieße ich dich mit meinem Schwert auf!« Damit stürzte der Feldwebel schon auf Will zu.

Doch Will riß genauso schnell sein Schwert heraus, fing den ersten Schlag des Feldwebels auf und fügte ihm mit seinen ersten Hieb solch eine Wunde zu, daß er in die Knie sank. Dabei umklammerte er Wills Beine und versuchte, ihn mit auf den Boden zu ziehen. Gleichzeitig fielen alle anderen Soldaten über ihn her. Will schlug tapfer um sich, aber gegen diese Übermacht kam er nicht an, und bald lag er mit dicken Hanfstricken gefesselt am Boden und konnte kein Glied mehr rühren.

Robin Hood stand unter der alten Eiche und überlegte gerade, wo Will jetzt wohl sein mochte, als zwei seiner Gefährten und die Tochter aus dem »Blauen Eber« den Waldpfad herunter auf ihn zustürzten. Robin fühlte sofort, daß sie schlechte Nachrichten brachten.

»Will ist gefangen!« riefen sie ihm zu.

»Woher habt ihr diese Unglücksbotschaft?« fragte Robin.

»Ich habe es selbst gesehen, denn sie haben ihn bei uns erkannt und gefangengenommen«, berichtete das Mädchen keuchend. »Die Soldaten sind schon auf dem Weg nach Nottingham mit ihm, und sie haben gesagt, er wird gleich morgen gehenkt!«

»Er wird nicht gehenkt, oder ein Dutzend Männer des Sheriffs müssen dafür ins Gras beißen«, sagte Robin Hood finster und stieß dreimal in das Jagdhorn.

Seine Gefährten eilten herbei.

»Unser Freund Will ist in die Hände des Sheriffs gefallen«, rief Robin. »Er hat sein Leben für uns gewagt, jetzt müssen wir unser Leben einsetzen und ihn befreien. Wenn einer von euch nicht dieser Meinung ist, dann kann er hier im Sherwoodwald bleiben. Ich zwinge keinen, mir zu folgen. Aber morgen bringe ich entweder Will hierher zurück, oder ich sterbe mit ihm.«

»Wir kommen alle mit«, riefen die Männer, denn keiner von ihnen dachte daran, einen Freund in der Not zu verlassen.

Bei Tagesgrauen brachen sie in kleinen Gruppen zu zweien und dreien und auf ganz verschiedenen Wegen nach Nottingham auf. In einer hinter dichtem Gebüsch verborgenen Mulde vor der Stadt trafen sie sich wieder. Dort hielten sie sich versteckt, bis die Sonne hoch am Himmel stand. Der Tag war heiß, und keine Reisenden kamen über die staubige Straße, die dicht an den grauen Stadtwällen von Nottingham vorbeiführte. Endlich tauchte ein alter Pilger auf, der gebeugt dahinschritt. Da sonst weit und breit niemand zu sehen war, befahl Robin dem jungen David aus Doncaster: »Geh dem Pilger entgegen und sprich ihn an. Er kommt aus der Stadt; vielleicht weiß er etwas von Will.«

David tat wie geheißen.

»Guten Morgen, heiliger Bruder, könnt ihr mir sagen, wann Will Stutely gehenkt wird? Ich will mir das Schauspiel nicht entgehen lassen und bin nur deswegen von weither gekommen.«

»Junger Mann, schäm dich, so neugierig zu sein, wenn ein ehrlicher Mann sterben soll, nur weil er sein Leben verteidigt hat!« antwortete der alte Pilger mißbilligend. »Weh uns, daß so etwas möglich ist! Der Sheriff hat befohlen, daß Will Stutely noch heute abend, ehe die Sonne untergeht, dort drüben, wo sich die drei Wege vor dem Stadttor von Nottingham teilen, gehenkt werden soll. Es ist ein Unglück! Robin Hood und seine Freunde sind geächtet, aber sie nehmen nur den Reichen und Unehrlichen ihr Geld und helfen allen Armen weit und breit. Auch ich war in meinen jungen Jahren ein aufrechter Freisasse, und ich achte jeden, der sich gegen die grausamen Normannen und die hartherzigen Fürsten wehrt, die auf ihren Geldsäcken sitzen. Wenn Robin Hood wüßte, daß sein Freund in Not ist, er würde kommen und ihn retten.«

»Ganz gewiß, guter alter Mann, und wenn Will doch sterben muß, dann wird er gerächt«, sagte David und ging eilig weiter.

Der alte Pilger sah ihm verwundert nach und sprach zu sich selbst: »Ich glaube, der junge Mann ist doch kein Knecht, der zusehen will, wie ein guter Mann stirbt. Wer weiß, vielleicht ist Robin Hood gar nicht so weit . . .«

David berichtete Robin Hood, was er erfahren hatte.

»Jetzt gehen wir sofort in die Stadt und mischen uns unter das Volk«, bestimmte Robin. »Aber behaltet einander im Auge. Drängt euch so dicht wie nur möglich an die Wachen und ihren Gefangenen heran, wenn sie aus der Stadt herausreiten. Schlagt keinen Mann nieder, wenn sich das vermeiden läßt; ich will kein unnötiges Blutvergießen. Bleibt dann in möglichst großen Gruppen beisammen, bis wir sicher den Wald erreicht haben. Keiner darf einen Gefährten allein zurücklassen.«

Die Sonne versank blutrot im Westen, als von der Burgmauer ein Trompetenstoß erklang. Alle Haustüren in Nottingham öffneten sich, die Straßen und Gassen füllten sich, denn alle Leute wußten, daß heute abend der berühmte Will Stutely gehenkt werden sollte. Das große Burgtor öffnete sich knarrend, und an der Spitze seiner Soldaten erschien der Sheriff hoch zu Roß. Auf einem Karren saß Will Stutely, den Strick schon um den Hals gelegt. Sein Gesicht war bleich und sein blondes Haar wirr und blutverkrustet. Er sah sich um und erkannte in der Menge viele freundliche Gesichter voll Mitgefühl und Trauer, aber er entdeckte kein einziges Gesicht, das er kannte. Das Herz sank ihm, trotzdem sprach er kühn:

»Sheriff, gebt mir ein Schwert! Ich bin verwundet, aber ich will trotzdem gegen Euch und alle Eure Männer kämpfen, bis kein Funken Leben mehr in mir ist.«

»Nein, du bekommst kein Schwert«, antwortete der Sheriff grimmig. »Du stirbst einen gemeinen Tod, wie es einem gemeinen Dieb gebührt.«

»Dann nehmt mir wenigstens die Fesseln ab, damit ich ohne Waffe, nur mit meinen blanken Fäusten gegen Euch und Eure Männer kämpfe, aber henkt mich nicht!«

»Dreht sich dir schon der Magen um vor Angst?« sagte der Sheriff hohnlachend. »Das nützt dir nichts! Wo sich die drei Landstraßen kreuzen, sollst zu baumeln und den Krähen als Fraß dienen, allen aufsässigen Burschen zur Warnung!«

»Du niederträchtiger Tyrann! Du elender Feigling, das wirst du büßen!« schrie Will laut. »Robin Hood und meine Freunde werden mich rächen! Alle Freisassen in ganz Nottinghamshire verachten dich. Hast du noch nie die Spottlieder gehört, die die Leute Land auf, Land ab, über dich singen, weil du Robin Hood niemals fangen wirst?«

»Was, die Leute singen Spottlieder über mich?« brüllte der Sheriff wutbebend. »Dann sollen sie auch Spottlieder darüber singen, wie ich dich habe vierteilen lassen!« Der Sheriff trieb sein Pferd an und wandte sich nicht mehr zu Will um.

Der Trupp erreichte das Stadttor, und Will sah das weite freie Land vor sich liegen: die grünen Wiesen und Felder, auf denen das letzte Sonnenlicht wie ein Goldschleier lag, und ganz in der Ferne die dunkle Linie des Sherwoodwaldes. Sein Herz zog sich zusammen. Er hörte die Vögel zur Vesper singen und die Schafe auf der Weide blöken. Er sog den Duft der Blüten und des frischen Heues ein, und die Augen liefen ihm über, so daß er alles nur noch verschwommen wahrnahm. Will beugte tief den Kopf, denn die Soldaten sollten die Tränen in seinen Augen nicht sehen.

Als Will endlich den Kopf wieder hob, wäre ihm vor Freude beinahe das Herz stehengeblieben, denn er schaute direkt in das Gesicht eines Gefährten aus dem Sherwoodwald. Verstohlen blickte er um sich und sah, daß sein Karren rundum von seinen Gefährten eingekreist war. Will erkannte auch Robin Hood in seiner Verkleidung. Nur ein Ring Soldaten trennte ihn von allen seinen Freunden.

»Zurück!« befahl der Sheriff, denn die Menge drängte sich immer näher und dichter an die Soldaten heran. »Zurück!«

Ein Mann zwängte sich zwischen den Soldaten durch, um an den Karren zu gelangen. Es war der kleine John.

»Hast du nicht gehört?« herrschte ihn der Soldat an. »Mach Platz!«

»Mach selber Platz!« antwortete Klein-John und gab ihm mit dem Schwertknauf einen Schlag auf den Schädel; genau so, wie ein Metzger einen Ochsen betäubt. Der Soldat schlug lang hin. Mit einem Satz war Klein-John auf dem Karren und schnitt blitzschnell Wills Fesseln durch. Genau so geschwind sprangen sie dann zusammen hinunter.

»Packt die Banditen! Haltet sie!« schrie der Sheriff völlig außer sich. Er stieß seinem Pferd die Sporen in die Flanken und wollte Klein-John niederreiten. Doch Klein-John war flinker, und als der Sheriff sich in den Steigbügeln aufrichtete und mit dem Schwert nach ihm schlug, duckte er sich halb unter den Pferdebauch. Dann sprang er hoch, packte den Sheriff am Arm und riß ihm mit seinen Riesenkräften das Schwert aus der Hand.

»Hier, Will, der Sheriff leiht dir sein Schwert!«

»Auf sie! Auf sie!« rief der Sheriff seinen Soldaten zu. Will und Klein-John standen Rücken an Rücken und schlugen wie die Wilden um sich.

In seiner Wut vergaß der Sheriff, daß er keine Waffe mehr hatte und trieb sein Pferd wieder auf die beiden zu.

»Zurück, Sheriff! warnte Klein-John, und schon pfiff ein Pfeil haarscharf am Kopf des Sheriffs vorbei.

Dann sah man nur noch ein mächtiges Durcheinander, Gebrüll und Getöse und Geklirr, als die Schwerter auf die Rüstungen und Helme krachten; Wehklagen, Flüche und Schreie, denn das arme Volk von Nottingham drosch wacker mit auf die Soldaten ein.

»Verrat!« schrie der Sheriff. »Zurück, zurück, oder wir werden alle umgebracht!« Rücksichtslos trieb der Sheriff sein Pferd durch die Volksmenge, zurück zur sicheren Burg.

Robin Hood und seine Gefährten hätten die Hälfte der Soldaten erschlagen können, doch stattdessen ließen sie alle mit ein paar blauen Flecken und Beulen entkommen und schickten nur einen Schwarm Pfeile hinter ihnen her, um ihre Flucht zu beschleunigen.

»Bleibt doch, Sheriff!« schrie Will. »Robin Hood ist hier! Wie wollt Ihr ihn jemals fangen, wenn Ihr nicht den Mut habt, ihm gegenüberzutreten?«

Doch der Sheriff ritt — tief über den Hals seines Pferdes gebeugt — allen seinen Soldaten weit voraus.

Will sah Klein-John lange an, umarmte ihn, küßte ihn auf beide Wangen und sagte: »Ich habe keinen besseren Freund als dich! Ich dachte, ich würde dich in dieser Welt nicht wiedersehen. Jetzt bin ich frei, und das will ich dir mein Leben lang nicht vergessen.«

Klein-John brachte kein Wort heraus; er schaute seinen Freund nur an und legte den Arm um seine Schulter.

Die Männer nahmen Will in ihre Mitte und marschierten zurück zum Sherwoodwald.

Der Sheriff aber verkroch sich wie ein Maulwurf in seiner Burg und kam wochenlang nicht daraus hervor, weil er sich seiner Niederlage schämte. Er ließ seine schlechte Laune an seinem Gefolge aus und sagte sich verdrossen: »Diese Burschen im Sherwoodwald fürchten weder Gott noch den König und seine Gesetze. Mein Leben ist mir aber doch noch lieber als mein Amt, und deshalb werde ich sie von nun an in Ruhe lassen.«

4 ROBIN HOOD WIRD METZGER

Nach Wills Befreiung ließen Robin Hood und seine Gefährten sich monatelang nicht in Nottingham sehen, sondern blieben im Sherwoodwald und vertrieben sich die Zeit mit der Jagd, mit Schützenspielen und Ringkämpfen. Robin Hood sagte sich: »Eines Tages wird sich schon die Gelegenheit bieten, dem feinen Sheriff heimzuzahlen, was er uns angetan hat. Vielleicht kann ich ihn sogar zu einem Festessen zu uns holen.« Wenn Robin Hood einen reichen, geizigen Baron oder Abt fing, lud er ihn zuerst zu einem ganz besonderen Gastmahl unter der alten Eiche ein, ehe er ihm die Taschen leerte.

Doch endlich hatte Robin keine Lust mehr, immer nur im Wald zu bleiben. Er nahm seinen dicken Eichenknüppel und brach auf, um ein Abenteuer zu suchen. Kaum hatte er den schützenden Wald verlassen, da begegnete er einem jungen Metzger, der auf einem funkelnagelneuen Wagen mit einer hübschen Stute im Gespann dahergefahren kam und laut vor sich hinpfiff.

»Guten Morgen, junger Freund. Du scheinst heute sehr vergnügt zu sein«, grüßte Robin Hood.

»Warum auch nicht? Bin ich nicht gesund und munter? Und habe ich nicht das hübscheste Mädchen in ganz Nottinghamshire, mit dem ich nächsten Donnerstag in Locksley Hochzeit halte?« antwortete der Bursche.

»Du bist aus Locksley? Das ist das netteste Städtchen weit und breit. Ich kenne es gut, denn ich bin dort geboren. Wohin fährst du mit deiner Ladung Fleisch?«

»Zum Markt nach Nottingham. Aber wie kommt es, daß ich dich nicht kenne, wenn du in Locksley geboren bist?« fragte der Metzger verwundert.

»Ich bin ein Freisasse — und man nennt mich Robin Hood.«

»Den Namen kenne ich gut, denn ich habe oft von deinen Heldentaten singen und erzählen hören. Der Himmel möge verhüten, daß du mich ausraubst! Ich habe noch niemals einem Menschen etwas zuleide getan, auch dir nicht, also laß mich bitte in Frieden weiterziehen.«

»Ich nehme niemals einem fleißigen Handwerker etwas weg, der sich ehrlich sein Geld verdient; das solltest du wissen«, antwortete Robin Hood. »Und dir nehme ich erst recht nichts weg, weil du aus Locksley bist und nächsten Donnerstag Hochzeit halten willst. Aber sag mir, um welchen Preis du mir Pferd und Wagen mitsamt dem Fleisch verkaufen willst.«

»Alles zusammen ist wohl vier Taler wert«, antwortete der junge Metzger erstaunt. »Aber nur, wenn ich alles Fleisch verkaufen kann.«

Robin Hood zog seine Geldkatze aus dem Gürtel und sagte: »Ich möchte heute einmal Metzger sein und auf dem Markt von Nottingham Fleisch verkaufen. Hier sind sechs Taler. Gibst du mir dafür Pferd und Wagen und deine Ware?«

»Mögen alle Heiligen solch einen ehrlichen Menschen wie dich segnen!« rief der Metzger erfreut, sprang sofort vom Wagen und nahm den Beutel.

»Viele Leute mögen mich gern und wünschen mir Glück und Segen, aber nur wenige nennen mich einen ehrlichen Menschen«, lachte Robin. »Gib deinem Mädchen einen Kuß von mir, wenn du nach Hause kommst.« Damit band Robin sich die Metzgerschürze um, kletterte auf den Kutschbock und gab dem Pferd mit den Zügeln einen Klaps auf die Hinterbacke.

Auf dem Markt von Nottingham schlugen alle Metzger ihre Stände in derselben Budengasse auf. Robin suchte sich den besten Platz aus, den er finden konnte. Dann breitete er das Fleisch auf dem Holztisch aus, wetzte sein Hackmesser mit dem Schleifstein und sang dazu:

»Hübsche Mädchen, liebe Damen,
kommt und kauft bei mir!
Gutes Fleisch für einen Dreier
kostet einen Pfennig hier!«

»Meine Schafe fressen nur
Blümchen auf der Weide,
drum ist ihr Fleisch so zart und fein,
der Braten wird 'ne Freude!«

»Mein Rind kriegt seine Kraft
aus Kräutern voller Saft,
drum wenn das Steak dann brutzelt,
wird es auch nicht verhutzelt!«

»Hübsche Mädchen, liebe Damen,
kommt und kauft bei mir!
Gutes Fleisch für einen Dreier
kostet einen Pfennig hier!«

Die Leute blieben stehen und hörten sich dieses Lied mit offenem Mund an. Als Robin fertig gesungen hatte, schlug er Messer und Schleifstein noch lauter aufeinander und schrie: »Nur heran, nur heran, bei mir kann jeder kaufen! Hier gibt es das gleiche gute Fleisch zu vier verschiedenen Preisen! Für fette Pfarrer kostet es sechs Pfennige, denn diese Kunden mag ich nicht! Für den würdigen Ratsherrn kostet es drei

Pfennige, denn es ist mir egal, ob er bei mir kauft oder nicht. Für freundliche Damen kostet es nur einen einzigen Pfennig, denn ihre Kundschaft ist mir die liebste!« Dann stimmte Robin wieder an:

>> *Kommt eine hübsche Maid daher,*
die mir gar wohl gewogen wär',
so kostet sie das beste Stück
nur einen Kuß zu meinem Glück!«

>> *Hübsche Mädchen, liebe Damen,*
kommt und kauft bei mir!
Gutes Fleisch für einen Dreier
kostet einen Pfennig hier!«

So etwas hatte man auf dem Markt von Nottingham noch niemals gehört. Das Volk lief zusammen und drängte sich um Robins Stand. Und Robin Hood wog den freundlichen Bürgersfrauen tatsächlich für einen einzigen Pfennig so viel Fleisch ab, wie es anderswo dreie kostete. Den Witwen und armen Frauen gab er die besten Stücke umsonst, und von hübschen jungen Mädchen nahm er nur einen Kuß. Die Mädchen zierten sich nicht, denn der lustige Bursche mit den leuchtendblauen Augen gefiel ihnen. Im Handumdrehen hatte Robin Hood all sein Fleisch verkauft, und zu den anderen Metzgern ging überhaupt niemand.

Einer meinte: »Das muß ein Dieb sein, der Pferd und Wagen und Ware gestohlen hat.«

»Hast du schon einmal einen Dieb gesehen, der seine Beute so großzügig verschenkt?« wandte ein anderer ein. »Ich glaube eher, der Spaßvogel hat eine reiche Erbschaft gemacht, die er nun verjubelt.«

Der Meinung schlossen sich die anderen Metzger an. Sie gingen zu Robin Hood, um seine Bekanntschaft zu machen, und der älteste unter ihnen sagte: »Wir gehören zum selben Stand, Bruder, und laden dich zum Festessen in unserer Zunfthalle ein, bei dem uns der Sheriff heute die Ehre gibt. Kommst du mit?«

»Mit dem größten Vergnügen«, sagte Robin und ließ sich kein zweitesmal auffordern.

Der Sheriff und die meisten Metzger waren schon in der Zunfthalle versammelt, als Robin mit seinen neuen Freunden eintrat. Jemand flüsterte dem Sheriff zu: »Der verrückte Bursche dort hat vorhin auf dem Markte Fleisch, das drei Pfennig wert war, für einen einzigen Pfennig verkauft, und hübschen jungen Mädchen hat er es für einen Kuß gegeben.« Und ein anderer erklärte noch: »Er ist ein reicher Erbe, der sein Land für Gold und Silber verkauft hat und jetzt fröhlich drauflos lebt.«

Der Sheriff betrachtete den reichen jungen Erben voll Wohlwollen, denn er dachte sofort daran, daß er dessen Taschen vielleicht zu seinem eigenen Nutzen etwas erleichtern könnte. In der Metzgertracht erkannte er Robin Hood nicht. Er forderte Robin freundlich auf, sich neben ihn zu setzen und sprach und lachte mit ihm viel mehr als mit den anderen. Als das Essen aufgetragen wurde, überließ der Sheriff dem fremden jungen Metzger die Ehre, das Tischgebet zu sagen.

Robin Hood stand auf und sagte:

»Dem Himmel danken wir
für Braten und für Bier,
und mögen Metzger, Metzgerin,
so ehrlich sein, wie ich es bin!«

Die Metzger schmunzelten und der Sheriff klopfte Robin Hood auf die Schulter: »Du gefällst mir, denn du bist ein lustiger Bursche.«

»Ich weiß schon, daß Euer Gnaden lustige Burschen gefallen«, ant-

wortete Robin. »Denn habt ihr nicht den lustigen Robin Hood zum Schützenfest eingeladen und ihm einen goldenen Bogen geschenkt?«

Da schmunzelte außer Robin niemand mehr, aber ein paar Metzger blinzelten sich verstohlen zu.

»Trinkt und seid vergnügt, solange die Sonne scheint«, rief Robin Hood. »Der Mensch ist ein bißchen Staub und hat nur kurze Zeit zu leben, ehe ihn die Würmer auffressen. Edler Sheriff, laßt Euch die Laune nicht verderben! Fangt Ihr Robin Hood schneller, wenn Euer Gnaden das gute Bier hier verschmähen und vor Ärger vom Fleisch fallen, bis Euch der Staub aus dem Schädel rieselt? Seid vergnügt, Sheriff!«

Der Sheriff lachte, aber es klang nicht so, als ob er diese Rede besonders lustig fände. Die Metzger flüsterten untereinander: »Er ist ein ulkiger Bursche, aber wenn er so weitermacht, wird der Sheriff wütend.«

»Trinkt und seid vergnügt, Brüder«, wiederholte Robin. »Denkt nicht an eure Geldsäckel. Diese Runde zahle ich, und wenn sie zweihundert Pfund kostet!«

»Du mußt große Herden und viel Acker besitzen, wenn du dein Geld so großzügig ausgeben kannst«, meinte der Sheriff.

»Meine Brüder und ich besitzen über fünfhundert Tiere, und nur weil wir kein einziges davon verkaufen konnten, bin ich Metzger geworden. Ich habe meinen Verwalter noch niemals gefragt, über wie viele Morgen Land wir gebieten«, antwortete Robin vergnügt.

Der Sheriff riß die Augen auf. »Junger Freund, wenn du dein Vieh verkaufen willst und keinen Käufer dafür findest, kann ich dir vielleicht helfen. Ich stehe gerne einem freundlichen jungen Mann mit Rat und Tat zur Seite. Wieviel willst du für deine Herde haben?«

»Die Herde ist mindestens fünfhundert Pfund wert«, sagte Robin.

Der Sheriff wiegte nachdenklich den Kopf: »Du gefällst mir, und ich möchte dir gerne helfen, aber fünfhundert Pfund in barem Geld sind eine hübsche Summe. Außerdem habe ich nicht soviel bei mir. Ich biete dir dreihundert Pfund in Gold und Silber.«

»Alter Wucherer!« sagte Robin. »Ihr wißt genau, daß so viele Tiere siebenhundert Pfund und noch mehr wert sind! Ihr habt graues Haar und steht mit einem Fuß im Grab, und trotzdem wollt Ihr den Leichtsinn eines jungen Burschen ausnutzen, um Euren Profit herauszuschlagen!«

Der Sheriff sah Robin böse an.

»Schaut mich nicht an, als hättet Ihr saures Bier geschluckt«, fuhr Robin fort. »Ich nehme Euer Angebot an, denn meine Brüder und ich brauchen bares Geld. Wir führen ein vergnügtes Leben, und das kostet klingende Münzen. Paßt auf, daß die dreihundert Pfund richtig gezählt sind! Einem Mann, der solch gerissene Geschäfte macht, traue ich nicht über den Weg.«

»Du sollst das Geld noch heute haben«, sagte der Sheriff. »Aber wie heißt du, junger Freund?«

»Man nennt mich Robert aus Locksley.«

»Ich reite noch heute mit dir, um mir deine Herde anzusehen. Doch zuerst soll mein Schreiber ein Papier aufsetzen, mit dem du dich zum Verkauf verpflichtest. Du bekommst mein Geld nicht, wenn ich nicht dafür deine Herde bekomme.«

»Das soll mir recht sein«, sagte Robin lachend und bekräftigte den Handel mit Handschlag.

Aber die Metzger schüttelten die Köpfe und sagten untereinander, daß es eine Gemeinheit sei, den Leichtsinn eines jungen, unerfahrenen Burschen so auszunutzen, anstatt ihm ins Gewissen zu reden.

Es war schon Nachmittag, als der Sheriff und Robin Hood aufbrachen. Der Sheriff war hoch zu Roß; Robin lief zu Fuß nebenher, denn er hatte Pferd und Metzgerkarren für zwei Taler weiterverkauft. Sie unterhielten sich und lachten miteinander, als ob sie gute alte

50

Freunde wären, aber der Sheriff sagte sich im stillen: »Deine dummen Witze über Robin Hood beim Schützenfest kommen dich teuer zu stehen, du junger Narr! Vierhundert Pfund kostet dich das.«

So zogen sie dahin, bis sie zum Sherwoodwald kamen. Da wurde der Sheriff plötzlich blaß und still und sagte: »Mögen der Himmel und seine Heiligen uns vor dem Banditen Robin Hood bewahren!«

»Seid ganz unbesorgt, Euer Gnaden. Ich kenne Robin Hood gut und ich weiß, daß Euch von ihm nicht mehr Gefahr droht als von mir«, versicherte Robin.

Der Sheriff sah ihn entsetzt an und wünschte, er wäre schon wieder aus dem Wald heraus. Doch Robin Hood führte ihn immer tiefer in den Wald hinein, und je weiter sie kamen, desto stiller wurde der Sheriff. Hinter einer Wegbiegung tauchte plötzlich ein Rudel Rotwild vor ihnen auf.

»Die gehören auch zu meiner Herde, Sheriff. Wie gefallen sie Euch? Sind sie nicht gut im Futter und prächtig anzuschauen?« sagte Robin.

Der Sheriff zog die Zügel an. »Junger Freund, ich habe mir die Sache anders überlegt. Zieh allein deiner Wege, und ich kehre zurück nach Nottingham.«

Robin lachte nur und hielt das Pferd am Zaumzeug fest. »So eilig habt Ihr es gewiß nicht. Erst müßt Ihr meine Brüder kennenlernen, denen diese Herden auch gehören.« Robin setzte das Jagdhorn an die Lippen, und das Echo hallte dreimal durch den Wald. Es dauerte nicht lange, und Klein-John erschien mit vierzig Gefährten.

»Was ist los?« fragte Klein-John.

»Ich habe einen hohen Gast mitgebracht«, antwortete Robin. »Erkennst du etwa unseren edlen Herrn, den Sheriff von Nottingham, nicht wieder? Hast du keine Augen im Kopf? Führ sein Pferd am Zügel weiter, denn Euer Gnaden erweisen uns die Ehre, heute mit uns zu speisen.«

Alle zogen höflich die Mütze und verbeugten sich und waren scheinbar ganz ernst dabei. Jedenfalls grinste keiner dem Sheriff offen ins Gesicht. Die Hälfte von Robins Männern marschierte vorneweg; die anderen bildeten die Nachhut. So ging es immer tiefer und tiefer in den Wald hinein. Der Sheriff schwieg; er blickte drein, als sei er plötzlich aus dem Schlaf erwacht. Nur ein Gedanke ging ihm im Kopf herum: »Vielleicht lassen sie mir das Leben, aber meine dreihundert Pfund bin ich los. Meine schönen dreihundert Pfund!« Doch vorläufig schienen die Banditen alle noch freundlich, beinahe ehrerbietig zu sein, und es war keine Rede von »Geld oder Leben!«

Endlich erreichte der Zug die Lichtung mit der alten Eiche. Robin bot dem Sheriff den Ehrenplatz zu seiner Rechten an und befahl seinen Gefährten:

»Bringt an Fleisch und Wein das beste, das wir haben, denn Seine Gnaden, der Sheriff, hat mich heute in der Zunfthalle von Nottingham bewirtet, und er soll nicht hungrig von uns fortziehen.«

Bald brannten helle Feuer, und der Duft von gebratenem Wild und frischen Pasteten zog über die Lichtung. Während das Essen vorbereitet wurde, unterhielt Robin den Sheriff wie einen königlichen Gast. Zuerst traten ein paar Männer zu einem Wettkampf im Stockfechten an. Darüber vergaß der Sheriff ganz, wo er war, klatschte laut Beifall und rief begeistert: »Bravo, bravo du da mit dem schwarzen Bart!« Er merkte nicht, daß dieser schwarze Bart dem Kesselflicker gehörte, den er mit dem Haftbefehl zu Robin Hood geschickt hatte.

Dann schossen die besten Bogenschützen der Bande aus hundertsechzig Schritt Entfernung auf Blumengirlanden, die sie in die Bäume gehängt hatten. Das gefiel dem Sheriff nicht so gut, weil es ihn an das Schützenfest in Nottingham erinnerte. Außerdem hing der goldene Bogen dicht über seinem Kopf an der alten Eiche. Robin Hood merkte, woran der Sheriff dachte. Er brach den Wettstreit ab und rief stattdessen ein paar andere Gefährten herbei, die zur Harfe alte Balladen sangen.

Nach diesen Darbietungen wurde ein Tischtuch auf dem Gras ausgebreitet und darauf ein königliches Mahl serviert. Alle setzten sich und schmausten und tranken fröhlich zusammen, bis die Sonne unterging und silbriges Mondlicht durch die Zweige schimmerte.

Nun erhob sich der Sheriff und sagte: »Ich danke euch allen für den Empfang, den ich bei euch gefunden habe. Damit habt ihr euren Respekt vor unserem edlen König und vor seinem Statthalter in Nottinghamshire gezeigt. Doch nun muß ich reiten, ehe das Mondlicht verlöscht, sonst verirre ich mich im Wald.«

Robin Hood und alle seine Gefährten erhoben sich ebenfalls. »Wenn Ihr gehen müßt, so wollen wir Euer Gnaden nicht halten, aber Ihr habt eines vergessen«, sagte Robin.

»Nein, ich habe nichts vergessen«, antwortete der Sheriff, der im stillen gehofft hatte, Robin würde sich erst an den in der Zunfthalle von Nottingham beschlossenen Handel erinnern, wenn er längst wieder sicher in seiner Burg saß.

»Euer Gnaden haben wohl etwas vergessen«, beharrte Robin. »Wir führen ein gutes Gasthaus hier im Sherwoodwald, und jeder Gast muß sein Mahl bezahlen.«

Der Sheriff lachte gezwungen: »Wir haben uns heute prächtig miteinander unterhalten, und selbst wenn du mich nicht daran erinnert hättest, hätte ich dir zwanzig Pfund gegeben.«

Robin Hood schüttelte den Kopf: »Es steht uns nicht zu, Euer Gnaden so gering einzuschätzen. Ich würde mich schämen, mich vor den Leuten zu zeigen, wenn ich den Statthalter des Königs nicht mindestens dreihundert Pfund wert halten würde. Habe ich da nicht recht, meine Freunde?«

»Ja, ja!« riefen alle seine Gefährten mit lauter Stimme.

»Dreihundert Pfund!« schrie der Sheriff wie von der Tarantel gestochen. »Dein lausiges Essen war nicht einmal drei Pfund wert!«

»Aber, aber, Euer Gnaden«, sagte Robin Hood vorwurfsvoll. »Welch ein Ton! Ihr habt mich heute in Nottingham bewirtet, und deshalb bin ich Euch wohlgesonnen. Aber hier gibt es eine ganze Menge tapferer Freisassen, die eigentlich keinen Grund haben, Euer Gnaden zu lieben. Dort drüben sitzt Will Stutely, vor dessen Augen der Sheriff von Nottingham keine Gnade findet. Die beiden Burschen da wurden in Nottingham verletzt ... Ihr wißt schon, wann ... jetzt sind sie zum Glück wieder gesund. Laßt Euch einen guten Rat geben, Sheriff: Bezahlt die Zeche, oder es könnte Euch übel ergehen.«

Während Robin sprach, wurde der Sheriff zusehends blasser. Er starrte stumm vor sich hin, nagte an seiner Lippe, zog langsam seinen dicken Beutel aus dem Gürtel und warf ihn auf das Tischtuch.

Klein-John zählte sorgfältig nach, ob der Beutel auch wirklich dreihundert Pfund enthielt. Für den Sheriff war jedes Klick, mit dem die Münzen aufeinanderklirrten, ein Blutstropfen, der aus seiner Herzader fiel. Als alle Münzen in einem Haufen Silber und Gold auf einem Brett lagen, wandte er sich stumm ab und bestieg sein Pferd.

»Wir hatten noch niemals solch einen hohen Gast, und weil es schon sehr spät ist, wird einer meiner Burschen Euer Gnaden aus dem Wald geleiten«, sagte Robin Hood.

»Ich kann meinen Weg allein finden«, wehrte der Sheriff ab.

»Dann will ich Euer Gnaden selbst auf den richtigen Pfad führen.« Robin Hood nahm das Pferd am Zügel. Ehe er den Sheriff am Waldrand allein weiterreiten ließ, sagte Robin: »Guten Heimritt, Euer Gnaden, und denkt an das Festmahl im Sherwoodwald, wenn Ihr wieder einmal mit einem unerfahrenen jungen Mann ein gutes Geschäft machen wollt. Wie sagt das alte Sprichwort: Man muß dem Gaul ins Maul schauen, ehe man ihn kauft. Lebt wohl!« Robin gab dem Pferd einen Klaps, und Roß und Reiter verschwanden zwischen den Bäumen.

Der Sheriff verwünschte den Tag, an dem er zum erstenmal den Na-

men Robin Hood gehört hatte. Es dauerte nicht lange, da wurde landauf, landab, ein Spottlied darüber gesungen, wie der habgierige Sheriff
von Nottingham auszog, um einen reichen Erben übers Ohr zu hauen,
und kahlgeschoren wieder nach Hause kam.

5 DIE KIRMES VON NOTTINGHAM

Seit dem Besuch des Sheriffs im Sherwoodwald waren Frühling und Sommer verstrichen, und der Oktober war gekommen. Die Ernte war eingebracht, der Hopfen gepflückt, die jungen Vögel flügge geworden, und noch immer ärgerte sich der Sheriff, wenn er den Namen Robin Hood nur hörte.

Im Oktober fand in Nottingham stets eine große Kirmes statt, zu der die Leute von weit und breit herbeiströmten. Das Wettschießen war das wichtigste Ereignis des Tages, denn die Freisassen von Nottinghamshire galten als die besten Bogenschützen von ganz England. Der Sheriff dachte daran, dieses Jahr die Kirmes zu verbieten, denn er wollte nicht, daß Robin Hood und seine Bande in die Stadt kämen. Er wollte aber auch nicht, daß die Leute noch mehr über ihn lachten und sagten, er habe Angst vor Robin Hood. Schließlich kam der Sheriff auf die Idee, für den besten Schützen einen Preis auszusetzen, an dem Robin Hood nichts liegen konnte. Sonst gab es immer zehn Taler oder ein Faß Bier; diesmal sollten es zwei fette Ochsen sein.

Als Robin Hood das erfuhr, sagte er: »Was fällt dem Sheriff ein, einen Preis auszusetzen, den nur ein Bauernknecht haben will? Ich wäre gerne nach Nottingham gegangen, aber von dem Preis habe ich weder Vergnügen noch Nutzen.«

»Im ›Blauen Eber‹ habe ich heute gehört, daß der Sheriff nur deshalb zwei Ochsen als Preis gibt, damit die Männer aus dem Sherwoodwald keine Lust haben, zur Kirmes zu kommen«, berichtete Klein-John.

»Wenn du damit einverstanden bist, geh' ich nach Nottingham und gewinne sie doch für uns.«

»Du bist ein mutiger Bursche, Klein-John, aber es lohnt sich nicht, daß du für solch einen dummen Preis die Gefahr herausforderst. Wenn du unbedingt willst, dann geh in Gottes Namen. Verkleide dich, damit dich niemand erkennt, und paß gut auf«, antwortete Robin.

»Statt in Jägergrün gehe ich in Rot und ziehe mir die Kapuze übers Gesicht. Das genügt, damit mich niemand erkennt«, meinte Klein-John.

In Nottingham ging es in diesen Tagen fröhlich zu. Auf der Wiese vor dem Stadttor standen Buden und Zelte, an denen Blumengirlanden und Wimpel hingen. In manchen Zelten wurde zu fröhlicher Musik getanzt; in anderen floß das Bier in Strömen; und in wieder anderen wurden süße Kuchen und Gerstenzucker verkauft. Auf der Wiese sangen fahrende Sänger Balladen aus alten Zeiten und spielten dazu auf der Harfe; im Ring wälzten sich Ringkämpfer im Sägemehl; auf einer erhöhten Bühne fochten kräftige Burschen mit Eichenknüppeln und lockten die meisten Zuschauer an.

Viele Leute drehten sich nach dem breitschultrigen Burschen um, der von Kopf bis Fuß in Purpurrot gekleidet und größer als alle anderen Männer war. Niemand kannte ihn. Klein-John ging zuerst in ein Bierzelt und lud alle Burschen zu einer Runde ein: »Kommt, trinkt mit mir, alle miteinander! Das Bier ist frisch, und es kostet euch keinen Heller.«

Die Männer ließen sich nicht lange bitten. Ein neues Faß wurde angezapft, und alle nannten Klein-John einen netten Kerl und schworen, daß sie ihn wie ihren leiblichen Bruder liebten; denn wenn einen das Vergnügen nichts kostet, ist es nicht schwer, den zu lieben, der alles bezahlt.

Vom Bierzelt zog Klein-John in ein großes Zelt, in dem drei Dudelsackpfeifer zum Tanz aufspielten. Klein-John legte Bogen und Köcher ab und tanzte so lange, bis alle Mädchen außer Atem waren. Dann schlenderte Klein-John zu der Bühne, auf der das Stockfechten stattfand, denn das war sein Lieblingssport.

Noch immer standen die Zuschauer dicht gedrängt um die Bühne, aber es kämpfte niemand mehr. Erik aus Lincoln, der beste Stockfechter weit und breit, spazierte auf der Bühne hin und her, schwang seinen langen Eichenknüppel und verspottete die Burschen aus Nottingham: »Wer kommt herauf und kämpft mit einem freien Mann aus Lincolnshire für das Mädchen, das er am liebsten hat? Was ist los, Burschen? Gibt es in Nottinghamshire keine hübschen Mädchen, oder seid ihr alle Schlappschwänze? Lincoln gegen Nottingham! Heute hat sich auf diesen Brettern noch kein Bursche sehen lassen, den wir in Lincoln einen Knüppelfechter nennen würden.«

Die Burschen stießen sich mit den Ellbogen an und sagten: »Nun geh schon, Ned!« und »Warum gehst du nicht selber?«, denn keiner hatte Lust, sich am Kirmestag für nichts und wieder nichts Beulen zu holen.

Erik aus Lincoln entdeckte Klein-John in der Menge und rief ihm zu: »He da, du langer Lackel in Rot! Du hast breite Schultern und einen dicken Schädel. Gibt es kein Mädchen weit und breit, für dessen hübsche Augen du den Knüppel in die Hand nimmst? Ich glaube, die Männer aus Nottinghamshire haben alle miteinander kein Herz und keinen Mut! Willst du dich nicht für Nottinghamshire schlagen?«

»Wenn ich nur meinen eigenen guten Knüppel hier hätte, dann wäre es mir ein Vergnügen, dir eins auf deinen Hohlkopf zu geben, du Prahlhans. Es wird Zeit, daß dir einmal jemand den Hahnenkamm stutzt«, antwortete Klein-John langsam, aber sein Zorn wuchs wie eine Lawine, die den Hang hinunterrollt.

Erik aus Lincoln lachte. »Selbst ein Prahlhans, denn du redest nur und hast Angst, heraufzukommen!«

»Wer leiht mir einen Knüppel, damit ich es diesem Burschen zeige?«

fragte Klein-John die Burschen um sich herum. Ein Dutzend Arme hielt ihm sofort bereitwillig die Knüppel hin, und Klein-John wählte sich den dicksten und schwersten davon aus. Dann sprang er auf die Bühne.

Erik aus Lincoln und Klein-John standen sich in den Ringecken gegenüber, bis der Schiedsrichter »Los!« schrie. Da packten sie ihre Knüppel in der Mitte und traten vor. Erik machte dabei ein Gesicht, als wollte er sagen: »Seht nur zu, wie ich im Handumdrehen mit diesem Burschen fertigwerde!« Er merkte schnell, daß das doch nicht so einfach war. Klein-John fing seine ersten drei Schläge geschickt ab und traf dann Erik von der Seite am Kopf. Erik trat ein paar Schritte zurück, um wieder zur Besinnung zu kommen. Die Zuschauer schrien laut »Hurra!«, weil Nottingham Lincoln den ersten Hieb versetzt hatte. Damit war die erste Runde des Kampfes beendet.

Nach einer Weile schrie der Schiedsrichter wieder »Los!«, und die zweite Runde begann. Diesmal focht Erik vorsichtiger, denn sein Kopf brummte noch vom ersten Schlag. Keiner konnte seinen Gegner treffen, und die Runde ging unentschieden aus.

In der dritten Runde packte Erik aus Lincoln die Wut, und er schlug so wild drauflos, daß die Hiebe wie Hagel auf ein Dach herniederprasselten. Aber es gelang ihm nicht, Klein-John wenigstens einmal zu treffen, denn er war noch flinker und wehrte alle Schläge mit seinem Knüppel ab. Ehe Erik sich's versah, traf ihn Klein-Johns Knüppel so heftig zweimal auf den Kopf, daß er zu Boden stürzte.

Nottingham hatte Lincoln besiegt, und die Zuschauer schrien vor Begeisterung so laut, daß die Leute von der ganzen Kirmes zusammenliefen. Klein-John sprang von der Bühne herunter und gab den geliehenen Knüppel zurück.

Nun war es Zeit für den Wettkampf der Bogenschützen, und alle Leute liefen zum Schießplatz. Der Sheriff und sein Gefolge waren schon eingetroffen. Ein Herold trat vor und verkündete die Regeln des

Wettkampfes. Jeder Schütze mußte drei Pfeile abschießen. Wieder überragte Klein-John alle anderen um Haupteslänge, und mancher fragte: »Wer ist denn der rotgekleidete Fremde?« Andere antworteten: »Das ist der Bursche, der gerade Erik aus Lincoln beim Stockfechten besiegt hat.« So sprachen die Leute untereinander, bis die Neuigkeit auch zu den Ohren des Sheriffs gelangte. Lauter gute Schützen schossen um den ersten Preis, aber Klein-John war der beste von allen und siegte. »Hurra für den großen Bogenschützen!« riefen die Zuschauer. »Hurra für Reynold Grünblatt!« So nannte Klein-John sich heute.

Der Sheriff stieg von seinem Thronsitz herunter. Er sah Klein-John prüfend an und sagte: »Mir kommt es vor, als hätte ich dich schon einmal irgendwo gesehen, guter Freund.«

»Das ist gut möglich, denn ich habe Euer Gnaden auch schon oft gesehen«, antwortete Klein-John und sah dem Sheriff unerschrocken in die Augen.

»Du bist ein tüchtiger Bursche. Ich habe gehört, daß du Nottinghamshire gegen Lincoln verteidigt hast. Wie heißt du?« fragte der Sheriff freundlich.

»Man nennt mich Reynold Grünblatt, Euer Gnaden«, sagte Klein-John und lachte im stillen darüber, weil der Sheriff nicht ahnte, von welchem Baum dieses grüne Blatt gefallen war.

»Außer diesem Schuft Robin Hood, vor dessen Arglist der Himmel mich beschützen möge, bist du der beste Schütze, den ich je gesehen habe, Reynold. Willst du in meinen Dienst eintreten? Du bekommst gutes Essen und so viel Bier, wie du nur trinken magst, zu Michaelis vierzig Taler Lohn und außerdem dreimal im Jahr ein neues Wams«, sagte der Sheriff.

»Ich bin ein freier Mann und kann tun und lassen, was mir gefällt, und deshalb trete ich gern in Euren Dienst ein«, antwortete Klein-John sofort, denn er dachte, daß das ein Heidenspaß werden müßte.

60

»Du hast die beiden Ochsen ehrlich gewonnen, und obendrein bekommst du noch ein Faß voll gutem Märzenbier, weil ich froh bin, einen Burschen wie dich für meinen Dienst zu gewinnen. Du schießt genau so gut wie Robin Hood selber.«

»Ich schenke die beiden fetten Ochsen und das Faß Bier all diesen guten Leuten hier, damit sie sich mit mir freuen, weil ich in Euren Dienst eintrete«, antwortete Klein-John.

Die Burschen schrien wieder: »Hurra für Reynold Grünblatt!« und zündeten sofort zwei große Feuer an, um die Ochsen am Spieß zu braten. Alle aßen und tranken, bis sie nicht mehr konnten, und als der Mond rot und rund über den Türmen von Nottingham aufstieg, faßten sie sich an den Händen und tanzten zum Klang von Dudelsack und Harfe um die Feuer herum.

Der Sheriff war mit seinem Gefolge und seinem neuen Diener Reynold Grünblatt schon lange vorher in seine Burg zurückgekehrt.

Klein-John fand das Leben auf der Burg recht angenehm. Er hatte nichts anderes zu tun, als jeden Tag bis in den hellen Morgen zu schlafen, gut zu essen und zu trinken, hin und wieder mit dem Sheriff auf die Jagd zu gehen, und wurde dabei fett und rund wie die Ochsen, die er auf der Kirmes gewonnen hatte. Doch eines schönen Tages passierte etwas, das dem bequemen Leben ein Ende setzte.

An jenem Morgen brach der Sheriff mit seinem ganzen Gefolge auf, um sich mit einigen Landedelleuten zur Jagd zu treffen. Unterwegs merkte er, daß Reynold Grünblatt fehlte. Darüber ärgerte er sich sehr, denn er wollte vor seinen Freunden mit der Geschicklichkeit seines besten Schützen prahlen.

Klein-John aber lag im Bett und schnarchte ungestört, bis die Sonne hoch am Himmel stand. Endlich öffnete er die Augen. Zum offenen Fenster drang der süße Duft des Geißblatts herein, das sich außen an der Mauer hochrankte, denn der kalte Winter war vorbei und der Frühling wieder ins Land gezogen. Aus der Ferne klang der helle Ton eines Jagdhorns herüber. Es war nur ein leiser, ferner Laut, aber er durchschlug die glatte Oberfläche von Klein-Johns Bewußtsein so, wie ein ein Kieselstein dünnes Eis auf einem Brunnen durchschlägt. Klein-John erwachte aus seinem Winterschlaf und erinnerte sich an das fröhliche Leben mit seinen Gefährten im Sherwoodwald. Vielleicht saßen sie gerade jetzt unter der alten Eiche und sprachen von ihm? Klein-John war nur aus Übermut in den Dienst des Sheriffs eingetreten; er hatte nicht die Absicht gehabt, auf der Burg zu bleiben. Doch dann war plötzlich der Winter hereingebrochen, und beim guten Essen am warmen Kamin hatte Klein-John seine Rückkehr in den Sherwoodwald Tag um Tag hinausgeschoben. Nun waren schon sechs lange Monate verstrichen. »Ich bin hier fett und faul wie ein Stallochse geworden, aber jetzt kehre ich sofort zu meinen Freunden im Wald zurück, und ich will sie nie mehr verlassen«, sagte sich Klein-John und sprang aus dem Bett.

Unten stand der Haushofmeister vor der Halle. Klein-John sagte: »He da, Haushofmeister, ich habe den ganzen Morgen noch nichts gegessen. Ich habe Hunger, gebt mir mein Frühstück.«

Der fette Haushofmeister konnte Klein-John nicht leiden, weil der Sheriff ihn vorzog und ihn beim Essen zu seiner Rechten sitzen ließ. Er rasselte mit seinem dicken Schlüsselbund und antwortete spöttisch: »So, so, Hunger hat der Meisterschütze? Wie heißt das alte Sprichwort? Wer nicht kommt zur rechten Zeit, der muß sehn, was übrig bleibt!«

»Ich habe dich nicht um alte Sprichwörter gebeten, du Fettsack, sondern um mein Frühstück! Wer bist du, daß du es wagst, mir das Essen zu verweigern? Sag mir sofort, wo mein Frühstück steht, oder es gibt zerbrochene Knochen«, entgegnete Klein-John heftig.

»Dein Frühstück steht in der Halle«, antwortete der Haushofmeister.

»Hol es mir«, befahl Klein-John.

»Hol es dir selber, denn ich bin nicht dein Diener.«

»Hol es mir!« wiederholte Klein-John böse.

»Ich denke nicht daran.«

Klein-John war mit zwei Sätzen an der Tür zur Halle und griff nach der Klinke. Die Tür war verschlossen. Der Haushofmeister rasselte mit dem Schlüsselbund und grinste höhnisch. Da bekam Klein-John einen Wutanfall und schlug mit der bloßen Faust drei Bretter aus der Tür heraus, damit er hineinkonnte. Da lief auch dem Haushofmeister die Galle über. Als Klein-John sich bückte, um sich durch das Loch in der

Tür zu zwängen, packte der Haushofmeister ihn von hinten am Kragen und schlug ihm den Schlüsselbund über den Kopf, daß ihm die Funken vor den Augen tanzten. Klein-John fuhr herum und versetzte dem fetten Haushofmeister ein paar Ohrfeigen, daß er wie ein Mehlsack umfiel.

»Jetzt laß dir noch einmal einfallen, einem hungrigen Mann das Frühstück zu verweigern!«

Klein-John kroch durch das Loch in der Tür in die Halle. Auf einer Anrichte standen eine große Wildfleischpastete, zwei gebratene Kapaune, ein Teller voll gekochter Kiebitzeier, eine Kanne Bier und eine Karaffe Wein. Bei diesem erfreulichen Anblick legte sich Klein-Johns Zorn. Er trug alles auf den Tisch und ließ sich nieder, um sich daran gütlich zu tun.

Der Koch in der Küche hatte den Streit gehört und kam nun mit dem Bratspieß in der Hand dahergerannt. Der Haushofmeister rappelte sich wieder hoch und wies auf das Loch in der Tür: »Schau dir an, was dieser unverschämte Kerl gemacht hat! Er ist in die Halle eingebrochen und hat mir eines hinter die Ohren gegeben, daß ich dachte, ich bin tot! Du bist ein guter Koch und ein mutiger Bursche, ich bin dir wohlgesinnt und will dir jeden Tag eine Flasche vom besten Wein geben und auch noch zehn Schilling, aber willst du noch länger mitansehen, was dieser Reynold Grünblatt sich hier alles herausnimmt?«

»Nein, nein, laß mich nur machen«, antwortete der Koch, der sofort begriff, was der Haushofmeister von ihm wollte, und den das Geld und der Wein lockten. »Ich hol' den Burschen an den Ohren heraus.« Er legte seinen Bratspieß auf den Boden und nahm ein Schwert in die Hand.

Der Haushofmeister verschwand, denn er konnte nicht einmal den Anblick eines Schwertes ertragen.

Der Koch steckte den Kopf durch das Loch in der Tür, als Klein-John sich gerade die Serviette unters Kinn stopfte, und schrie: »Komm heraus, oder ich zerlege dich wie ein Spanferkel!«

64

»Sprich etwas höflicher mit mir, oder ich komme wirklich, und das wird dir leid tun«, antwortete Klein-John. »Meist bin ich fromm wie ein Lamm, aber wenn ich Hunger habe und jemand zwischen mich und meinem Teller gerät, dann werde ich zum reißenden Löwen.«

»Wenn du nicht sofort herauskommst, bist du kein Löwe, sondern ein Feigling«, sagte der Koch.

»Noch niemand hat es je gewagt, mich einen Feigling zu nennen!« Klein-John zog sein Schwert und kam.

Sie standen einander mit grimmigen Gesichtern gegenüber, doch plötzlich senkte Klein-John seine Waffe wieder und sagte: »Warte! Ich finde, es wäre dumm, das gute Essen da stehen zu lassen, das gerade richtig ist für zwei solch kräftige Burschen wie wir. Wir sollten zuerst essen und uns stärken und dann kämpfen. Was meinst du, guter Freund?«

Der Koch kratzte sich hinterm Ohr; auch er hatte eine Schwäche für gutes Essen. Endlich holte er tief Atem und meinte: »Das ist eine gute Idee. Essen wir zuerst, und lassen wir uns es schmecken. Für einen von uns ist es vielleicht die letzte Mahlzeit, ehe er ins Gras beißt.«

So steckten sie die Schwerter in die Scheiden und zwängten sich einer hinter dem anderen durch das Loch in der Tür zur Halle. Sie setzten sich einander gegenüber, und Klein-John zerschnitt die Pastete mit dem Jagdmesser.

»Gut essen hält Leib und Seele zusammen, also bediene ich mich, ohne eine Aufforderung abzuwarten«, sagte er. Der Koch ließ sich auch nicht lange bitten und griff mit beiden Händen zu. Sie aßen schweigend, und jeder dachte bei sich, daß er schon lange nicht mehr jemand mit solch einem gewaltigen Appetit gesehen habe wie sein Gegenüber.

Nach einer langen Weile stieß der Koch einen Seufzer aus, als ob es ihm leid täte, daß er nicht noch mehr essen konnte. Klein-John schob den Rest der Pastete beiseite und griff nach der Weinkaraffe. »Auf deine

Gesundheit, guter Freund«, sagte er, nahm einen langen Schluck und reichte dem Koch die Karaffe. »Auf deine Gesundheit, guter Freund«, sagte auch der Koch und setzte die Karaffe nicht schneller ab als Klein-John.

»Zu einem guten Tropfen gehört ein Lied«, sagte Klein-John. »Deine Stimme klingt tief und voll; sicher kannst du genau so gut singen wie essen und trinken?«

»Ich singe aber nicht gerne alleine«, antwortete der Koch. »Kennst du das Lied von der verlassenen Schäferin?«

»Nein, sing mir's vor, damit ich's lerne«, sagte Klein-John.

Der Koch nahm noch einen Schluck aus der Karaffe, räusperte sich, und sang mit vollem Baß das Lied von der schönen Schäferin Phillis, die am Bach unter den Weiden saß und weinte, bis der junge Corydon kam und sich neben sie setzte.

»Das war ein schönes Lied«, sagte Klein-John, als der Koch fertig war. »Jetzt will ich dir die Ballade vom jungen Ritter an König Arthurs Hof vorsingen, der ein Mädchen liebte, das nichts von ihm wissen wollte, und seinen Kummer darüber beim Wein vergaß.«

Als Klein-John gesungen hatte, tranken sie noch mehr Wein, und dann sagte der Koch: »Die Zeit vergeht, und ich muß kochen, ehe unser Herr nach Hause kommt. Wir müssen auch noch unseren Schwertkampf hinter uns bringen.«

»Ja, komm hinaus in den Flur; dort ist Platz genug, um ein Schwert zu schwingen.«

Sie zogen ihre Schwerter und droschen unverzüglich aufeinander los, als ob sie sich nach dem Leben trachteten. Die Schwerter rasselten aufeinander, daß die Funken flogen. Eine Stunde lang trieben sie sich gegenseitig den langen Flur hinauf und hinab, und all ihre Mühe war umsonst, denn keiner konnte dem anderen einen richtigen Hieb versetzen und ihn besiegen. Hin und wieder hielten sie inne, um wieder zu Atem zu kommen, und stürzten sich dann noch heftiger als zuvor auf ihren Gegner. Zum Schluß rief Klein-John laut: »Halt ein, guter Freund, halt ein!« Keuchend stützten sie sich auf ihre Schwerter.

»Du bist der beste Fechter, mit dem ich mich je geschlagen habe«, sagte Klein-John.

»Du auch«, sagte der Koch. »Denn außer dir habe ich noch jeden Gegner besiegt.«

»Ich habe mir überlegt, warum wir eigentlich miteinander kämpfen, aber ich weiß es nicht.«

»Ich auch nicht«, gestand der Koch. »Ich kann den fetten Haushofmeister nicht leiden, aber ich dachte mir, wir haben gesagt, wir wollten miteinander kämpfen, also müßten wir es auch tun.«

»Es wäre besser, wir würden uns verbünden, anstatt uns gegenseitig die Kehle durchzuschneiden«, meinte Klein-John. »Willst du nicht mit mir in den Sherwoodwald zu Robin Hoods Bande kommen? Ich gehöre auch dazu. Wir führen ein fröhliches Leben, und du bekommst jedes Jahr vierzig Taler Lohn und zweimal ein neues jägergrünes Wams.«

»Du bist ein Mann nach meinem Herzen«, sagte der Koch. »Ich komme mit, Handschlag darauf. Wie heißt du, guter Freund?«

»Meine Gefährten nennen mich Klein-John.«

»Du bist der kleine John, Robin Hoods rechte Hand?« Der Koch riß vor Bewunderung Mund und Augen auf.

»Ja, ich bin der kleine John, und ich führe dich noch heute zu Robin Hood. Wie wär's, wenn wir ihm ein paar von den silbernen Tellern, die wir gerade leergegessen haben, als Geschenk von Seiner Gnaden, dem Sheriff, mitbringen würden?«

»Das ist eine gute Idee«, stimmte der Koch zu und holte einen Sack. Sie stopften so viel Silber hinein, wie sie zusammenraffen konnten, und machten sich auf den Weg zum Sherwoodwald.

Robin Hood und seine Gefährten begrüßten Klein-John voll Freude:

»Wie gut, daß du wieder da bist! Wir haben gehört, daß du in den Dienst des Sheriffs getreten bist. Wie ist es dir dort ergangen?«

»Ich habe bei Seiner Gnaden auf der faulen Haut gelegen, und heute bringe ich euch seinen Koch und sogar seine silbernen Teller mit«, antwortete Klein-John lachend und berichtete von Anfang an, was er alles erlebt hatte, seit er zur Kirmes nach Nottingham gegangen war.

Seine Freunde lachten darüber, nur Robin Hood blieb ernst. »Ich bin froh, daß du wieder zu uns zurückgekommen bist, Klein-John«, sagte er. »Aber es gefällt mir nicht, daß du wie ein gewöhnlicher Dieb die Silberteller eingesteckt hast. Wir haben den Sheriff bestraft, weil er uns verfolgte, und ihm dreihundert Pfund abgenommen, aber es gehört sich nicht, daß wir ihm die Teller vom Tisch stehlen.«

Klein-John ärgerte sich über diesen Tadel, aber er versuchte, ihn mit einem Scherz beiseite zu schieben. »Wenn du mir nicht glaubst, will ich den Sheriff holen, damit er dir selber sagt, daß er uns die Teller gerne gibt«, antwortete Klein-John. Und ehe Robin Hood ihn zurückhalten konnte, sprang er auf und verschwand im Wald.

Klein-John rannte fünf Meilen weit, ehe er den Sheriff und seine Jagdgesellschaft fand.

»Reynold Grünblatt, wo hast du die ganze Zeit gesteckt?« schrie der Sheriff ärgerlich.

»Gott schütze Euer Gnaden«, sagte Klein-John, zog die Mütze und beugte das Knie. »Ich war im Wald und habe etwas gesehen, was noch keines Menschen Auge je erblickt hat: einen Hirsch, grün von oben bis unten, und seine Herde war genauso grün! Ich habe nicht gewagt, auf sie zu schießen, denn ich hatte Angst, sie würden mich töten.«

»Reynold Grünblatt, du bist verrückt geworden! So etwas gibt es nicht!« sagte der Sheriff streng.

»Ich bin nicht verrückt geworden, Euer Gnaden, und wenn Ihr wollt, könnt Ihr es mit Euren eigenen Augen sehen. Aber Ihr müßt ganz alleine mitkommen, damit das Gefolge das grüne Rudel nicht verscheucht.«

Die Jagdgesellschaft ritt weiter, bis Klein-John sagte: »Nun sind wir ganz nahe daran!«

Der Sheriff stieg vom Pferd und befahl seinem Gefolge, zu warten, bis er zurückkam. Klein-John führte ihn durch dichtes Gehölz, bis sie ganz unvermutet auf eine Lichtung traten. Dort saßen Robin Hood und seine Gefährten unter der alten Eiche. »Das ist das grüne Rudel, Euer Gnaden«, sagte Klein-John.

»Auf der Kirmes von Nottingham kam es mir so vor, als hätte ich dich schon einmal gesehen. Jetzt weiß ich, wer du bist«, antwortete der Sheriff vorwurfsvoll. »Es soll dir schlecht ergehen, Klein-John, denn du hast mich heute verraten.«

»Ich habe Euch nicht verraten, Euer Gnaden. Ich bin Klein-John, aber ich war Euer treuer Diener, und ich wäre Euch nicht davongelaufen, wenn mir Euer fetter Haushofmeister heute morgen nicht das Frühstück verweigert hätte. Er hat mir nichts zu essen gegeben, aber das grüne Rudel wird Euch trotzdem wieder ein Festmahl bereiten. Und wenn Ihr nach Nottingham zurückkehrt, dann richtet Eurem Haushofmeister aus, daß ich eines Tages mit ihm abrechne.«

Inzwischen war Robin Hood dem Sheriff entgegengekommen. »Willkommen, Euer Gnaden. Wollt Ihr uns noch einmal die Ehre bei einem Festessen geben?«

»Der Himmel verschone mich! Ich habe keinen Hunger!«

»Wenn Ihr nicht hungrig seid, dann trinkt wenigstens einen Becher Wein mit mir. Heute würde es Euer Gnaden bestimmt schmecken bei uns, denn Euer eigener Hofkoch bereitete den Braten zu.« Damit führte Robin Hood den Sheriff, ob der nun wollte oder nicht, zu dem Sitz unter der alten Eiche.

»Füll einen hohen Becher Wein für unseren guten Freund, den Sheriff, denn er ist müde und durstig«, befahl Robin einem seiner Gefährten.

Der tat, wie ihm geheißen, und verbeugte sich tief vor dem Sheriff, als er ihm den Trunk kredenzte. Der Sheriff griff nicht danach und starrte den Burschen an, denn er erkannte das silberne Tablett und den Pokal darauf.

»Gefällt Euer Gnaden unser neues Silbergeschirr nicht?« fragte Robin Hood. »Wir haben heute einen ganzen Sack voll bekommen.« Er hob den Sack, den Klein-John und der Koch mitgebracht hatten.

Der Sheriff ärgerte sich, aber er wagte nicht, etwas zu sagen, und starrte vor sich hin. Robin Hood sah ihn prüfend an und fuhr fort: »Als Ihr das erstemal zum Sherwoodwald kamt, wolltet Ihr einen jungen Mann um seinen Besitz bringen und habt Euch nur selbst um dreihundert Pfund gebracht. Diesmal seid Ihr ohne böse Absichten gekommen, und deshalb sollt Ihr auch keinen Schaden haben. Nehmt Euer Eigentum zurück. Und wenn Ihr getrunken habt, führe ich Euch zurück zu Eurem Gefolge.«

Robin Hood nahm den Sack voll Silber auf die Schulter. Der Sheriff brachte vor Verwirrung kein Wort heraus und folgte ihm stumm. Als sie ganz in der Nähe der Jagdgesellschaft waren, gab Robin Hood dem Sheriff den Sack und sagte: »Nehmt Euer Eigentum und auch einen guten Rat: Stellt Eure Diener besser auf die Probe, ehe Ihr sie in Euren Dienst nehmt.« Robin Hood wandte sich um und ließ den verdutzten Sheriff mit dem Sack stehen.

Das Gefolge wunderte sich sehr, als es den stolzen Sheriff mit einem schweren Sack auf den Schultern zwischen den Bäumen auftauchen sah. Der Sheriff antwortete auf keine Frage, legte wortlos den Sack vor seinen Sattel, stieg auf und ritt nach Hause.

7 DER GERBER VON BLYTH

Ein Unglück kommt selten allein, sagt ein altes Sprichwort. So erging es Robin Hood und Klein-John an einem schönen Maientag, nicht lange, nachdem Klein-John den Dienst des Sheriffs verlassen und Seiner Gnaden den Koch ausgespannt hatte. Der Duft der Maiblüten füllte die laue Luft; die Vögel piepsten im Gebüsch; der kleine Bach murmelte gemächlich über die grauen Kieselsteine; und Robin Hood und seine Freunde lagen faul im Gras in der warmen Sonne.

Plötzlich schlug Robin Hood sich auf das Knie und sagte: »Ich habe ganz vergessen, daß wir keine Elle grünes Tuch mehr in unseren Vorräten haben. Raff dich auf, kleiner John. Du mußt sofort zu unserem Freund, dem Tuchhändler in Ancaster, und vierhundert Yard jägergrünes Tuch bestellen. Die Reise wird dir guttun. Dabei wirst du vielleicht etwas von dem Fett los, das du bei dem faulen Leben beim Sheriff angesetzt hast.«

Klein-John war schon so oft mit seinem faulen Leben beim Sheriff geneckt worden, daß er sich darüber ärgerte. »Ich habe vielleicht etwas mehr Fleisch auf den Knochen als früher, aber ich wette, daß ich trotzdem beim Stockfechten auf einem schmalen Steg das Gleichgewicht behalten kann und nicht in den Bach falle«, antwortete er brummend und fügte mit einem vielsagenden Blick auf Robin hinzu: »Selbst wenn mein Gegner so mager wäre wie du.«

Die Freunde lachten, denn sie wußten alle, wie Robin Hood und Klein-John sich bei ihrer ersten Begegnung verprügelt hatten.

Auch Robin Hood lachte: »Das brauchst du mir nicht zu beweisen,

Klein-John, denn ich glaube es dir auch so. Ich gebe zu, daß mancher von euch besser mit dem Eichenknüppel umgehen kann als ich, aber in ganz Nottinghamshire gibt es keinen solchen Schützen wie mich. Am besten ist, du brichst erst heute abend nach Ancaster auf, damit du keinem Soldaten des Sheriffs begegnest. Ich hole dir gleich das Geld.« Damit stand Robin auf und verschwand im Unterholz.

In einer großen Felsenhöhle lag die Schatzkammer verborgen. Robin Hood stieß die eisenbeschlagene Tür aus dicken Eichenbohlen auf und verschwand in der dunklen Öffnung. Nach einer Weile kam er mit einem kleinen Beutel in der Hand wieder heraus, den er Klein-John übergab.

Klein-John steckte den Beutel Goldmünzen in den Gürtel, nahm seinen langen Eichenknüppel und ging. Er schritt kräftig aus und pfiff munter vor sich hin, bis er zu der Stelle kam, an der sein Weg sich teilte. Links führte er nach Fosse Way und weiter nach Ancaster, rechts zum Wirtshaus zum »Blauen Eber«. Klein-John blieb stehen, hörte auf zu pfeifen, warf einen nachdenklichen Blick zuerst auf den einen und dann auf den anderen Weg, schob die Mütze in die Stirn und kratzte sich hinterm Ohr. Zwei Stimmen meldeten sich plötzlich in ihm. Die eine schrie: »Hier liegt der Weg zum ›Blauen Eber‹, zu einer Kanne gutem Bier und einem vergnügten Abend mit lustigen Kumpanen!« Die andere Stimme mahnte: »Hier ist der Weg nach Ancaster und zu den Pflichten, die dir aufgetragen sind!« Die erste Stimme schrie viel lauter als die zweite, denn Klein-John hatte sich auf der Burg des Sheriffs an ein bequemes Leben gewöhnt. Er sah hinauf zum blauen Himmel, an dem nur ein paar rosige Schäferwölkchen dahinzogen, und sagte sich: »Ich glaube, heute abend regnet es noch. Es ist besser, ich warte im ›Blauen Eber‹, bis das Wetter vorüberzieht. Robin will bestimmt nicht, daß ich bis auf die Haut naß werde.« Kein Regen drohte, aber wenn man etwas unbedingt tun will, findet man immer einen Grund dafür. Klein-John schlug also den Weg zum Wirtshaus ein und hörte schon von weitem ein paar vergnügte Zecher singen. Sie hießen Klein-John in ihrer Runde willkommen; der Wirt brachte ihm eine große Kanne Bier; sie tranken und sangen und unterhielten sich, und ehe Klein-John wußte, wie, war die Nacht so weit fortgeschritten, daß er seine Wanderung nach Ancaster bis zum nächsten Morgen verschob. Klein-John brach bei Tagesgrauen auf und machte lange Schritte, um die verlorene Zeit wieder einzuholen.

In der Stadt Blyth lebte ein Gerber, der weit und breit als tüchtiger Ringkämpfer und Stockfechter bekannt war. Er hatte fünf Jahre hintereinander die Meisterschaft im Ringen gewonnen, bis Adam aus Lincoln ihm eine Rippe brach. Doch beim Stockfechten war Arthur aus Blyth noch niemals besiegt worden. Dazu war er noch ein guter Bogenschütze, den es zur Jagdzeit unwiderstehlich in den Wald zog. Die Jäger des Königs verdächtigten ihn sehr, daß es bei Arthur mehr Wild zu essen gab, als das Gesetz erlaubte, aber es gelang ihnen nicht, den Gerber auf frischer Tat zu ertappen.

Arthur war in Nottingham gewesen, um ein Dutzend gegerbte Rinderhäute zu verkaufen. An dem Morgen, an dem Klein-John den »Blauen Eber« verließ, trat Arthur wieder den Heimweg an, der ihn am Saum des Sherwoodwaldes vorbeiführte. Der Gerber trug eine Mütze aus doppeltem Kuhleder, die so hart war, daß selbst ein Schwert sie kaum durchschneiden konnte. Seinen Eichenknüppel hatte er über die Schulter gelegt.

Als der Weg durch einen Waldzipfel führte, überlegte Arthur: »So früh am Morgen kommt das Wild aus dem Wald zum Äsen auf die Wiesen. Vielleicht habe ich Glück und sehe ein Rudel.« Damit verließ Arthur den Weg und verschwand lautlos im Gebüsch, denn für ihn gab es kein größeres Vergnügen, als Wild zu beobachten, auch wenn er keines erlegte.

Inzwischen wanderte Klein-John munter dahin, betrachtete die wilden Apfelbäume, die über und über mit rosigen Blüten bedeckt waren, und beobachtete eine Lerche, die singend hoch zur Sonne aufstieg. Doch dann wollte es sein Unglück, daß er plötzlich ein Rascheln im Gebüsch vernahm und lauschend stehenblieb. Nach einer Weile entdeckte Klein-John die braune Ledermütze des Gerbers zwischen den Zweigen.

»Was macht denn der Bursche da? Der ist wohl hinter unserem Wild her?« sagte sich Klein-John. Da sie schon so lange im Sherwoodwald lebten, waren Robin Hood und seine Freunde der Ansicht, daß der Wald und alles, was darin kreuchte und fleuchte, ihnen genauso gut gehörte wie dem König. Klein-John verließ also auch den Weg und verschwand ebenfalls im Gebüsch. Er schlich hinter dem Gerber her; der Gerber schlich hinter dem Wild her. Leider trat Klein-John bald auf einen Zweig, der laut knackend zersprang. Aufgeschreckt drehte sich der Gerber um.

»He da, was machts du da?« sagte Klein-John. »Deine Miene gefällt mir nicht. Bist du wie ein Dieb hinter dem Wild unseres Königs her?«

»Und was machst du hier?« gab der Gerber zurück, der sich von Worten nicht einschüchtern ließ. »Ich bin kein Dieb, sondern ein ehrlicher Handwerker. Ob dir meine Miene gefällt oder nicht, ist mir gleich. Mir gefällt die deine auch nicht!«

»Sprich nicht so dreist mit mir, sonst ergeht es dir schlecht!« sagte Klein-John laut und drohend. »Denn ich bin ... ich bin sozusagen so gut wie ein Wächter des Königs!« Murmelnd fügte er hinzu: »Jedenfalls hegen wir das Wild genauso gut wie die.«

»Es ist mir gleich, wer du bist«, antwortete der Gerber kühn. »Und wenn du nicht viele Gefährten bei dir hast, die dir helfen, dann bringst du Arthur aus Blyth niemals so weit, daß er um Gnade schreit.«

»So? Das wollen wir gleich sehen! Nimm deinen Knüppel und wehre dich, Mann«, schrie Klein-John wütend.

»Mit deinen großen Worten bringst du nicht einmal eine Maus um«, schrie der Gerber genauso wütend. »Wer bist du, daß du es wagst, Arthur aus Blyth zu drohen? Ich gerbe dir das Fell, wie ich in meinem ganzen Leben noch keine Ochsenhaut gegerbt habe, oder ich zerschneide meinen Eichenknüppel zu Kienspänen! Jetzt paß auf!«

Jeder packte seinen Knüppel in der Mitte, und mit bösen Blicken und gesenkten Köpfen gingen sie langsam aufeinander los.

Inzwischen hatte Robin Hood schon erfahren, daß Klein-John die Pflicht über dem Vergnügen vergessen und die halbe Nacht im »Blauen Eber« gezecht hatte, anstatt sofort nach Ancaster zu gehen. Robin Hood ärgerte sich darüber und brach bei Tagesgrauen auf, um Klein-John im »Blauen Eber« oder unterwegs einzuholen und ihm die Meinung zu sagen. Wie er eilig dahinschritt und sich überlegte, was er Klein-John sagen wollte, hörte er plötzlich laute, zornige Stimmen. Lauschend blieb er stehen und erkannte gleich darauf Klein-Johns Stimme. »Der Himmel verhüte, daß Klein-John einem Jäger des Königs in die Hände gelaufen ist!« Bei dem Gedanken, daß sein bester Freund in Gefahr sein könnte, verflog Robins Zorn sofort. Eilig, aber leise, schob Robin sich durch das Unterholz, bis er zwischen den Zweigen hindurch den kleinen offenen Fleck sah, auf dem Klein-John und der Gerber gerade langsam aufeinander zugingen.

»Eigentlich würde es Klein-John recht geschehen, wenn er von dem Burschen da eine ordentliche Tracht Prügel bekäme, weil er nicht auf mich gehört hat«, sagte sich Robin Hood und streckte sich vorsichtig auf dem Boden aus, damit er den Wettkampf besser und bequemer beobachten konnte. »Aber dieses Vergnügen werde ich wohl nicht haben.«

Wie zwei streitende Hunde langsam umeinander herumschleichen, ehe sie sich beißen, so schlichen auch die beiden Kämpfer umeinander herum. Jeder wartete auf eine Gelegenheit, den anderen zu überrumpeln und ihm den ersten Schlag zu versetzen. Endlich schlug Klein-John wie der Blitz zu. Der Gerber fing den Schlag mit dem Knüppel auf und schlug kräftig zurück. Dann prasselten die Schläge so schnell und laut, daß man aus der Entfernung meinen konnte, hier kämpfe ein halbes Dutzend Männer. Sie schlugen sich eine halbe Stunde lang, bis der weiche Waldboden von ihren Absätzen wie umgepflügt aussah und sie so laut schnauften wie Ochsen vor einem schweren Wagen. Klein-John schnaufte am lautesten; er war wirklich nicht mehr so gelenkig wie früher.

Robin Hood lag unter dem Busch und beobachtete den Wettkampf mit Kennermiene. »Solch einen Gegner hat Klein-John noch niemals gehabt«, sagte Robin sich. »Aber wenn er nicht den ganzen Winter auf der faulen Haut gelegen wäre, würde er den Burschen trotzdem besiegen.«

Endlich gelang es Klein-John, dem Gerber einen Schlag auf den Kopf zu versetzen, von dem er ohnmächtig geworden wäre, hätte die steife Mütze aus doppeltem Leder ihn nicht gemildert. So taumelte der Gerber nur ein paar Schritte hin und her und konnte sich schnell wieder fangen, weil Klein-John keine Kraft mehr hatte, seinen Vorsprung auszunutzen. Klein-John gelang es nicht einmal, den nächsten Schlag des Gerbers abzuwehren. Der Hieb traf ihn so heftig auf den Kopf, daß er zu Boden stürzte. Sein Knüppel fiel ihm aus der Hand. Der Gerber schlug ihn auf die Rippen.

»Halt!« schrie Klein-John. »Schämst du dich nicht, weiterzuschlagen, wenn dein Gegner schon am Boden liegt?«

»Nein!« schrie der Gerber und versetzte ihm noch einen Hieb.

»Halt! Hör auf! Ich ergebe mich!«

»Hast du genug?« fragte der Gerber grimmig und hob noch einmal den Knüppel.

»Ja!«

76

»Gibst du zu, daß ich der bessere Fechter von uns beiden bin?«

»Ja!« schrie Klein-John laut und murmelte dann ganz leise eine Verwünschung in seinen Bart.

»Dann zieh deiner Wege und dank deinem Schicksal, weil ich ein nachsichtiger Mensch bin«, sagte der Gerber.

Klein-John setzte sich auf und betastete vorsichtig seine Rippen. Er hatte das Gefühl, als sei jede einzelne in Stücke gebrochen. »Eines will ich dir sagen: ich hätte nie gedacht, daß es in Nottinghamshire einen Mann gibt, der mich so zu Boden schlagen kann.«

»Das hätte ich auch nie gedacht!« rief Robin Hood und sprang aus dem Gebüsch. »Mann, du bist umgefallen wie eine Flasche, die man vom Tisch stößt! Ich habe den ganzen Kampf gesehen. Ich bin hinter dir hergekommen, weil du meinen Befehl nicht befolgt hast, aber nun hast du deinen Lohn dafür! Du bist dagestanden und hast zugesehen, wie er mit dem ganzen Arm ausholte, um dich umzumähen!« Während Robin so sprach, saß Klein-John noch immer auf dem Boden und machte ein Gesicht, als habe er saures Bier geschluckt.

»Wie heißt du?« fragte Robin den Gerber.

»Man nennt mich Arthur aus Blyth, und wie heißt du?«

»Den Namen kenne ich, denn du hast letztes Jahr auf der Kirmes von Ely einen Freund von mir beim Stockfechten besiegt. Die Leute nennen ihn Jock aus Nottingham, aber bei uns heißt er Will. Der arme Bursche hier, dem du so zugesetzt hast, gehört zu den besten Stockfechtern in ganz England. Er heißt Klein-John, und ich bin Robin Hood.«

»Was? Du bist der berühmte Robin Hood, und das ist deine rechte Hand, Klein-John? Wenn ich das gewußt hätte, hätte ich niemals gewagt, die Hand gegen dich zu erheben! Komm, Klein-John, ich helfe dir auf die Füße und klopfe dir den Staub aus dem Wams.«

»Ich brauche keine Hilfe!« antwortete Klein-John ärgerlich und stand so langsam und vorsichtig auf, als wären seine Knochen aus Glas. »Ohne deine harte Kuhfellmütze wäre dieser Kampf anders für dich ausgegangen, das kannst du mir glauben!«

Robin Hood lachte und fragte den Gerber: »Willst du zu uns kommen, Arthur? Solch einen starken Burschen wie dich können wir brauchen.«

»Mit dem größten Vergnügen!« antwortete der Gerber ohne Zögern. »Weg mit der schmutzigen Gerberrinde und den stinkenden Fellen! Das Leben im Wald gefällt mir besser.«

»Und du ziehst weiter nach Ancaster, Klein-John. Diesmal begleite ich dich, bis du den Sherwoodwald ein gutes Stück hinter dir hast, denn es gibt noch mehr Wirtshäuser in der Gegend«, sagte Robin Hood.

Robin Hood, Klein-John und der Gerber Arthur wanderten weiter über die sonnige Landstraße.

»Warum bist du gestern nicht sofort nach Ancaster gegangen, wie ich dich geheißen hatte? Dann wärst du heute morgen nicht verprügelt worden«, sagte Robin Hood.

»Ich wollte den drohenden Regen abwarten«, antwortete Klein-John mißmutig.

»Den Regen? Aber es drohte kein Regen! Es ist seit drei Tagen kein Tropfen gefallen«, meinte Robin verwundert.

»Petrus kann alle Wasser des Himmels aus seiner großen Kanne herunterkippen, wann er will, auch wenn keine einzige Wolke zu sehen ist. Willst du vielleicht, daß ich bis auf die Haut naß werde?« entgegnete Klein-John.

»Das gute Leben beim Sheriff hat dich wirklich verweichlicht, kleiner John, aber ich kann dir nicht böse sein«, lachte Robin Hood.

Der Tag war warm, die Landstraße staubig, und die drei Wanderer wurden durstig. Hinter der Hecke entdeckten sie eine Quelle, die zwischen moosbewachsenen Steinen hervorsprudelte. Sie schöpften das kalte Wasser mit den Händen, tranken und erfrischten sich und legten sich ins Gras, um eine Weile auszuruhen.

So weit der Blick reichte, erstreckten sich saftige Weiden und Felder mit jungem Korn in frischem Grün. Veilchen und Thymian wuchsen in dem feuchten Grund rund um den kleinen Brunnen und dufteten würzig. Das Quellwasser sprudelte leise, und eine Hummel summte in den Kleeblüten; sonst lag alles still und schläfrig unter der Mittagssonne. Auch die drei Wanderer lagen still da und schauten hinauf zum blauen Himmel.

Endlich brach Robin Hood das Schweigen: »Schaut euch den bunten Vogel an, der dort anstolziert kommt!«

Klein-John und Arthur sahen auf. Ein junger Mann spazierte langsam über die Landstraße. Seine Strümpfe, seine Hosen und sein Wams waren aus purpurroter Seide; seine lederne Degenscheide prächtig mit Gold verziert. Eine lange Pfauenfeder schmückte seine rote Samtmütze, und sein blondes, lockiges Haar fiel bis auf die Schultern. In der Hand hielt er eine rote Mairose, an der er hin und wieder roch.

»Habt ihr schon einmal solch einen herausgeputzten Gecken gesehen?« fragte Robin Hood lachend.

»Seine Kleidung ist viel zu fein für meinen Geschmack, aber seine Schultern sind trotzdem breit, und seine Gestalt ist muskulös und kräftig«, sagte Arthur.

»Das finde ich auch«, stimmte Klein-John zu. »Vielleicht ist er doch nicht bloß ein verzärtelter Stubenhocker, wie es auf den ersten Blick scheint.«

»Ach wo, seht doch nur, wie geziert er die Rose hält. Ich wette, wenn ihm eine Maus über den Weg läuft, dann schreit er ,huch‘ wie ein Mädchen und fällt in Ohnmacht. Wer mag er nur sein?« sagte Robin Hood.

»Sicher der Sohn eines reichen Barons, der nichts anderes zu tun hat, als das Geld seines Vaters auszugeben«, meinte Klein-John.

»Genauso sieht er aus. Mich packt die Wut, wenn ich sehe, wie diese hochnäsigen Normannensprößlinge hier die Herren spielen und freie Angelsachsen unterdrücken, denen dieses Land schon gehörte, als ihre Vorfahren noch in Höhlen hausten. Sie protzen mit ihrem unredlich erworbenen Reichtum, aber wenn sie mir begegnen, dann sollen sie wenigstens einen Teil davon wieder loswerden!« sagte Robin Hood.

80

Unter einer Trauerweide lag der Sänger Allan

»Warum regst du dich so auf? Der Bursche sieht nicht wie ein Normanne aus, trotz seiner reichen Kleidung«, wandte Klein-John ein.

»Kein anständiger Angelsachse trippelt so daher, als ob er Angst hätte, sich die Schuhe zu beschmutzen«, antwortete Robin Hood. »Ich halte ihn auf jeden Fall an. Habe ich mich geirrt, so lasse ich ihn weiterziehen, ohne ihm einen Pfennig zu nehmen. Aber wenn ich recht habe, dann rupf' ich ihn wie eine Gans. Du meinst, er sei ein kräftiger Bursche, Klein-John. Bleib hier liegen und paß gut auf, denn ich will dir einmal den Unterschied zwischen einem abgehärteten Freisassen aus dem Wald und einem verweichlichten Normannenbürschchen aus der Burg zeigen.« Damit stand Robin Hood auf, sprang über den Graben und pflanzte sich breitbeinig mitten auf den Weg.

Inzwischen schlenderte der junge Mann ganz gemächlich dahin, roch an seiner Rose, schaute rechts, schaute links, schaute zum Himmel und ins Gras und schien alles um sich herum zu sehen außer Robin Hood.

»Halt, bleib stehen, wo du bist!« schrie Robin endlich.

»Warum soll ich stehen bleiben, guter Freund?« antwortete der Fremde freundlich. »Nun, wenn dir soviel daran liegt, dann will ich gerne stehenbleiben und mir anhören, was du mir zu sagen hast.«

»Weil du tust, wie ich dir geheißen, und mir freundlich geantwortet hast, will ich dich auch mit aller Höflichkeit behandeln. Wie du sicher weißt, hat der Heilige Wilfried den Heiden alles Gold abgenommen und Kerzenhalter daraus geschmolzen. Deshalb erhebe ich von allen, die hier vorüberkommen, einen Wegzoll, der einem besseren Zweck dient, als Kerzenhalter daraus zu machen. Also sei so freundlich und zeige mir deine Börse, damit ich feststelle, ob du mehr Reichtum mit dir herumträgst, als unser Gesetz erlaubt. Denn wie sagt das alte Sprichwort: Wer vom guten Leben zu fett wird, muß geschröpft werden.«

Während Robin so sprach, roch der junge Mann ungestört weiter an seiner Rose, die er zierlich zwischen Daumen und Zeigefinger hielt. Als

Robin schwieg, antwortete er mit gewinnendem Lächeln: »Ich höre dir gerne zu, guter Freund. Solltest du zufällig noch nicht fertig sein, so fahre nur fort. Ich habe noch ein wenig Zeit.«

»Ich habe alles gesagt, was zu sagen ist. Nun zeig mir deine Börse. Dann lasse ich dich sofort ungestört weiterziehen. Ich nehme dir auch nichts ab, wenn du selbst nur wenig hast.«

»Es tut mir wirklich leid, daß ich nicht tun kann, was du wünscht«, sagte der junge Mann genau so freundlich wie bisher. »Ich habe nichts, was ich dir geben könnte. Laß mich bitte meiner Wege ziehen. Ich habe dir nichts Böses getan.«

»Du mußt mir erst deine Börse zeigen«, beharrte Robin.

»Guter Freund, ich habe dir genug Zeit gewidmet und dir geduldig zugehört. Nun laß mich in Frieden weiterziehen.«

»Ich sage dir zum allerletzten Mal: zeig mir deine Börse!« Robin Hood hob drohend den Eichenknüppel.

Der junge Mann schüttelte betrübt den Kopf: »Wie schade, daß mir jetzt gar nichts anderes übrigbleibt, als mich gegen dich zu wehren. Ich fürchte sehr, daß ich dich dabei erschlagen werde, armer Freund.« Er zog das Schwert.

»Steck dein Schwert nur wieder ein, denn mit meinem Eichenknüppel zerschlage ich es wie einen Strohhalm«, sagte Robin Hood. »Schneid dir in dem Hain dort drüben einen Knüppel. Dann wollen wir miteinander kämpfen.«

Der junge Mann maß mit einem Blick erst Robin und dann den Eichenknüppel. Er steckte sein Schwert ein. »Du hast recht, guter Freund. Mit dem Schwert komme ich gegen deinen Knüppel nicht an. Warte einen Augenblick!« Endlich warf er auch die Rose fort. Mit etwas schnellerem Schritt als bisher, aber ohne jede Hast, ging der junge Mann in den kleinen Eichenhain neben der Straße. Er wählte sorgfältig und fand endlich einen Sprößling, der ihm zusagte. Aber er schnitt ihn nicht ab, sondern rollte die Ärmel hoch, stemmte die Füße fest auf, packte den jungen Baum mit beiden Fäusten und riß ihn mit einem einzigen Ruck mitsamt den Wurzeln aus der Erde. Dann zog er sein Schwert und schnitt im Gehen die Wurzeln und Zweige ab. Dabei machte er ein ganz gleichmütiges Gesicht, als habe er nichts Besonderes vollbracht.

Klein-John und Arthur hinter der Hecke beobachteten das und hielten den Atem an.

»Ich fürchte, diesmal hat Robin sich den verkehrten Burschen ausgesucht«, flüsterte Klein-John.

Robin Hood stand weiter breitbeinig mitten auf dem Weg. Sein Gesicht verriet nicht, was er von dieser Kraftprobe dachte.

Dann begann der Kampf, und Robins Geschicklichkeit maß sich mit der Kraft des Fremden. Der Staub der Landstraße hüllte sie wie eine Wolke ein, so daß Klein-John und der Gerber manchmal nur das Krachen der Knüppel hörten und die Kämpfenden nicht mehr sehen konnten. Robin Hood traf den Fremden einmal auf den Arm und zweimal auf die Rippen, ehe er selbst einen Schlag einstecken mußte. Doch dieser eine Schlag traf Robin mit solcher Wucht in die Seite, daß er wie ein Strohhalm einknickte, seinen Knüppel verlor und zu Boden stürzte.

Klein-John und Arthur aus Blyth sprangen hinter der Hecke hervor und schrien: »Halt ein, halt ein!«

»Wenn ihr beide so lange durchhaltet wie dieser Bursche, dann habe ich mit euch alle Hände voll zu tun. Aber kommt nur her, schön einer nach dem anderen«, sagte der junge Mann gelassen.

»Halt, das genügt für heute!« schrie Robin Hood. »Es ist ein schlechter Tag für uns beide, Klein-John. Meine ganze Seite ist lahm von dem einen Schlag!«

»Komm, Robin, ich helfe dir auf die Füße und klopfe dir den Staub aus dem Wams«, sagte Klein-John sanft.

»Ich brauche keine Hilfe!« antwortete Robin wütend.

»Dann laß mich wenigstens den Staub aus deinem Wams klopfen, Mann, du bist umgefallen wie eine Flasche, die man vom Tisch stößt! Du bist dagestanden und hast zugesehen, wie er mit dem ganzen Arm ausholte, um dich umzumähen!« sagte Klein-John kopfschüttelnd und blinzelte Robin vielsagend an.

»Mein Wams ist schon genug geklopft worden; dazu brauche ich dich nicht!« gab Robin heftig zurück. Dann fragte er den Fremden: »Wie heißt du?«

»Mein Name ist Gamwell.«

»Ich habe Verwandte, die so heißen. Woher kommst du?«

»Ich bin in Maxfield geboren, und von dort komme ich jetzt, um den jüngeren Bruder meiner Mutter zu suchen, den die Leute Robin Hood nennen. Wenn du . . .«

»Will Gamwell!« unterbrach Robin Hood ihn überrascht und legte dem jungen Mann beide Hände auf die Schultern. »Du bist ein junger Mann geworden, aber ich hätte dich trotzdem erkennen sollen! Schau mich an! Erinnerst du dich nicht an mich?«

»Nein, sowas! Du bist mein Onkel Robin!« rief Will Gamwell erfreut. Onkel und Neffe umarmten sich und klopften sich auf die Schultern.

Dann hielt Robin Hood seinen Neffen prüfend auf Armeslänge von sich: »Vor acht oder zehn Jahren habe ich dich als kleinen, mageren Jungen zurückgelassen, und jetzt bist du ein kräftiger junger Mann. Erinnerst du dich, wie ich dir gezeigt habe, wie man den Bogen richtig hält? Du hast mich inzwischen weit überholt, aber die erste Lektion im Fechten mit dem Eichenknüppel hast du doch von mir erhalten.«

»Ich erinnere mich noch gut daran. Ich habe immer zu dir aufgesehen, und wenn ich vorhin geahnt hätte, wer du bist, hätte ich niemals den Knüppel gegen dich erhoben. Hoffentlich habe ich dir nicht zu sehr wehgetan«, antwortete Will.

»Es ist nicht der Rede wert«, behauptete Robin mit einem Seitenblick auf Klein-John. »Ich wußte, was mir blüht, als ich sah, wie du den Baum ausgerissen hast. Jetzt wollen wir nicht mehr davon sprechen. Erzähle mir lieber, warum du von zu Hause fortgegangen bist.«

»Das ist eine böse Geschichte, Onkel Robin. Wie du dich erinnerst, ist mein Vater ein sehr geduldiger Mensch, der nie in Zorn gerät und allen Leuten gegenüber Nachsicht übt. Als unser alter Verwalter starb, hat mein Vater einen neuen angestellt, der sehr dreist war. Er verstand ja etwas von der Landwirtschaft, aber ich begreife trotzdem nicht, warum mein Vater ihn behalten hat. Eines Tages sprach er wieder so frech mit meinem Vater, daß ich es nicht länger mitanhören konnte. Da habe ich dem Burschen eine Ohrfeige gegeben, und er ist auf der Stelle tot umgefallen. Stell dir das einmal vor! Mein Vater sagte, ich hätte ihm das Genick gebrochen, und ich müßte sofort von zu Hause weg und zu dir, um dem Arm des Gesetzes zu entgehen. Ich war auf dem Weg zu dir, als du mich vorhin angehalten hast.«

»Habt ihr schon einmal erlebt, daß jemand, der aus Versehen einen Mann erschlagen hat und deshalb auf der Flucht ist, wie ein feines Hoffräulein in Samt und Seide gekleidet gemütlich durch die Gegend spaziert und obendrein noch an einer Rose riecht?« sagte Robin Hood kopfschüttelnd zu Klein-John und Arthur.

»Eile mit Weile, Onkel Robin. Das alte Sprichwort sagt, daß hastig geschlagene Milch keine gute Butter gibt. Außerdem glaube ich, daß meine Riesenkräfte mir die Geschwindigkeit aus den Gliedern gesaugt haben. Du hast mich dreimal geschlagen, aber ich dich nur einmal getroffen.«

»Reden wir nicht mehr davon«, wehrte Robin Hood ab. »Ich freue mich, daß du zu uns in den Sherwoodwald kommst. Aber du mußt deinen Namen ändern, und weil du in roter Seide daherkommst, wollen wir dich Will Rotwams nennen.«

»Der Name paßt gut zu dir«, sagte Klein-John und streckte Will Rotwams die Hand entgegen. »Mich nennt man den kleinen John. Der da ist auch ein Neuer, den wir gerade unterwegs aufgelesen haben. Er heißt Arthur und gehört zur Zunft der Gerber. Du wirst bestimmt berühmt, Will Rotwams, denn bald werden Balladen berichten, wie Robin Hood seinen Freunden Klein-John und Arthur aus Blyth zeigte, wie man mit dem Eichenknüppel umgeht.«

»Warum sollten wir darüber reden, Klein-John?« sagte Robin miß-billigend. »Behalten wir die Sache für uns.«

»Von mir aus gerne«, antwortete Klein-John. »Ich dachte nur, daß du gerne lustige Geschichten hörst. Du fandest es sehr lustig, daß ich angeb-lich Fett angesetzt habe, weil ich beim Sheriff auf der Burg . . .«

»Darüber haben wir wirklich genug geredet«, unterbrach Robin.

»Das finde ich auch«, sagte Klein-John. »Eben fällt mir ein, daß du auch über den Regen gelacht hast . . .«

»Das habe ich dir gleich gesagt. Jetzt findest du es bestimmt sehr klug von mir, daß ich die ganze Nacht im ›Blauen Eber‹ gewartet habe, anstatt bei solch stürmischem Wetter weiterzuziehen, nicht wahr?«

»Na schön, ich habe mich geirrt: es sah wirklich nach Regen aus.«

»Du bist eine Landplage!« schrie Robin halb wütend und halb lachend. »Alles, was du getan hast, war ganz richtig. Bist du jetzt zufrieden?«

»Ja, ganz zufrieden«, bestätigte Klein-John. »Und was mich betrifft, so war ich heute blind. Ich habe nicht gesehen, wie Will Rotwams dich verprügelt hat. Ich habe nicht gesehen, wie du in den Staub geflogen bist. Wenn irgend jemand das einmal behaupten sollte, kann ich ihn also mit gutem Gewissen beuteln, bis ihm seine verlogene Zunge zum Hals heraushängt.«

Will Rotwams und Arthur aus Blyth lachten, und Robin schlug vor: »Kehren wir sofort mit unseren neuen Freunden zum Sherwoodwald zurück, Klein-John. Du kannst ein andermal nach Ancaster gehen und Tuch kaufen.« Aber Robin Hood verriet nicht, daß er dabei an seine eigenen schmerzenden Rippen dachte.

9 DIE BEGEGNUNG MIT MIDGE, DEM MÜLLER

Mittag war schon vorüber, und die vier Wanderer wurden hungrig.

»Ein Laib frisches Brot und runder weißer Käse und ein Schluck kühles Bier wären jetzt gerade das Richtige«, bemerkte Robin Hood.

»Ich hätte nichts dagegen«, sagte Will Rotwams. »Mein Magen knurrt schon.«

»Ich kenne einen Hof hier in der Nähe. Wenn ich Geld hätte, könnte ich euch dort holen, was ihr euch wünscht«, antwortete Arthur aus Blyth.

»Ich habe Geld bei mir«, erinnerte Klein-John.

»Wieviel brauchst du, Arthur?« fragte Robin Hood.

»Für sechs Pfennige bekomme ich sicher genug.«

»Gib ihm sechs Pfennige, Klein-John. Wir warten hier im Schatten der Hecke auf dich, Arthur.«

Es dauerte nicht lange, und der Gerber kam beladen mit einem großen, knusprig braunen Brot, einem Käse und einem Ziegenledersack voll Bier zurück. Will Rotwams zerschnitt Brot und Käse mit dem Schwert in vier gleiche Teile. Alle griffen zu und aßen schweigend.

Als Will Rotwams nur noch ein kleines Stückchen Brot in der Hand hielt, sagte er: »Das ist für die Spatzen«, und wischte sich auch die Krümel vom Wams.

»Ich habe auch genug«, sagte Robin Hood. Klein-John und der Gerber hatten schon die letzten Krümel von ihrem Anteil selbst verputzt.

Robin Hood nahm den Lederbeutel Bier, der noch längst nicht leer war. »Auf eure Gesundheit, meine Freunde!« Dann wanderte der Lederbeutel von Will Rotwams zu Klein-John und zu Arthur und so lange weiter im Kreis herum, bis das Leder nicht mehr rund und hart wie ein Ball, sondern schlaff und runzelig wie ein welkes Blatt war. »Nach dieser Mahlzeit fühle ich mich wie neugeboren«, sagte Robin Hood. »Schaut mal, dort kommt ein Müller mit einem Sack Mehl auf der Schulter. Erkennst du ihn, Klein-John?«

»Ich glaube, das ist der Müller, dem die Mühle hinter Nottingham, am Wege nach Salisbury, gehört«, antwortete Klein-John.

Inzwischen war der junge Müller so nahe herangekommen, daß sie ihn gut erkennen konnten. Er ging tiefgebeugt unter seinem schweren Sack, auf dem er einen Eichenknüppel festgebunden hatte. Nur ein sehr kräftiger Bursche konnte mit solch einer schweren Last so ausschreiten wie er.

»Wir wollen ihm einen Streich spielen«, sagte Robin Hood schnell. »Wir tun so, als ob wir Straßenräuber wären und ihn ausrauben wollten. Dann nehmen wir ihn mit in den Wald, laden ihn zu einem Festmahl ein und schicken ihn mit einem Taler für jeden Pfennig, den er in der Tasche hat, wieder nach Hause. Was meint ihr dazu? Das wird ein Spaß!«

»Wenn es klappt«, meinte Klein-John vorsichtig. »Ich finde, wir haben heute schon genug Prügel eingesteckt. Mir tun noch alle Knochen weh und ...«

»Wir haben vereinbart, daß wir nicht mehr davon reden wollen, Klein-John, und wenn du es doch tust, werden die Leute über uns lachen«, unterbrach ihn Robin Hood. »Da ist er schon! Also los!«

Sie sprangen alle vier auf, rannten auf den Weg und umringten den Müller.

»Halt, bleib stehen, guter Freund!« rief Robin Hood.

»Wer befiehlt mir, stehen zu bleiben?« fragte der Müller und richtete sich unter seiner Last auf. Seine Stimme klang tief und brummig wie das Knurren eines großen Hundes.

»Ich!« sagte Robin Hood, »und wenn du gescheit bist, hörst du auf mich, mein Freund.«

»Und wer bist du und die drei Burschen dort?« wollte der Müller wissen und ließ dabei den Sack von den Schultern auf den Boden gleiten.

»Wir sind anständige Christenmenschen und möchten dir gerne helfen, deine schwere Last zu tragen«, antwortete Robin.

»Das ist sehr freundlich von euch, aber mein Sack ist nicht so schwer, daß ich ihn nicht allein tragen kann.«

»Du hast mich falsch verstanden, guter Müller. Ich meine nicht den Mehlsack, sondern deinen Geldsack, in dem du vielleicht schwere Pfennige und Taler hast, von Gold und Silber gar nicht zu reden. Ein altes Sprichwort sagt, daß Gold eine zu schwere Last für einen zweibeinigen Esel ist, und deshalb wollen wir dich etwas erleichtern«, erklärte Robin.

»Ich habe keinen einzigen Pfennig bei mir!« schrie der Müller. »Tut mir nichts zuleide, laßt mich in Frieden weiterziehen! Ich will euch etwas sagen: Ihr seid hier in Robin Hoods Gebiet! Wenn Robin erfährt, daß ihr einen ehrlichen Handwerker ausgeraubt habt, verprügelt er euch grün und blau und jagt euch bis nach Nottingham.«

»Ich habe vor Robin Hood nicht mehr Angst als vor mir selber«, lachte Robin. »Jetzt gib mir jeden Pfennig, den du bei dir hast, oder du bekommst meinen Knüppel zu schmecken.«

»Schlagt mich nicht!« bat der Müller. »Du kannst mich durchsuchen, wenn du willst, aber du findest bestimmt keinen einzigen Pfennig.«

»Das glaube ich dir nicht«, sagte Robin Hood. »Du hast bestimmt unten im Mehlsack Geld versteckt. Arthur, kipp den Sack aus, dann finden wir, was wir suchen.«

»Ich flehe dich an, verdirb das gute Mehl nicht!« rief der Müller und warf sich auf die Knie. »Das nutzt dir nichts, und ich bin ruiniert, wenn du es tust! Ich geb' dir lieber gleich die paar Münzen, die ich unten drin habe!«

»Habe ich nicht recht gehabt?« sagte Robin Hood zufrieden und sah seine Freunde an. »Ich habe eine gute Nase und die Münzen durch das Mehl gerochen. Hol sie sofort heraus, Müller!«

Langsam stand der Müller auf; langsam und widerstrebend band er den Sack auf, steckte die Arme bis zu den Ellbogen ins Mehl, und suchte noch langsamer darin herum. Robin Hood und seine Freunde standen dicht um ihn herum, steckten die Köpfe über dem Sack zusammen und warteten neugierig darauf, was der Müller daraus hervorholen würde. Doch der Müller tat nur so, als würde er nach den Münzen suchen. »Jetzt habe ich sie«, sagte er, und zog langsam die Arme aus dem Sacke, beide Fäuste voll Mehl. Sofort beugten sich die vier Kumpane noch tiefer über den Sack. Darauf hatte der Müller nur gewartet. Er warf ihnen das Mehl ins Gesicht, ließ blitzschnell noch ein paar Fäuste voll folgen, so daß alle vier Mund und Nasen und Augen voll Mehl hatten und beinahe daran erstickten. Arthur bekam besonders viel ab, denn er stand mit weit offenem Mund da.

Die vier sprangen zurück und rieben sich fluchend die Augen, in denen das Mehl brannte, und je mehr sie rieben, desto schlimmer brannte es und desto weniger sahen sie. Inzwischen warf der Müller ihnen immer mehr Mehl ins Gesicht, und als sie vor lauter Husten und Spucken kaum noch auf den Beinen stehen konnten, packte er seinen Eichenknüppel und drosch auf sie ein, daß ihnen Hören und Sehen verging. Mit ihren mehlverklebten Augen konnten sie nicht einmal genug sehen, um dem Knüppel auszuweichen, und sie konnten sich erst recht nicht wehren oder davonlaufen.

»Halt!« schrie Robin Hood. »Halt ein, guter Freund, ich bin Robin Hood!«

»Ein Lügner bist du!« schrie der Müller und versetzte ihm einen Schlag, daß eine weiße Mehlwolke aus Robins Wams aufstieg. »Robin Hood hat noch niemals einen ehrlichen Handwerker ausgeraubt! Du wolltest mein Geld haben, dafür kriegst du jetzt Prügel!« Der Müller schlug wie ein Wilder um sich und schien überall zur gleichen Zeit zu sein. »Da, du sollst auch deinen Teil haben, und du auch!« Arthur und Will Rotwams ächzten unter den Hieben. »Jedem das Seine!« schrie der Müller, und schleuderte ihnen zwischen den Schlägen schnell wieder Mehl in die Augen.

Endlich konnte Robin Hood nach seinem Jagdhorn greifen. Dreimal hallte das Echo durch den Wald. Zum Glück war Will Stutely mit einem Trupp nicht weit. Sie eilten herbei und hörten schon von weitem laute Stimmen und Schläge, die genauso klangen, als ob ein Dreschflegel auf der Tenne auf die Garben klatschte. Als sie aus dem Unterholz stürzten und den Weg erreichten, blieben sie wie angenagelt stehen, so überrascht waren sie von dem Anblick, der sich ihnen bot:

Vier Männer, von Kopf bis Fuß voll Mehl, husteten, spuckten, rieben sich die Augen, wandten und duckten sich, und ließen sich von einem Fünften verprügeln, der beinahe genauso weiß mit Mehl bestäubt war.

»Was ist denn hier los?« schrie Will Stutely.

»Der Bursche da bringt uns mit Mehl und Prügeln um!« schrie Robin Hood wütend.

Der Müller nahm die Beine in die Hand und rannte davon; Robin Hood und die drei anderen konnten sich endlich das Mehl aus den Augen wischen. Dabei erzählte Robin schnell, daß sie dem Müller einen Streich spielen wollten, der aber tückisch auf sie zurückgekommen war.

»Packt den bösen Burschen!« befahl Will Stutely. Ein paar Gefährten hatten den Müller schnell eingeholt und schleppten den zitternden Mann gefesselt vor Robin Hood.

»Du hättest mich also einfach umgebracht«, begann Robin und starrte den Müller grimmig an. Doch plötzlich mußte er lachen, und alle seine Gefährten stimmten in das Gelächter ein.

»Wie heißt du?« fragte Robin den Müller, der ihn mit offenem Mund anstarrte und nicht begriff, warum alle plötzlich so vergnügt waren.

»Ich bin Midge der Zwerg, der Sohn des Müllers«, antwortete er mit ängstlicher Stimme.

Robin Hood schlug ihm lachend auf die Schulter: »Guter Freund, du bist der gewaltigste Zwerg, der je im guten alten England lebte! Du bist zu schade dafür, deine Tage in einer staubigen Mühle zu verbringen. Willst du nicht lieber mit uns im Sherwoodwald leben und mein Gefährte sein?«

»Wenn ich gewußt hätte, wer du bist, hätte ich dich niemals geschlagen«, antwortete Midge der Müller. »Wenn du mir das verzeihen kannst, will ich gerne zu euch kommen.«

»Heute habe ich die drei stärksten und tapfersten Burschen von ganz Nottinghamshire als Gefährten gewonnen«, sagte Robin Hood. »Jetzt kehren wir alle zurück in den Wald und geben unseren neuen Freunden ein großes Fest. Bei einem guten Becher Wein vergessen wir unsere blauen Flecken schneller, aber es wird trotzdem ein paar Tage dauern, ehe ich wieder der alte bin!«

An diesem Abend leuchteten helle Feuer auf der Lichtung unter der alten Eiche, und Gelächter und Lieder klangen bis spät in die Nacht durch den stillen Wald. So beschlossen Robin Hood und seine Freunde den Tag, an dem drei Abenteuer einander auf den Fersen folgten. Und weil Klein-John nicht ewig schweigen konnte, vor allem, wenn ihm ein guter Tropfen die Zunge ölte, sickerte nach und nach die ganze Geschichte seiner Begegnung mit Arthur dem Gerber durch, und Robin Hoods Fechtkampf mit Will Rotwams blieb auch kein Geheimnis.

Seit der Begegnung mit Midge dem Müller waren zwei Tage verstrichen, aber jedesmal, wenn Robin Hood sich plötzlich bewegte, erinnerte ihn ein stechender Schmerz in den Rippen an seinen dummen Streich.

Der Morgentau lag noch auf dem Gras. Robin Hood saß unter der alten Eiche. Will Rotwams hatte sich neben ihm im Gras ausgestreckt und starrte, die Hände unter dem Kopf verschränkt, in den Himmel. Klein-John schnitzte einen Knüppel zurecht. Andere Gefährten saßen und lagen im Kreis um sie herum und hörten Bill zu, der ein wandelndes Geschichtenbuch war und eine Sage aus König Arthurs Zeiten erzählte. Dieser Bericht von ritterlichem Mut und selbstlosem Opfer beeindruckte sie alle sehr, und als Bill geendet hatte, sagte Robin:

»An diesen edlen Männern, die vor so langer Zeit lebten, sollte man sich ein Beispiel nehmen. Wenn man diese Geschichten hört, sagt das Herz: Schieb deine armseligen kleinen Beschäftigungen beiseite und tu es diesen Männern gleich! Das gelingt einem nicht, aber man wird schon ein besserer Mensch, wenn man es ehrlich versucht. Ein altes Sprichwort sagt: Wer nach den Sternen greift und sie nicht erreicht, steht höher als einer, der sich bückt, um einen Pfennig aus dem Staub aufzulesen.«

»Das ist ein hübsches Sprichwort«, meinte Will Stutely. »Aber der, der nach den Sternen greift, kriegt gar nichts, und der andere hat den Pfennig, und das ist besser, denn ohne Pfennige muß man mit leerem Magen herumlaufen. Diese Geschichten hören sich gut an, aber sie sind schlecht zu befolgen, meine ich.«

»Du bist ein nüchterner Mensch und stößt einem die Nase in den Staub, wenn man hinauf zum Himmel schaut«, antwortete Robin Hood. »Aber du hast recht: Man muß auch an die irdischen Notwendigkeiten denken. Du erinnerst mich daran, daß wir nicht mehr viel Geld im Beutel haben, weil wir schon lange keinen Gast bei uns hatten. Nimm dir sechs Leute mit, Will, und such uns einen Gast mit einem wohlgefüllten Säckel. Wir bereiten inzwischen ein Festessen vor, damit wir ihn mit allen Ehren empfangen können.«

»Ich danke dir, weil du mich für dieses Abenteuer gewählt hast, Robin«, sagte Will und sprang sofort auf. »Ich will Midge den Müller und Arthur den Gerber mitnehmen, weil sie beide so gut mit dem Eichenknüppel umgehen können. Stimmt das nicht, Klein-John?«

Alle lachten, nur Klein-John und Robin nicht. »Noch heute morgen waren meine Rippen so blau und gelb gescheckt wie das Wams eines Bettlers«, gestand Robin. »Nimm auch Will Rotwams mit.«

Will Stutely wählte noch drei unerschrockene Burschen aus, und sie zogen los, um auf der Landstraße einen reichen Gast aufzugabeln. Den ganzen lieben langen Tag lagen sie auf der Lauer. Jeder hatte ein ordentliches Stück Fleisch und einen Lederbeutel Bier mitgenommen, um es bis zum Festmahl am Abend aushalten zu können. Am Mittag setzten sie sich unter einen blühenden Weißdornbusch und stärkten sich. Dann hielt einer Wache, während die übrigen sich aufs Ohr legten, denn es war ein heißer Tag.

So verging die Zeit. Alle möglichen Leute wanderten auf der staubigen Straße unter der gleißenden Sonne vorüber: ein paar schwatzende Mädchen; ein Kesselflicker; ein Schafhirte; ein paar Bauern. Alle achteten nur auf den Weg vor sich, und keiner bemerkte die sieben Burschen, die dicht daneben hinter der Hecke versteckt lagen. Kein fetter Abt, kein reicher Baron, kein mit Geldsäcken beladener Wucherer ließ sich sehen.

Die Sonne ging langsam unter und tauchte alles in ihr goldrotes Licht. Die Schatten wurden länger. Die Vögel zwitscherten schläfrig, und in der Ferne rief eine Magd die Kühe zum Melken in den Stall.

Will Stutely kroch aus seinem Versteck hervor: »Solch ein Pech! Jetzt haben wir den ganzen Tag gewartet und keinen Vogel gefangen, bei dem sich das Rupfen lohnen würde. Wenn ich einfach nur spazieren gegangen wäre, wären mir zwei Dutzend reiche Leute begegnet. Gehen wir zurück zum Wald.«

Unterwegs blieb Will Stutely plötzlich stehen. »Hört nur!« sagte er, denn seine Ohren waren so scharf wie die eines Fuchses. Seine Gefährten lauschten, aber weil ihre Ohren nicht so gut waren, vernahmen sie erst nach einer Weile einen schwachen, klagenden Laut.

»Da ist jemand in Not«, stellte Will Rotwams fest. »Wir müssen sofort hin und nachsehen, was da los ist.«

»Robin Hood ist immer bereit, sich in alles einzumischen, aber ich für meinen Teil habe keine Lust, mir unnötige Schwierigkeiten aufzuhalsen. Wenn ich mich nicht irre, ist das eine Männerstimme, und ein Mann sollte sich allein zu helfen wissen«, sagte Will Stutely, aber er meinte das doch nicht ganz ernst. Seit er in letzter Minute dem Galgen entgangen war, war er nur mißtrauisch und besonders vorsichtig geworden.

»Wie kannst du so reden! Bleib nur hier, wenn du willst. Ich sehe alleine nach, was dem armen Burschen fehlt«, sagte Will Rotwams vorwurfsvoll.

»Wer hat gesagt, daß ich nicht hingehe und nachsehe?« antwortete Will Stuteley. »Los, kommt!«

Auf einer kleinen Lichtung verbreitete sich ein Bach zu einem glasklaren, grünen Teich. Unter einer Trauerweide am Ufer lag ein Bursche, das Gesicht im Gras versteckt, und schluchzte. Sein blondes Haar war wirr, seine Kleidung beschmutzt, und alles an ihm verriet Kummer und Sorge. Über ihm hing eine wunderschöne, mit Gold und Silber

verzierte Harfe in den Weidenzweigen. Neben ihm im Grase lagen
Bogen und Pfeile.

»Hallo, warum liegst du da und begießt das grüne Gras mit Salz-
wasser?« rief Will Stutely ihm zu.

Der junge Mann sprang auf und griff nach seinem Bogen, bereit, sich
zu verteidigen.

»Den Jungen kenne ich«, sagte Arthur der Gerber. »Er ist ein fahrender Sänger. Ich bin ihm erst letzte Woche noch begegnet. Damals sah
er anders aus! Er trug eine Blume hinter dem Ohr und eine Hahnenfeder
an der Mütze und sprang vergnügt wie ein Jährling dahin.«

»Wisch dir die Augen aus, Mann! Mir gefällt es nicht, wenn ein
großer Bursche flennt wie ein Mädchen über einen toten Vogel. Und leg
den Bogen nieder, denn wir greifen dich nicht an«, sagte Will Stutely.

Will Rotwams merkte, wie diese Worte den Jungen trafen, und legte
ihm begütigend die Hand auf die Schulter: »Mach dir nichts daraus. Es
sind rauhe Burschen, aber sie meinen es gut, wenn sie dich auch nicht
verstehen. Komm mit uns; vielleicht können wir dir helfen.«

»Ja, komm mit! Ich meine es bestimmt nicht böse mit dir«, sagte Will
Stutely brummig. »Nimm dein Singwerkzeug da vom Baum und komm.«

Der junge Mann tat, wie ihm geheißen, und schritt mit gesenktem
Kopf neben Will Rotwams dahin.

Das Tageslicht verblaßte, und die graue Dämmerung senkte sich über
das Land. Aus der Tiefe des Waldes klangen die geheimnisvollen, flü-
sternden Laute der Nacht. Verwelkte Blätter vom letzten Winter ra-
schelten leise unter den Schritten der Männer. Sonst war es still. Endlich fiel hier und da schwaches, rötliches Licht durch die Bäume. Noch
ein paar Schritte, und sie traten auf die Lichtung, die blasses Mondlicht
überflutete. Mitten auf der Wiese brannte ein großes Feuer und warf
seinen roten Schein rundum. Ein verlockender Duft von gebratenem
Wild, von fetten Fasanen und Kapaunen und frischen Fischen stieg auf.

Die Gefährten sahen sich neugierig nach dem jungen Fremden um, aber keiner sagte ein Wort. Will Rotwams und Will Stutely führten ihn zu Robin Hood, der sich von seinem Sitz unter der alten Eiche erhob, als sie näherkamen.

»Guten Abend, junger Freund. Du bist also gekommen, um heute an unserem Festmahl teilzunehmen?«

»Ich weiß es nicht«, antwortete der junge Mann und sah sich verwirrt um. »Ich weiß nicht einmal, ob ich träume oder wache.«

»Du wirst gleich merken, daß du nicht träumst, denn dort wartet ein guter Braten auf dich«, sagte Robin lachend. »Du bist heute unser Ehrengast.«

Der junge Mann sah sich noch immer mit großen Augen um. Dann sagte er langsam: »Ich glaube, ich weiß, wo ich bin. Bist du nicht der berühmte Robin Hood?«

»Der bin ich, junger Freund.« Robin Hood legte ihm die Hand auf die Schulter. »Und da du weißt, wer ich bin, weißt du sicher auch, daß unsere Gäste ihr Mahl stets bezahlen müssen. Ich hoffe, du hast eine volle Börse bei dir.«

»O weh, ich habe keine Börse und auch kein Geld«, antwortete der junge Mann erschrocken. »Ich besitze nur einen halben Silberpfennig. Die andere Hälfte der Münze trägt meine Liebe an einem seidenen Faden um den Hals.«

Da lachten die rauhen Gesellen schallend laut, und der arme Junge sah aus, als würde er sich vor Verlegenheit am liebsten im Boden verkriechen.

»Ist das dein Gast, der unsere Börse füllen soll? Du hast einen mageren Hahn zum Markt gebracht!« sagte Robin Hood ärgerlich zu Will Stutely.

»Nein, er ist nicht mein Gast«, antwortete Will Stutely grinsend. »Will Rotwams hat ihn aufgelesen. Sicher erinnerst du dich noch an die edlen Grundsätze von heute morgen, wonach man nach hohen Zielen greifen soll, anstatt sich nach dem Geld im Staub zu bücken? Also denke ich, daß sich hier eine schöne Gelegenheit bietet, sich als guter Mensch zu zeigen.«

Nun berichtete Will Rotwams, wie sie den jungen Mann gefunden hatten. Robin Hood betrachtete den Jungen prüfend. Leise, wie zu sich selbst, sprach er: »Du hast ein gutes, aufrichtiges Gesicht, und dein Kummer ist echt. Sorgen suchen junge und alte Menschen heim.« Bei diesen freundlichen Worten stiegen dem jungen Mann die Tränen in die Augen, und Robin Hood fügte hastig hinzu: »Faß nur wieder Mut, mein Junge. Sicher läßt sich alles noch zum Guten wenden. Wie heißt du?«

»Allan aus Dale.«

»Allan aus Dale ...« wiederholte Robin Hood nachdenklich. »Bist du etwa der fahrende Sänger, von dessen schöner Stimme die Leute weit und breit sprechen? Allan aus Dale am Rotherfluß?«

»Ja, der bin ich.«

»Wie alt bist du?«

»Zwanzig Jahre.«

»Ich finde, du bist noch viel zu jung, um Sorgen zu haben«, sagte Robin freundlich. »Beeilt euch, damit unser Festmahl fertig wird«, rief er seinen Gefährten zu. »Will Rotwams und Klein-John, ihr beide bleibt hier.«

Die anderen gingen, und Robin wandte sich wieder an den jungen Sänger: »Setz dich neben mich und erzähl uns, welcher Kummer dich bedrückt. Worte erleichtern das Herz; wenn der Mühlteich zu voll ist, muß man auch die Schleusen öffnen.«

Zuerst sprach Allan zögernd und stockend, doch als er merkte, wie aufmerksam Robin Hood ihm zuhörte, bekam er Vertrauen zu ihm. Er berichtete, wie er als fahrender Sänger durch das Land zog und auf

Burgen und großen Gutshöfen, aber auch in den Bauernhäusern sang. Eines Abends hatte ihm in einem Bauernhaus ein Mädchen zugehört, so schön und rosig wie die erste Anemone im Frühling, und er hatte nur für sie gesungen und gespielt. Mit leiser Stimme erzählte Allan, wie er in den Tagen danach immer nach Ellen Ausschau hielt und es nie wagte, sie anzusprechen, wenn er ihr begegnete. Einmal traf er sie allein am Bachufer; da packte er endlich die Gelegenheit beim Schopfe und gestand ihr seine Liebe, und weil Ellen ihn auch liebte, zerbrachen sie eine Silbermünze und teilten sie und schworen sich dabei, einander immer treu zu bleiben.

Doch als der Bauer entdeckte, daß seine Tochter einen fahrenden Sänger liebte, war er gar nicht damit einverstanden und sperrte sie ein, so daß Allan sie niemals wiedersehen konnte. Das war vor sechs Wochen geschehen, und heute morgen hatte Allan erfahren, daß Ellen in zwei Tagen den alten Sir Stephan von Trent heiraten mußte, denn ihr Vater betrachtete es als große Ehre, daß ein Edelmann seine Tochter haben wollte. Allan war verzweifelt darüber, doch gleichzeitig fand er es gar nicht erstaunlich, daß ein Ritter ihm seine Braut wegnehmen wollte, denn Ellen war das schönste Mädchen auf der Welt.

Robin Hood, Will Rotwams und Klein-John hörten schweigend zu, während auf der Lichtung die fröhlichen Stimmen ihrer Gefährten erklangen und der rote Widerschein des Feuers die Gesichter erhellte. Die Worte und der Kummer des jungen Sängers gingen ihnen so nahe, daß sogar Klein-John gerührt war.

»Ich wundere mich nicht, daß das Mädchen dich liebt, denn gewiß hast du ein silbernes Kreuz unter der Zunge, genau wie der heilige Franz, der mit seiner sanften Stimme die Vögel aus der Luft lockte«, sagte Robin nach einer Weile.

Klein-John versuchte, seine Gefühle hinter heftigen Worten zu verbergen: »Ich würde am liebsten sofort aufbrechen und diesen Sir Stephan so verwalken, daß er nicht mehr aufsteht. Wie kommt der reiche Alte darauf, daß er sich ein hübsches Mädchen kaufen kann wie ein Huhn auf dem Markt?«

»Ich finde es ist nicht richtig von deinem Mädchen, daß sie ihrem Vater so schnell nachgibt und sofort bereit ist, einen anderen zu heiraten. Das gefällt mir nicht an ihr, Allan«, sagte Will Rotwams.

»Du tust ihr Unrecht«, antwortete Allan heftig. »Sie ist so sanft und zart wie eine Taube. Ich kenne sie besser als sonst jemand auf der Welt. Sie gehorcht ihrem Vater, aber das Herz wird ihr dabei brechen, und sie wird vor Gram sterben, und ich . . .« Er unterbrach seine Klage und schüttelte den Kopf, denn er konnte nicht weitersprechen.

»Ich glaube, ich habe schon einen Plan«, meinte Robin Hood. »Aber sag mir zuerst eines: bist du sicher, daß dein Mädchen Mut genug hat, dich gegen den Willen ihres Vater zu heiraten, wenn sie plötzlich statt mit Sir Stephan mit dir vor dem Pfarrer in der Kirche stehen würde?«

»Oh ja, ganz bestimmt!« rief Allan eifrig.

»Wenn ihr Vater der Mann ist, für den ich ihn halte, dann werde ich dafür sorgen, daß er euch seinen Segen gibt«, versprach Robin. »Doch eines habe ich vergessen: den Pfarrer. Die hohen Geistlichen sind mir nicht wohlgesinnt, weil ich ihnen die Geldsäckel erleichtere, wenn sich die Gelegenheit dazu bietet. Und die armen Dorfpfarrer tun mir nicht gerne einen Gefallen, weil sie Angst vor den Äbten haben.«

»Ich kenne einen, der dir jeden Gefallen tut, wenn du ihn nur richtig zu nehmen weißt«, sagte Will Rotwams lachend. »Die Leute nennen ihn nur den Mönch vom Kloster zu den Quellen.«

»Aber bis zum Kloster zu den Quellen sind es gute hundert Meilen«, wandte Robin Hood ein. »Wir haben keine Zeit mehr, um von dort einen Priester zu holen, ehe das Mädchen mit Sir Stephan verheiratet wird.«

100

»Das Kloster zu den Quellen, das ich meine, ist nicht so weit, Onkel Robin. Es ist auch nicht solch eine reiche, stolze Abtei wie die andere, sondern nur eine kleine Einsiedelei, in der dieser Mönch ganz allein haust«, erklärte Will Rotwams. »Ich will dich hinführen, und wir können am selben Tag wieder zurückkommen.«

»Auf mein Wort, Allan: morgen hole ich diesen Mönch hierher, und in zwei Tagen ist Ellen deine Frau«, versprach Robin.

Dann ließen sich alle zum Essen nieder. Es wurde ein fröhliches Mahl, denn Allan war voller Hoffnung und lachte mit den anderen. Als sie sich alle ausgiebig gestärkt und an gutem Wein gelabt hatten, sagte Robin:

»Deine Stimme ist weitum berühmt, Allan! Willst du uns nicht auch ein Lied hören lassen?«

»Gern«, sagte Allan, griff sofort nach seiner Harfe und ließ die Finger über die Saiten gleiten. Die fröhliche Runde verstummte. Die Harfentöne schwebten über die Lichtung, und Allan begann die Ballade von der schönen May Ellen, die in ihrem Garten den Gesang eines fremden, wilden Vogels hörte und sich in seine Stimme verliebte. Jeden Tag und jeden Abend kam der fremde Vogel wieder, doch als der Mond sich rundete, stand plötzlich an seiner Stelle ein Jüngling unter dem Baum. Aus seinem fernen Märchenland konnte er nur in der Gestalt eines Vogels zu May Ellen kommen. Bald darauf fand sich ein reicher Freier für May Ellen ein. May Ellen wollte nichts von ihm wissen, aber die Eltern rüsteten zur Hochzeit, und ihr Bruder schoß auf den Vogel und sagte, er habe May Ellen mit seiner Stimme verhext. Doch er traf ihn nicht, und der große Vogel verschwand mit einem klagenden Laut am grauen Himmel. Der Hochzeitsmorgen brach an; alle Gäste waren in der Kirche versammelt; der reiche Bräutigam erschien prächtig in Samt und Gold gekleidet, aber May Ellen war stumm und bleich wie der Tod. Plötzlich erhob sich ein mächtiges Rauschen, und durch das hohe offene Kirchenportal flogen neun riesige weiße Schwäne herein. Die Hochzeitsgäste wichen erschrocken zurück; der Pfarrer, der schon am Altar stand, bekreuzigte sich; die Schwäne aber flogen dreimal dicht um May Ellen herum. Da war das schöne Mädchen verschwunden, und an seiner Stelle erhob sich mit einem Jubelschrei ein weißer Schwan, den die anderen neun auf ihren Schwingen davontrugen.

Kein Laut unterbrach die Stille, als Allan seine Ballade beendet hatte. Alle warteten darauf, daß er weitersingen möge. Als Allan die Harfe niederlegte, holte Robin tief Atem und brach das Schweigen: »Auch deine Stimme ist verzaubert, Allan. Ich wollte, du bliebest bei uns.«

Allan nahm Robins Hand und antwortete: »Ich will gerne immer bei euch bleiben, denn ich habe noch niemals soviel Freundlichkeit erfahren wie heute von dir.«

Alle freuten sich, schüttelten Allan die Hand und hießen ihn willkommen. So wurde der berühmte Sänger Allan aus Dale Robin Hoods Gefährte.

11 DAS KLOSTER ZU DEN QUELLEN

Am nächsten Morgen machte Robin Hood sich in aller Frühe auf den Weg zum Kloster zu den Quellen. Er nahm Will Rotwams, Klein-John, David aus Doncaster und Arthur den Gerber mit. Um vor dem Mönch gebührend aufzutreten, hatte Robin ein feingeschmiedetes Kettenhemd und sein bestes grünes Wams angelegt und sich ein Schwert umgeschnallt, dessen Scheide mit Drachen und anderem fremdartigen Getier verziert war. Unter seiner weißen Ledermütze mit der bunten Feder verbarg sich eine Eisenhaube.

Über sonnige Feldwege und schattige Waldpfade brachten die fünf Gefährten Meile um Meile hinter sich, bis sie am Mittag einen Fluß erreichten. Auf beiden Ufern verlief ein breiter Pfad für die Pferde, die schwere, mit Getreidesäcken und anderen Waren beladene Kähne zogen. Doch jetzt am heißen Mittag waren keine Kähne, Kutscher und Pferde zu sehen. Der Fluß wand sich zwischen grünen Wiesen und Weiden dahin. In der Ferne leuchtete das rote Ziegeldach eines Kirchturmes in der Sonne, der Wetterhahn hoch oben ein blitzender Funke am blauen Himmel. Schwalben schossen bis dicht über die silbernen Wellen hinunter; Libellen flitzten schillernd über das Wasser; ein einsamer Fischreiher stieg aus seinem Versteck im Schilf auf.

Als sie dem Fluß lange Zeit gefolgt waren, sagte Will Rotwams: »Hinter der Biegung dort vorne ist eine Furt, in der uns das Wasser nur bis zu den Schenkeln reicht. Die Klause liegt am anderen Ufer, ganz hinter dichtem Gebüsch versteckt.«

Robin Hood blieb stehen. »Wenn ich gewußt hätte, daß wir durch einen Fluß waten müssen, hätte ich nicht mein bestes Wams angelegt. Nun, das ist jetzt nicht mehr zu ändern. Wartet hier auf mich, aber kommt mir schnell zu Hilfe, wenn ihr mein Jagdhorn hört.«

»So ist es immer«, brummte Klein-John. »Du willst alle Abenteuer allein erleben, und wir dürfen herumsitzen und die Daumen drehen.«

»Dieses Abenteuer ist ohne jede Gefahr. Ich weiß, daß du mutig und unerschrocken bist, Klein-John, aber warte trotzdem hier.« Damit ging Robin Hood allein weiter.

Robin war kaum hinter der Biegung verschwunden, die ihn vor den Blicken seiner Gefährten verbarg, als er plötzlich Stimmen vernahm und stehenblieb. Nach einer Weile hörte er zwei Männer miteinander sprechen, deren Stimmen sich völlig glichen. Vom Pfad fiel die Uferbank steil zum Wasser ab. Der schmale Ufersaum war dicht mit Schilf und Büschen bewachsen. Von dort unten klangen die Stimmen herauf.

»Wie sonderbar«, murmelte Robin Hood vor sich hin. »Es haben doch zwei Männer gesprochen, aber ihre Stimmen glichen sich wie zwei Erbsen in einer Schale. Ich muß nachsehen, was dort los ist.« Er legte sich auf dem Bauch ins Gras und spähte hinunter.

Ein kräftiger Weidenbaum breitete seine Äste bis über das Wasser aus und spendete kühlen Schatten. Den Rücken an den knorrigen Stamm gelehnt und halb vom Farnkraut verborgen, saß ein großer, kräftiger Mann. Sonst war niemand zu sehen. Nur seine lose Kutte, der Rosenkranz an seinem Gürtel und die Tonsur in seinem dichten schwarzen Haar verrieten, daß er ein Mönch war. Er trug einen struppigen schwarzen Bart, hatte einen Nacken so dick wie ein junger Stier und fast so breite Schultern wie Klein-John. Unter seinen buschigen Brauen blickten so lustige graue Augen hervor, daß man schon lachen mußte, wenn man ihn nur ansah. Er saß mit gespreizten Beinen da und riß mit der linken Hand große Brocken von einer saftigen Fleischpastete ab, die zwischen seinen Knien lag. In der rechten Hand hielt er einen halben

Laib Brot, von dem er nach jedem Happen Fleisch abbiß. Zwischendurch spülte er beides mit einem mächtigen Schluck aus einer dickbauchigen Lederflasche hinunter. Dabei sagte er jedesmal: »Auf deine Gesundheit, alter Knabe«. Als er alles aufgegessen hatte, wischte er sich die fettigen Finger am Farnkraut und am wilden Thymian ab, nahm die Flasche und begann wieder, sich mit sich selbst zu unterhalten, als ob er einen Gast habe.

Während der ganzen Zeit lag Robin oben auf der Uferbank, beobachtete ihn und schüttelte sich vor unterdrücktem Lachen.

Der Mönch nahm die Flasche von der rechten in die linke Hand, als würde er sie einem Gefährten reichen und ihm den Vortritt beim Trunk lassen. »Auf deine Gesundheit, alter Knabe«, sagte er, tat einen langen Schluck, nahm die Flasche wieder in die rechte Hand, antwortete sich selbst: »Danke, und auch auf deine Gesundheit, mein Bester«, und setzte die Flasche gleich noch einmal an. »Das ist ein gutes Bier, hier trink noch mal...« Die Flasche wanderte wieder von rechts nach links. »Nach dir, nach dir...« Die Flasche wanderte zurück nach rechts. »Wie wär's mit einem Lied?... Ich kann nicht gut singen... Natürlich kannst du singen! Kennst du das Lied von dem hochnäsigen Mädchen, das nichts von dem jungen Gärtner wissen wollte?... Ja, schon, aber ich kann wirklich nicht gut singen... Das macht nichts, ich bin auch kein Hofsänger. Die Hauptsache ist, es macht uns Spaß... Na, schön, wenn du unbedingt willst... Dann fang an... Nein, fang du an...«

Nach diesem Zwiegespräch, bei dem die Flasche noch ein paarmal von rechts nach links und von links wieder nach rechts wanderte, stimmte der Mönch mit tiefem Baß sein Lied an. Robin kannte es auch, und weil er die Sache gar zu lustig fand, stimmte er nach ein paar Strophen mit ein. Der Mönch schien das nicht zu hören; er saß an seinen Baum gelehnt und nickte im Takt der Melodie mit dem Kopf. So sangen sie zusammen das Lied zu Ende. Doch kaum war der letzte Ton verklungen, da stülpte sich der heilige Mann die Eisenhaube über den Kopf, die neben ihm im Gras lag, sprang auf, zog unter der Kutte ein Schwert heraus und schrie wütend:

»Welcher Spion ist da? Komm her, du Bösewicht, und ich mach' dich zu Hackfleisch!«

»Tu dein Eisen weg, guter Freund«, rief Robin ihm zu. »Wenn man so schön zusammen gesungen hat, soll man hinterher nicht miteinander kämpfen.« Damit sprang er die Uferbank hinunter. »Das Lied hat mir die Kehle ausgedörrt. Hast du nicht noch einen Schluck übrig?«

»Du lädst dich einfach selber ein, wo man dich nicht gebeten hat«, antwortete der Mönch brummig. »Aber als anständiger Christ kann ich einem durstigen Menschen einen Trunk nicht verweigern, also nimm.«

Robin setzte die Flasche an die Lippen, legte den Kopf weit zurück, und dann hörte man so lange ein lautes »gluck-gluck-gluck«, daß das Gesicht des Mönches ganz besorgt wurde. Als Robin endlich absetzte und ihm die Flasche zurückgab, schüttelte der Mönch sie prüfend, sah Robin mißbilligend an und trank dann schnell den Rest aus.

»Kennst du die Gegend hier, heiliger Bruder?« fragte Robin.

»Ja, ein bißchen«, antwortete der Mönch trocken.

»Kennst du den Fleck, den man das Kloster zu den Quellen nennt?«

»Ja, ein bißchen.«

»Kennst du zufällig auch den Mönch vom Kloster zu den Quellen?«

»Ja, ein bißchen.«

»Dann möchte ich gerne wissen, ob man diesen Mönch auf dieser Seite des Flusses findet oder auf der anderen, guter Freund oder heiliger Bruder oder was immer du bist«, sagte Robin.

»Der Fluß hat keine andere Seite als die andere«, antwortete der Mönch.

»Wie willst du denn das beweisen?«

»Das ist ganz einfach. Du gibst zu, daß die andere Seite die andere Seite ist?«

»Natürlich.«

»Aber die andere Seite ist nur eine Seite. Begreifst du das?«

»Das kann kein Mensch leugnen«, meinte Robin.

»Wenn die andere Seite also nur eine Seite ist, dann ist diese Seite die andere Seite, und deshalb sind beide Seiten des Flusses die andere Seite.«

»Das ist eine sehr gelehrte Erklärung, heiliger Bruder. Leider weiß ich aber jetzt noch immer nicht, ob dieser Mönch nun auf der Seite zu finden ist, auf der wir stehen, oder auf der anderen, auf der wir nicht stehen«, sagte Robin.

»Das ist eine praktische Frage, auf die sich die strengen Regeln der reinen Logik nicht anwenden lassen. Ich rate dir, das mit Hilfe deiner eigenen fünf Sinne herauszufinden.«

Robin Hood warf einen nachdenklichen Blick auf den Mönch: »Ich möchte die Furt durchqueren und den guten Mönch suchen.«

»Und ich möchte dich nicht von deinem frommen Vorhaben abhalten, junger Freund. Jeder kann den Fluß durchqueren, dem das Spaß macht«, antwortete der Mönch.

»Ja, heiliger Bruder, aber wie du siehst, trage ich meine allerbeste Kleidung, und es wäre schade, wenn sie naß würde. Deine Schultern sind breit und kräftig. Hast du nicht ein gutes Herz und trägst mich hinüber?«

»Bei allen Heiligen!« brach der Mönch los. »Du hergelaufener Grünschnabel, du rausgeputzter Geck, du ... du ... du willst, daß ich, der heilige Tuck, dich durch's Wasser trage? Ich schwöre, ich ...« Plötzlich verstummte er, der Zorn verschwand langsam aus seinem Gesicht, er blinzelte und sagte sanft und fromm: »Warum eigentlich nicht? Hat der heilige Christophorus nicht auch einen Fremden durch die Furt getragen? Warum sollte ich armer Sünder mich schämen, es ihm gleichzutun? Komm, Fremder, ich will dich gerne tragen.« Damit ging er Robin schon voraus zur Furt.

Dort schürzte der Mönch seine Kutte hoch, klemmte sein Schwert unter den Arm und bückte sich, um Robin auf seinen Rücken steigen zu lassen. »Gib mir auch dein Schwert, damit es nicht naß wird.«

»Ich will dir nicht noch mehr aufbürden«, sagte Robin.

»Der heilige Christophorus hat auch nicht an seine eigene Bequemlichkeit gedacht. Gib mir nur dein Schwert, ich will es als Strafe für meinen Stolz tragen«, antwortete der Mönch.

Da schnallte Robin sein Schwert ab. Der Mönch schob es unter den Arm, nahm Robin auf den Rücken und durchquerte mit sicherem Schritt das Wasser. Am anderen Ufer setzte er Robin ab.

»Vielen Dank, heiliger Bruder«, sagte Robin. »Nun gib mir mein Schwert, denn ich muß weiterziehen und habe es eilig.«

Der Mönch musterte Robin von Kopf bis Fuß, kniff ein Auge zusammen und sagte: »Junger Mann, du hast es eilig, an deine Geschäfte zu kommen, und vergißt darüber meine. Du hast nur weltliche Dinge im Kopf, aber ich muß an geistliche Dinge denken; das ist sozusagen eine heilige Arbeit. Außerdem liegen meine Geschäfte auf der anderen Seite des Flusses. Deine Suche nach der Einsiedelei beweist, daß du Respekt vor dem heiligen Stand hast. Ich bin ganz naß geworden, als ich dich hierherüber trug, und wenn ich noch einmal durch das Wasser wate, bekomme ich Reißen und Zipperlein in den Knochen, und das wird mich viele Tage lang beim Beten stören. Ich habe bescheiden getan, worum du mich gebeten hast, und deshalb erweist du mir sicher gerne den gleichen Gefallen und trägst mich wieder zurück. Wie du siehst, hat mir der heilige Godrick, dessen Namenstag heute ist, zwei Schwerter in die Hand gegeben und dir keines. Also läßt du dich sicher überzeugen, daß du mich wieder zurücktragen mußt, nicht wahr?«

Robin Hood biß sich auf die Lippen: »Du hast mich hereingelegt. Ich hätte dir ansehen sollen, daß du trotz deiner Kutte nicht solch ein heiliger Bruder bist.«

»Sprich nicht so respektlos mit mir!«

»Wer verliert, hat das Recht, sich wenigstens mit der Zunge zu wehren«, sagte Robin. »Ich verspreche dir, daß ich dich sofort wieder hinübertrage, aber gib mir mein Schwert zurück.«

»Ich habe keine Angst vor dir, deshalb sollst du dein Schwert zurückhaben. Nun komm, denn ich habe es eilig.«

Robin schnallte sein Schwert um, bückte sich und nahm den Mönch auf seinen breiten Rücken, an dem er eine viel schwerere Last zu tragen hatte als der Mönch an ihm. Außerdem kannte Robin die Furt nicht; er stolperte über Steine, trat in tiefe Löcher und stürzte einmal beinahe über einen Felsblock. Der Schweiß lief ihm übers Gesicht, und der schwere Mönch stieß ihm auch noch die Fersen in die Seiten, als ob Robin ein Pferd sei, und trieb ihn mit üblen Namen zur Eile an. Robin Hood schwieg, aber er tastete heimlich nach der Schnalle am Schwertgurt des Mönches und öffnete sie unbemerkt. Als er endlich das andere Ufer erreichte und der Mönch von seinem Rücken sprang, hielt Robin das Schwert fest, und der Gürtel löste sich mit einem Ruck.

»So, jetzt habe ich dich«, sagte Robin und wischte sich den Schweiß von der Stirne. »Diesmal war der heilige Godrick auf meiner Seite, und wenn du mich nicht sofort wieder hinüberträgst, klopfe ich dir das Fell aus!«

Der Mönch starrte Robin einen Augenblick lang grimmig an. Dann seufzte er ergeben: »Ich hätte nicht gedacht, daß du so gerissen bist. Ich muß zugeben, daß du mir nur Gleiches mit Gleichem heimgezahlt hast. Wenn du mir mein Schwert zurückgibst, verspreche ich dir, daß ich dich wieder auf den Rücken nehme und trage.«

Robin gab ihm seine Waffe, und der Mönch achtete darauf, daß die Schnalle diesmal besser geschlossen war. Dann schürzte er seine Kutte, nahm Robin auf den Rücken und watete in den Fluß. Robin lachte sich im stillen eins. Der Mönch erreichte die Mitte der Furt, wo das Wasser am tiefsten war, und blieb stehen, als müsse er verschnaufen. Doch mit einem plötzlichen Ruck warf er Robin wie einen Mehlsack über die Schulter. Es gab einen lauten Platsch, und das Wasser schlug über Robins Kopf zusammen.

»So, das wird den jungen Hitzkopf schon abkühlen«, sagte der Mönch und watete gemächlich zurück zum Ufer.

Inzwischen kam Robin wieder auf die Füße, spuckte Wasser, rieb sich die Augen und sah sich benommen um. Da hörte er vom Ufer her das höhnische Lachen des Mönches.

»Warte nur, bis ich dich erwische, du Schuft!« schrie Robin wütend und watete platschend an Land.

»Du brauchst dich nicht so zu beeilen, ich warte gerne!« rief ihm der Mönch spöttisch zu. »Außerdem brauchst du dich auch nicht aufzuregen! Ich habe gesagt, daß ich dich auf den Rücken nehme und trage, aber ich habe nicht gesagt, daß ich dich *hinüber*trage!«

Robin erreichte das Ufer und rollte sich sofort die Ärmel hoch. Der Mönch raffte seine Kutte zusammen, und Robin sah, daß er ein geschmiedetes Kettenhemd darunter trug. Dann zogen sie ihre Schwerter und stürzten aufeinander los. Diesmal war es kein Wettkampf, sondern bitterer Ernst. Eine Stunde lang fochten sie unermüdlich, trieben sich auf dem Uferpfad hin und her, doch keiner konnte seinem Gegner eine Wunde zufügen, und jeder bewunderte im stillen die Fechtkunst des anderen. Endlich rief Robin Hood:

»Halt ein, guter Freund!«

Beide senkten ihre Waffen und wischten sich den Schweiß von der Stirn.

»Willst du mir einen Gefallen tun, ehe wir weiterkämpfen?« fragte Robin Hood.

»Was willst du?« antwortete der Mönch mißtrauisch.

»Ich möchte nur, daß du mich dreimal mein Jagdhorn blasen läßt.«

»Dahinter steckt sicher irgendein Trick«, meinte der Mönch. »Aber ich habe keine Angst vor dir, also blas ruhig. Ich blase dafür dreimal auf dieser kleinen Pfeife.« Der Mönch hatte neben dem Rosenkranz eine kleine silberne Pfeife am Gürtel hängen, wie sie die Ritter benutzen, um auf der Jagd ihre Falken zurückzurufen.

Robin setzte das Jagdhorn an die Lippen und blies dreimal. Der letzte Ton war kaum verhallt, als im Laufschritt vier jägergrün gekleidete Männer auftauchten, die Bogen schußbereit in den Händen.

»Du Verräter!« schrie der Mönch. Seine Pfeife ertönte laut und schrill, und schon stürzten vier große zottige Hunde aus dem Unterholz. »Faß ihn, Wolf, faß ihn!« hetzte der Mönch den Anführer der Meute auf Robin.

Robin konnte gerade noch sein Schwert fallenlassen, nach dem nächsten Ast an dem Baum neben sich greifen, sich hochziehen, und schon sprangen die vier mächtigen Tiere um den Stamm herum, als ob dort oben eine Katze säße. Der Mönch pfiff die Hunde zurück und hetzte sie auf Robins Gefährten. Wie Falken auf ihre Beute, so stürzten die riesigen Hunde auf die vier Männer los. Doch plötzlich schrie Will Rotwams: »Kusch dich, Wolf! Kusch dich, Hasso, hierhin, Flint und Blitz, hierhin!«

Die Hunde stutzten beim Klang dieser Stimme, hoben witternd die Köpfe, und dann sausten sie alle vier auf Will Rotwams zu, sprangen an ihm hoch, winselten, wedelten vor Freude wie wild mit dem Schwanz und leckten ihm die Hände.

»Bist du ein Zauberer, der diese Wölfe in Lämmer verwandeln kann? Was ist da los?« schrie der Mönch. Die vier Männer kamen näher. »Ich traue meinen eigenen Augen nicht! Ist das wahrhaftig der junge William Gamwell, den ich in dieser Gesellschaft wiedersehe?«

»Ja, aber ich heiße nicht mehr William Gamwell, sondern Will Rotwams, Bruder Tuck, und dies ist mein Onkel Robin Hood, bei dem ich jetzt im Sherwoodwald lebe«, erklärte Will, und Robin sprang vom Baum.

»Deinen Namen habe ich schon oft gehört, aber ich hätte nie gedacht, daß ich dir im Kampf begegnen würde. Hoffentlich nimmst du mir die Sache nicht übel«, sagte der Mönch und streckte Robin Hood die Hand entgegen.

»Ich bin wirklich froh, daß unser Freund Rotwams dich und vor allem deine Hunde kennt«, sagte Klein-John. »Ich gebe zu, daß mir das Herz in die Hose fiel, als diese Riesentiere auf uns zukamen.«

»Darüber kannst du wirklich froh sein«, versicherte der Mönch. »Was führt dich hierher, Will? Wo hast du die ganze Zeit gesteckt?«

»Das kannst du ihm nachher erzählen, Will«, unterbrach Robin. »Ich habe schon zuviel Zeit verloren; ich muß noch immer den Mönch vom Kloster zu den Quellen finden.«

»Aber Onkel Robin, das ist er doch!«

»Was, du bist der Mönch, den ich schon den ganzen Tag suche?«

»Ja, weil meine Klause hier am Fluß liegt, nennen manche Leute mich zum Spaß den Abt vom Kloster zu den Quellen; aber andere nennen mich einfach Bruder Tuck.«

»Warum hast mir nicht gleich gesagt, daß du der bist, den ich suche?« fragte Robin etwas ungehalten.

»Dazu bin ich leider nicht gekommen«, antwortete der Mönch verschmitzt. »Was willst du von mir?«

»Wir müssen noch heute zurück zum Sherwoodwald. Komm mit uns, und ich erzähle dir alles unterwegs«, sagte Robin Hood.

Ohne länger zu verweilen, machten sie sich alle zusammen auf den Rückweg; die zottigen Hunde trotteten hinterher. Es war schon dunkle Nacht, als sie die alte Eiche erreichten.

Am nächsten Morgen war Allan aus Dale als erster auf, aber Bruder Tuck mußte gerüttelt werden, ehe er sich endlich den Schlaf aus den Augen rieb. Die Männer lachten, als sie Robin Hood sahen, denn er trug zu seinen grasgrünen Beinkleidern ein rot und gelb geschecktes Wams, das über und über mit bunten Bändern und Schleifen besetzt war, und dazu einen hohen spitzen, roten Hut. Unter dem Arm hielt er eine Laute.

»Ihr habt recht, ich sehe aus wie ein bunter Gockel, aber für heute ist das gerade das richtige Gewand. Ihr werdet schon sehen, warum«, sagte Robin und zupfte die Saiten seiner Laute. Dann übergab er Klein-John zwei Beutel, in denen Goldmünzen klirrten, wählte zwanzig kräftige Gefährten aus, die ihn begleiten sollten, und befahl den anderen, in seiner Abwesenheit auf Will Rotwams zu hören.

Mit Allan aus Dale und Bruder Tuck in der Mitte wanderten sie vom Sherwoodwald bis zum Tal des Rotherflusses. So weit sie sehen konnten, erstreckten sich goldene Roggenfelder und grüne Weiden, über die Schafherden wie weiße Wolken dahinzogen. Von den Wiesen stieg der würzige Duft von frischgemähtem Heu auf, das in breiten Schwaden zum Trocknen ausgebreitet lag.

»Hier ist die Welt genauso schön wie im Wald«, sagte Robin. »Warum nennt man sie ein Jammertal? Ich glaube, nur unsere eigenen dunklen Gedanken bringen Kummer und Sorgen in diese Welt. Wie heißt es in dem Lied, das du immer singst, Klein-John?

Kommt mein Mädchen früh am Morgen
strahlend wie ein Maientag,
schon verfliegen meine Sorgen
daß ich nur noch singen mag;
trink auf ihre hübschen Augen
einen Becher kühlen Wein,
ist der Tag auch grau und trübe,
für mich zeigt er Sonnenschein.«

»Ihr habt nichts anderes als Wein und hübsche Mädchen und andere irdische Dinge im Sinn«, bemerkte Bruder Tuck mißbilligend. »Aber Fasten und Beten sind noch besser gegen Kummer. Schaut mich nur an: sehe ich etwa aus, als ob ich Sorgen hätte oder die Welt für ein Jammertal hielte?«

Robin und seine Gefährten lachten schallend, denn am Abend zuvor hatte Bruder Tuck tapfer mitgezecht und sich mit den standfestesten Trinkern gemessen.

»Ich glaube, deine Sorgen sind genauso groß wie deine Frömmigkeit«, meinte Robin schmunzelnd.

Endlich erreichten sie eine kleine Kapelle, die auf den riesigen Ländereien des reichen Priors von Emmet lag. Hier sollte die schöne Ellen den reichen Sir Stephan von Trent heiraten. Die Kapelle lag inmitten goldener Felder. Auf der anderen Seite der Landstraße zog sich eine lange, niedrige Mauer dahin, über die Büsche und Bäume ragten. Hinter dieser Mauer verschwanden Robin Hood und seine Gefährten. Sie streckten sich im Gras aus und waren froh, daß sie sich nach ihrer langen Wanderung ausruhen konnten. David aus Doncaster hielt Wache und beobachtete Weg und Kirche; Allan aus Dale lief unruhig auf und ab; Bruder Tuck ließ sich nicht stören und schnarchte sofort; die anderen unterhielten sich leise; Robin starrte nachdenklich in den Himmel, und so verging die Zeit.

Nach einer Weile fragte Robin: »David, was siehst du?«

»Ich sehe die weißen Wolken ziehen und drei schwarze Krähen über das Feld fliegen; sonst sehe ich nichts.«

Sie warteten weiter, und alles war still, bis Robin nach einer langen Weile ungeduldig wurde: »David, was siehst du?«

»Ich sehe, wie sich die Flügel der Windmühle langsam in der Brise drehen und wie die Pappeln zum Himmel aufragen; sonst sehe ich nichts.«

Als Robin zum drittenmal fragte, antwortete David: »Ich sehe, wie der Wind das Weizenfeld in Wellen legt und wie ein alter Mönch über den Hügel kommt. Er trägt einen großen Schlüsselbund und geht zur Kirchentür.«

Robin schüttelte Bruder Tuck an den Schultern: »Wach auf, heiliger Bruder, wach auf!« Tuck rappelte sich brummend hoch. »Da kommt einer deines Standes! Geh hinüber, sprich mit ihm und sieh zu, daß du in die Kapelle kommst, damit du zur Stelle bist, wenn wir dich brauchen«, sagte Robin.

Bruder Tuck kletterte über die Mauer und ging über die Landstraße zur Kapellentür, an der der alte Mönch sich noch immer mit einem großen Schlüssel abmühte, denn das Schloß war verrostet und er selber alt und schwach.

»Guten Morgen, Bruder! Komm, ich helfe dir«, sagte Tuck, nahm ihm den Schlüssel aus der Hand und hatte schon die Tür geöffnet.

»Wer bist du, Bruder? Woher kommst du und wohin gehst du?« fragte der Mönch mit hoher Greisenstimme und sah Tuck mit zusammengekniffenen Augen an, so wie eine Eule in die Sonne blinzelt.

»Ich heiße Tuck und bin ein armer Einsiedler, der schon den ganzen Morgen über die staubige Landstraße gezogen ist. Jetzt würde ich mich gerne ein Weilchen in deiner kühlen Kirche ausruhen. Ich habe auch gehört, daß heute hier eine Hochzeit stattfindet; die möchte ich mir gerne ansehen.« Über diesen Erklärungen war Bruder Tuck auch schon in der Kapelle.

»Du bist willkommen, Bruder, setz dich nur und ruh dich aus«, sagte der alte Mönch.

Inzwischen waren auch Robin Hood, Klein-John und Will Stutely herangekommen. Klein-John und Will Stutely verschwanden in der kleinen Kirche, aber Robin setzte sich mit seiner Laute wie ein fahrender Spielmann auf die Bank vor der Kapellentür und beobachtete die Straße.

Endlich tauchten in der Ferne sechs Reiter auf. Sie ritten langsam dahin, wie es sich für hohe Geistliche geziemte. Als sie näherkamen, erkannte Robin den Bischof von Hereford. Eine schwarze, rundum mit Edelsteinen besetzte Samtkappe verbarg seine Tonsur. Eine dicke, schwere Goldkette hing um seinen Hals. Reiche Goldstickerei verzierte sein kostbares Seidengewand und seine schwarzen Samtschuhe. Neben dem Bischof ritt der Prior von Emmet; auch seine Kleidung war sehr reich, aber doch nicht so kostbar und protzig wie die des Bischofs. Zwei hohe Brüder aus dem Kloster Emmet und zwei Diener des Bischofs ritten als Gefolge hinter ihnen her, denn der reiche Bischof von Hereford wollte in nichts hinter den großen weltlichen Herren zurückstehen.

Gold und Edelsteine und die silbernen Beschläge am Zaumzeug der Pferde funkelten in der Sonne, und Robin Hood sagte sich im stillen: »Es gehört sich nicht für einen Bischof, solch einen Prunk zu treiben. Der heilige Thomas trug auch keine seidenen Gewänder und goldenen Ketten, die mit dem Schweiß armer Bauern bezahlt wurden. Bischof, Bischof, dein Hochmut kommt schneller zu Fall, als du denkst!«

Bischof und Prior unterhielten sich in bester Laune über gute Geschäfte, die sie gemacht hatten, und über Festessen und Trinkgelage, zu denen sie eingeladen worden waren, und ihre Worte paßten genauso wenig zu ihrem Amt wie ihr Prunk. Als sie von den Pferden stiegen und die Kapelle betraten, sah der Bischof Robin und sagte:

»Hallo, wer bist denn du, bunter Vogel?«

»Ich bin ein fahrender Spielmann aus dem Norden, edler Bischof, und meine Laute gibt solch herrliche Klänge von sich, daß jeder, der sie hört, davon verzaubert ist, ob er nun will oder nicht. Und wenn ich auf dieser Hochzeit aufspielen darf, so könnt Ihr sicher sein, daß die Braut den Mann, den sie heiratet, ihr ganzes Leben lang liebt und ihm immer treu bleibt.«

»Tatsächlich?« sagte der Bischof und betrachtete Robin voll Interesse. »Wenn du das junge Mädchen, das meinen armen Vetter Stephan wirklich verhext hat, dazu bringen kannst, daß sie ihren angetrauten Mann ihr ganzes Leben lang liebt und ihm immer treu bleibt, dann gewähre ich dir jede Bitte. Laß mich eine Probe deiner Kunst hören, guter Freund.«

»Das geht leider nicht, selbst wenn ein Bischof es wünscht. Ich kann erst spielen, wenn Braut und Bräutigam erscheinen«, antwortete Robin Hood.

»Du bist ein dreister Bursche, weil du es wagst, meinen Wunsch zu mißachten, aber es bleibt mir nichts anderes übrig, als dich zu ertragen«, sagte der Bischof. »Schau, Prior, da kommt Sir Stephan mit seiner Braut!«

Ein zweiter Reitertrupp tauchte auf. Vorneweg ritt ein großer, schlanker Mann mit ritterlichem Aussehen, ganz in schwarze Seide gekleidet. Das mußte Sir Stephan von Trent sein. Neben ihm ritt ein Freisasse, Ellens Vater. Ihnen folgten zwei Pferde, die eine Sänfte zwischen sich trugen, in der die Braut saß. Sechs berittene Soldaten in glänzenden Rüstungen bildeten die Nachhut. Der Trupp hielt vor der Kirche; Sir Stephan sprang vom Pferd, trat eilig zur Sänfte und half Ellen heraus. Robin Hood sah sie an und wunderte sich nicht länger darüber, daß der stolze Sir Stephan von Trent eine einfache Bauerntochter heiraten wollte, denn Ellen war wirklich ein wunderschönes

Mädchen. Doch jetzt war sie blaß wie eine Lilie und ließ sich mit gebeugtem Kopf und traurigem Gesicht von Sir Stephan in die Kirche führen.

»Warum spielst du nicht, Bursche?« sagte der Bischof sehr ungnädig zu Robin.

»Immer mit der Ruhe, edler Bischof; ich spiele, wenn der richtige Augenblick dafür gekommen ist«, antwortete Robin mit dem freundlichsten Gesicht.

Der Bischof dachte bei sich: Nach der Hochzeit laß' ich den Kerl auspeitschen, weil er mir dauernd widerspricht.

Sir Stephan und Ellen standen schon wartend vor dem Altar. Der Bischof trat vor sie, schlug sein Gebetbuch auf und wollte mit der Zeremonie beginnen. Die Braut sah sich so verzweifelt um wie ein Reh, dem die Hunde auf den Fersen sind. Da trat Robin Hood vor und drängte sich zwischen Braut und Bräutigam.

»Was sehe ich denn hier?« sagte er laut. »Die Wangen des Mädchens sind lilienweiß, nicht rosenrot, wie es sich für eine glückliche Braut gehört? Ihr, edler Ritter, seid alt, und sie ist noch so jung. Ihr könnt die schöne Ellen nicht zur Frau nehmen, denn sie liebt Euch nicht!«

Bei diesen Worten standen alle wie versteinert und wußten vor Verlegenheit nicht, wohin sie schauen und was sie sagen sollten. Sie starrten Robin an, der sein Jagdhorn an die Lippen setzte und dreimal hineinblies, daß das Echo wie die Trompeten des Jüngsten Gerichts in der kleinen Kirche widerhallte. Klein-John und Will Stutely waren mit wenigen Schritten neben Robin Hood und zogen ihre Schwerter, während eine mächtige Baßstimme wie Donnergrollen über ihnen erklang:

»Hier bin ich, wenn du mich brauchst!« rief Bruder Tuck von der Orgelempore herunter.

Die Hochzeitsgesellschaft hatte sich von ihrer ersten Überraschung erholt. Der Bauer wollte sich wütend auf seine Tochter stürzen und sie fortziehen, aber Klein-John trat ihm in den Weg: »Keinen Schritt weiter!«

»Auf die Bösewichte!« rief Sir Stephan und griff nach seinem Schwert, aber er hatte es an seinem Hochzeitstag nicht umgeschnallt.

Seine Soldaten zückten die Schwerter, und einen Augenblick sah es so aus, als sollte Blut den Kirchenboden benetzen. Doch das Portal flog auf, und achtzehn in Jägergrün gekleidete Männer stürzten herein, Allan aus Dale allen voraus. Die Soldaten wichen zurück.

»Du hast das also angestiftet, Allan!« rief der Bauer zornig.

»Nein, das war meine Idee. Und falls Ihr es noch nicht gemerkt haben solltet: Ich bin Robin Hood!«

Bei dem Namen Robin Hood verstummten alle. Der Prior und sein Gefolge drängten sich zusammen wie verängstigte Schafe, die den Wolf wittern. Der Bischof von Hereford bekreuzigte sich.

»Ich will euch nichts Böses«, fuhr Robin Hood fort. »Aber hier ist der richtige Bräutigam der schönen Ellen, und ihn wird sie heiraten, oder ihr werdet es bereuen.«

»Ich bin ihr Vater, und ich bestimme, wen sie heiratet«, widersprach der Bauer wütend. »Sie heiratet Sir Stephan und keinen anderen!«

Bis jetzt hatte Sir Stephan in stolzem Schweigen beobachtet, was vor sich ging. Nun sagte er kalt: »Nein, du kannst deine Tochter wiederhaben. Nach dem, was hier geschah, will ich sie nicht mehr, und wenn ich ganz England dadurch gewinnen könnte! Ich habe deine Tochter geliebt, so alt ich auch bin, und hätte sie wie einen Schatz bewahrt. Ich wußte nicht, daß sie diesen Burschen liebt.« Dann wandte er sich an Ellen: »Mädchen, wenn du einen fahrenden Sänger einem hochgeborenen Ritter vorziehst, dann sollst du deinen Willen haben. Es ist unter meiner Würde, hier zu verweilen und mit euch zu reden.« Damit wandte er sich um und schritt stolz zur Kirche hinaus. Seine Soldaten folgten ihm.

»Auch für mich bleibt hier nichts mehr zu tun«, sagte der Bischof hastig und wollte hinter Sir Stephan hinauseilen.

Robin legte ihm die Hand auf den Arm: »Bleibt, edler Bischof, denn ich habe Euch noch etwas zu sagen.«

Der Bischof blieb.

»Klein-John, gib mir den Beutel Gold«, bat Robin. »Bauer, in diesem Beutel sind zweihundert Taler. Gib deinen Segen zu der Hochzeit, und du bekommst das Geld als Mitgift für deine Tochter. Verweigerst du deinen Segen, so heiratet sie Allan trotzdem, und du bekommst keinen Heller. Du kannst wählen.«

Der Bauer starrte mit gerunzelter Stirn vor sich auf den Boden und überlegte. Weil er ein vernünftiger Mann war, dachte er bei sich, daß der Spatz in der Hand immer noch besser sei als die Taube auf dem Dache. »Ich wollte eine Dame aus ihr machen, aber wenn das dumme Ding unbedingt lieber den fahrenden Sänger will, dann soll sie ihn von mir aus haben. Ich gebe ihr meinen Segen, wenn sie ihm angetraut ist«, antwortete er brummig.

»Das geht nicht, denn der Bischof traut sie nicht, und es ist kein anderer Priester da«, meldete sich einer aus dem Kloster Emmet.

»So, und was bin ich?« schrie Bruder Tuck erbost von der Orgelempore. »Ich werde dir gleich zeigen, ob ich unseren guten Allan und die schöne Ellen trauen kann oder nicht!« Damit kam er eilig heruntergestiefelt, nahm dem Bischof ohne Umstände das Gebetbuch aus der Hand und begann mit der Trauungszeremonie.

Der Brautvater bekam seine zweihundert Taler und gab dem Paar seinen Segen. Robins Gefährten schüttelten Allan die Hand und wünschten ihm viel Glück. Allan und Ellen strahlten; nur Bischof und Bauer machten böse Gesichter.

»Edler Bischof, Ihr habt mir versprochen, mir jede Bitte zu gewähren, wenn ich es fertigbringe, daß das junge Mädchen den Mann, dem sie angetraut wird, ihr Leben lang liebt und ihm immer treu bleibt«, sagte Robin Hood. »Das habe ich fertiggebracht, wie Ihr wohl seht: Ellen liebt Allan. Nun erfüllt Euer Versprechen. Die goldene Kette steht Eurem Stande wenig an, deshalb gebt sie mir bitte als Hochzeitsgabe für die Braut.«

Der Bischof wurde rot vor Zorn, doch dann senkte er vor Robins Blick beschämt die Augen. Er nahm langsam die Kette ab und reichte sie Robin, ohne ihn anzusehen. Der hing sie lächelnd Ellen um und sagte: »Edler Bischof, ich danke Euch im Namen der Braut für das schöne Geschenk. Ihr selber seht ohne diesen Schmuck viel würdevoller aus. Sollte Euer Weg Euch einmal zum Sherwoodwald führen, so hoffe ich, daß Ihr uns die Ehre bei einem Festmahl gebt.«

»Davor möge mich der Himmel bewahren!« Der Bischof bekreuzigte sich ängstlich, denn er wußte genau, was eine Einladung bei Robin Hood bedeutete.

Die zwanzig jägergrün gekleideten Freisassen mit den großen Bogen über der Schulter und den breiten Schwertern an der Seite bildeten einen prächtigen Hochzeitszug für Allan und seine schöne Braut. Robin Hood zog mit der Laute unter dem Arm voran. Unterwegs kam Bruder Tuck und zupfte ihn am Ärmel:

»Ihr führt ein vergnügtes Leben im Wald, Robin, aber meinst du nicht auch, daß es für euer Seelenheil besser wäre, einen heiligen Bruder wie mich bei euch zu haben, der sich um die geistlichen Dinge kümmert?«

Robin Hood lachte, denn er wußte genau, daß vor allem das gute Essen und Trinken den heiligen Bruder Tuck lockte. Er hieß ihn herzlich willkommen, nicht nur zum Hochzeitsschmaus, sondern lud ihn ein, für immer bei ihnen im Sherwoodwald zu bleiben.

13 ROBIN HOOD HILFT EINEM EDLEN RITTER

Der Frühling verstrich mit Sonnenschein und silbrigen Regenschauern, die alles grünen und blühen ließen. Der Sommer brachte glühende Tage, späte Dämmerungen und laue Nächte, in denen die Frösche quakten und Elfen und Kobolde im Mondschein auf den Hügeln tanzten. Der Herbst kam, und die Ernte wurde eingebracht. Die Hagebutten leuchteten dunkelrot in den Hecken, die Holunderbüsche trugen dicke, schwarze Dolden; Vogelschwärme zogen über die Stoppelfelder, und die grünen Blätter färbten sich golden. In den Kaminen hingen frische Schinken zum Räuchern, und in den Kellern duftete es nach saftigen Äpfeln, die darauf warteten, an kalten Winterabenden gebraten zu werden.

Robin Hood zog die frische Herbstluft ein und sagte: »Heute wird ein schöner Tag, den wir nicht mit Müßiggang verschwenden dürfen, Klein-John. Nimm ein paar Gefährten mit und geh nach Osten, während ich den Weg nach Westen einschlage; sehen wir zu, daß jeder von uns einen Gast mitbringt, der heute abend unser Festmahl unter dem Eichenbaum teilt.«

»Mit dem größten Vergnügen«, rief Klein-John und sprang auf. »Heute abend bringe ich dir einen fetten Gast mit, oder ich komme selber nicht zurück.«

So brachen sie auf; Robin Hood folgte seiner Nase, und Will Rotwams, Allan aus Dale, Midge der Müller und noch ein paar andere folgten Robin Hood. Sie wanderten durch Feld und Wald, Weiler und Wiesen, bis es Mittag wurde, aber sie begegneten niemand, bei dem es

122

sich gelohnt hätte, ihn als Gast zum Sherwoodwald mitzunehmen. An einem Kreuzweg blieb Robin stehen und sagte:

»Hinter dieser Hecke können wir in aller Ruhe Rast halten und gleichzeitig die Landstraße beobachten. Vielleicht läuft uns durch einen glücklichen Zufall doch noch ein Gast über den Weg.«

Die Männer lagerten sich an einem sonnigen, warmen Fleck ins Gras und machten sich mit großem Hunger über das Brot und das kalte Fleisch her, das jeder in seinem Habersack mitgenommen hatte.

Vor ihnen kletterte einer der beiden Wege einen steilen Hügel hinauf und schien oben im blauen Himmel zu enden. Hinter der Kuppe ragte eine Windmühle auf, deren Flügel sich langsam drehten. Robin und seine Gefährten hatten ihr Mittagmahl schon längst beendet, als ein Reiter auftauchte. Er trug weder eine goldene Kette um den Hals noch sonst irgendwelchen Schmuck an seinem dunklen Wams aus gutem Tuch, aber seine Haltung verriet sofort, daß man einen Mann von edler Herkunft vor sich hatte. Er hielt die Zügel locker und den Kopf tief gesenkt, und sein Gesicht war tieftraurig. Sein Pferd ließ den Kopf so tief hängen, als wollte es den Kummer seines Herrn teilen.

»Der Ritter da sieht recht bekümmert aus, aber sein Wams ist gut, wenn er auch keinen Schmuck trägt. Vielleicht fallen bei ihm doch ein paar Krümel für einen hungrigen Vogel ab. Wartet hier ganz still; ich werde mit ihm reden«, sagte Robin Hood zu seinen Gefährten.

Robin Hood versteckte sich hinter dem steinernen Heiligenbild, das an der Wegkreuzung stand. Als der Reiter herankam, trat er schnell hervor und hielt das Pferd am Zügel fest:

»Edler Ritter, verweilt einen Augenblick, denn ich habe ein paar Worte mit Euch zu reden!«

»Wer bist du, daß du einen Reisenden so keck auf der freien Landstraße unseres Königs anhältst?« fragte der Ritter.

»Diese Frage ist schwer zu beantworten. Manche Leute nennen mich freundlich, andere grausam. Einer sagt, daß ich ein anständiger, ehrlicher Bursche bin, und der nächste behauptet, ich sei ein Bösewicht. Die Welt hat so viele verschiedene Augen, wie eine Kröte Flecken hat, und ich überlasse es Euch, mit welchen Augen Ihr mich betrachten wollt. Mein Name ist Robin Hood.«

Der Ritter mußte trotz seiner Sorgen lächeln. »Du hast ein gesundes Selbstbewußtsein, Robin Hood. Ich betrachte dich mit recht wohlmeinenden Augen, denn ich höre viel Gutes und nur wenig Böses von dir. Was willst du von mir?«

»Ihr scheint ein weiser Mann zu sein, edler Ritter. Sicher kennt Ihr das alte Sprichwort: Freundliche Worte sind genauso schnell gesprochen wie unfreundliche und bringen statt Schlägen Wohlwollen ein. Ich will Euch beweisen, daß dieses alte Sprichwort wahr ist, und Euch zu einem fröhlichen Festmahl im Sherwoodwald einladen«, antwortete Robin.

»Das ist wirklich freundlich von dir«, antwortete der Ritter. »Aber ich habe so viele Sorgen, daß mir der Sinn nicht nach einem fröhlichen Festmahl steht. Ich wäre ein langweiliger Gast, der euch die gute Laune verdirbt. Deshalb laß mich in Frieden meiner Wege ziehen.«

»Zuerst muß ich Euch noch etwas erklären. Wir haben sozusagen ein Wirtshaus im Sherwoodwald, aber weil es so weit ab von allen Wegen liegt, müssen wir uns hin und wieder selber einen Gast holen. Wir erwarten auch von unseren Gästen, daß sie ihre Mahlzeit bezahlen.«

»Ich habe dich verstanden, Robin, aber ich bin nicht der richtige Gast für dich, denn ich habe kein Geld«, sagte der Ritter ernst.

Robin Hood sah den Ritter prüfend an: »Es wird mir wohl nichts anderes übrig bleiben, als Euch zu glauben, edler Ritter. Aber es gibt viele Eures Standes, auf deren Wort man sich nicht so verlassen kann, wie sie vorgeben. Denkt deshalb nicht schlecht von mir, wenn ich mich selber überzeuge.« Robin hielt das Pferd noch immer am Zügel fest, steckte zwei Finger in den Mund und pfiff schrill. Seine Gefährten stürzten hinter der Hecke hervor und umringten Roß und Reiter. »Das sind meine Freunde, die Glück und Unglück, gute und schlechte Zeiten mit mir teilen«, erklärte Robin stolz. »Nun sagt mir, wieviel Geld Ihr bei Euch habt, edler Ritter.«

Der Ritter sah stumm vor sich hin und wurde rot. Endlich biß er sich auf die Lippen, hob den Kopf und sah Robin offen an: »Ich weiß nicht, warum ich mich schämen sollte, wenn ich dir die Wahrheit sage. Ich habe zehn Schillinge im Beutel, und das ist alles, was Sir Richard von Lea auf dieser Welt besitzt.«

Robin Hood schwieg verblüfft einen Augenblick. »Auf Euer Ehrenwort?«

»Auf mein ritterliches Ehrenwort. Hier ist mein Beutel; sieh selber nach«, antwortete Sir Richard.

»Steckt Euren Beutel wieder ein. Ich zweifle nicht am Wort eines so edlen Ritters«, antwortete Robin Hood. »Ich versuche, die Stolzen zu Fall zu bringen, aber wenn ich es kann, helfe ich denen, die Sorgen haben. Kommt trotzdem mit uns zum Festmahl in den Sherwoodwald, Sir Richard. Vielleicht kann ich Euch helfen? Sicher kennt Ihr die Geschichte, in der der gute König durch einen kleinen, blinden Maulwurf gerettet wurde, weil der ungetreue Knappe, der ihm nach dem Leben trachtete, über den Maulwurfshaufen stolperte?«

»Die Geschichte kenne ich«, sagte Sir Richard. »Ich glaube, du meinst es ehrlich mit mir, deshalb nehme ich deine Einladung gerne an, wenn auch meine Sorgen so groß sind, daß mir niemand helfen kann.«

So zog Sir Richard mit Robin Hood und seinen Gefährten zum Sherwoodwald. Als sie ein gutes Stück des Weges hinter sich gebracht hatten, sagte Robin:

»Ich will Euch nicht mit dummen Fragen behelligen, Sir Richard, aber könnt Ihr mir nicht sagen, was Euch bedrückt?«

125

»Ich sehe keinen Grund, weshalb ich darüber schweigen sollte, denn es wird bald genug weit und breit bekannt sein«, seufzte Sir Richard. »Meine Burg und meine Ländereien sind verpfändet, Robin. Wenn ich nicht in drei Tagen meine Schulden bezahle, ist mein ganzer Besitz für immer verloren. Dann fällt alles in die Hände des Priors von Emmet, und was der einmal schluckt, gibt er nie wieder her.«

»Ich verstehe nicht, warum Leute Eures Standes in Saus und Braus dahinleben, bis all ihr Reichtum schmilzt wie Schnee in der Frühlingssonne«, antwortete Robin.

»Du tust mir Unrecht, Robin. Ich habe einen Sohn, der erst zwanzig Jahre alt ist, sich aber schon seine Rittersporen verdient hat. Letztes Jahr ritt er nach Chester zum Turnier. Meine Frau und ich sahen zu, und wir waren sehr stolz auf ihn, denn mein Sohn warf jeden Gegner aus dem Sattel. Doch zum Schluß des Turniers, als er zum letzten Kampf gegen Sir Walter von Lancaster antreten mußte, wollte es das Unglück, daß die Lanze meines Sohnes zerbrach und ein Splitter Sir Walter durch das Visier ins Auge und ins Gehirn drang. Er starb, noch ehe sein Diener ihm den Helm abbinden konnte. Sir Walter hatte mächtige Freunde bei Hof, die den König gegen meinen Sohn aufbrachten. Ich mußte sechshundert Pfund in Gold zahlen, um ihn vor dem Kerker zu retten. Doch damit gaben sich Sir Walters Verwandte noch immer nicht zufrieden, und schließlich mußte ich dem Prior von Emmet Burg und Land verpfänden, um zu Geld zu kommen. Der hat meine Not weidlich ausgenutzt!«

»Wo ist Euer Sohn jetzt?« fragte Robin, der aufmerksam zugehört hatte.

»In Palästina bei den Kreuzrittern. Er konnte nicht in England bleiben, denn Sir Walters Verwandte verfolgten ihn mit ihrem Haß.«

»Wieviel schuldet Ihr dem Prior von Emmet?«

»Nur vierhundert Pfund«, sagte Sir Richard.

»Dieser Blutsauger!« rief Robin wütend. »Für vierhundert Pfund will dieser Wucherer sich all Euren Besitz aneignen, der viel mehr wert ist? Was wird aus Euch, wenn Ihr Euer Land verliert?«

»Ich kann wie mein Sohn nach Palästina ziehen und dort an den Kreuzzügen teilnehmen. Mein eigenes Los betrübt mich nicht, aber wenn ich meine Ländereien verliere, muß meine Frau zu irgendwelchen Verwandten ziehen und von deren Wohltätigkeit leben, und das würde ihr stolzes Herz brechen.«

»Habt Ihr denn keinen Freund, der Euch helfen kann?« fragte Will Rotwams verwundert.

»Als ich reich war, hatte ich viele Freunde«, sagte Sir Richard. »Aber wenn die Eiche im Walde stürzt, rennen die Schweine davon, die darunter nach Eicheln gewühlt haben, damit sie nicht erschlagen werden. Ich bin nicht nur arm geworden, ich habe auch mächtige Feinde, und deshalb verließen mich alle meine Freunde.«

»Ich will nicht prahlen, aber schon viele haben in Robin Hood einen Freund in der Not gefunden. Sir Richard, vielleicht kann ich Euch auch helfen«, sagte Robin ernst.

Sir Richard schüttelte den Kopf und lächelte ungläubig, aber er faßte trotzdem neuen Mut bei diesem schwachen Hoffnungsschimmer.

Der Tag senkte sich, als Robin Hood und Sir Richard die alte Eiche erreichten. Schon von weitem erkannten sie, daß Klein-John ebenfalls einen Gast mitgebracht hatte. Als sie näherkamen, sahen sie, daß es niemand anderer als der Lordbischof von Hereford höchstpersönlich war. Der gute Bischof marschierte mit wütendem Gesicht unter der alten Eiche auf und ab wie ein Bär im Käfig. Drei Mönche standen da und drückten sich ängstlich aneinander wie drei schwarze Schafe im Sturm. Von den sechs Pferden, die an den Büschen angebunden waren, trugen fünf alle möglichen Ballen und Lasten. Robins Augen leuchteten auf, als er darunter eine nicht sehr große, aber mit schweren Eisenbeschlägen versehene Truhe entdeckte. Das sechste Pferd war ein Apfelschimmel mit kostbarem Zaumzeug, den der Bischof ritt.

Als der Bischof Robin sah, wollte er auf ihn zueilen, aber der Bursche, der ihn und die drei Mönche bewachen mußte, senkte so schnell seinen Eichenknüppel, daß der Bischof dagegenstieß. Robin sah das und rief vergnügt:

»Bemüht Euch nicht, hoher Bischof! Ich komme schon, ich komme schon, denn es gibt in ganz England keinen Mann, den ich im Augenblick lieber begrüßen würde als Euch!«

»Wie kannst du es wagen, einen hohen Kirchenfürsten wie mich so zu behandeln?« begann der Bischof zornig. »Ich zog mit meinen Packpferden, meinen Knappen und diesen Brüdern friedlich über die Landstraße, als mir plötzlich ein fast zwei Meter großer Riese den Weg versperrte und mir befahl, zu halten, mir, dem Lordbischof von Hereford! Mein Gefolge — der Teufel soll die Feiglinge holen! — ist davongelaufen, als noch ein Dutzend jägergrüne Burschen hinter den Hecken auftauchte. Der Kerl hat mich nicht nur angehalten, er hat mich auch noch bedroht und beschimpft! Er hat gesagt, Robin Hood würde mich rupfen wie eine fette Gans zu Weihnachten! Er hat mich einen unheiligen Wucherer, einen hartherzigen Leutschinder und einen fetten Geizhals genannt! Und als ich hierherkam, da hat mir der Bursche dort, der falsche Priester, auf die Schulter geklopft, als ob wir miteinander Schweine gehütet hätten!« Der Bischof bekam beinahe keine Luft mehr vor Wut.

»Sag das noch einmal!« Bruder Tuck stürzte herbei und pflanzte sich vor dem Bischof auf. »Ich bin kein falscher Priester! Ich bin genauso heilig wie Ihr! Ich wäre selber Bischof geworden, wenn ich nicht in einer armen Hütte geboren worden wäre! Ich bin genauso gelehrt wie Ihr, denn ich kann meine ‚Pater noster‘ genauso fehlerfrei herunterleiern, wenn meine Zunge auch sonst nur für vernünftiges Englisch gemacht ist! Aber könnt Ihr vielleicht mehr Latein?«

128

Der Bischof und Bruder Tuck starrten einander böse an. Sir Richard unterdrückte das Lachen, aber Robin machte ein ernstes Gesicht:

»Bruder Tuck, sprich etwas höflicher mit Seiner Gnaden!« Zum Bischof gewandt, fuhr er fort: »Ich verstehe nicht, was in meine Freunde gefahren ist, daß sie Euer Gnaden so schlecht behandelt haben. Wir haben sonst großen Respekt vor dem geistlichen Gewand, wie die Einladung zum Festmahl Euch wohl beweist. Komm einmal her, Klein-John!«

Klein-John trat näher und machte ein Armesündergesicht.

»Ist das der Bursche, der so kühn mit Euer Gnaden sprach?« fragte Robin.

»Das ist er!« knurrte der Bischof.

»Klein-John, hast du Seine Gnaden einen unheiligen Wucherer genannt?« fragte Robin vorwurfsvoll.

»Ja«, sagte Klein-John niedergeschlagen.

»Und einen hartherzigen Leuteschinder?«

»Ja«, sagte Klein-John mit reumütigem Gesicht.

»Und einen fetten Geizhals?«

»Ja«, sagte Klein-John mit einer Stimme, die selbst den Drachen von Wentley zu Tränen gerührt hätte.

»Das hätte ich wirklich nicht gedacht«, sagte Robin und schüttelte betrübt den Kopf. »Die Sache ist nämlich die, hoher Bischof: Klein-John ist ein ehrlicher Bursche, der noch niemals die geringste Lüge über irgend jemand verbreitet hat!«

Da brach die ganze Bande in brüllendes Gelächter aus. Dem Bischof stieg das Blut ins Gesicht, aber er schwieg, obwohl er beinahe an den Worten erstickte.

»Wir sind rauhe Burschen, Euer Gnaden, aber wir werden Euch kein Härchen krümmen. Bei uns gilt kein Bischof oder Baron mehr als ein Freisasse, deshalb dürft Ihr uns unsere derben Spässe nicht übelnehmen.

Jetzt vorwärts, Burschen, richtet das Festmahl her! Inzwischen wollen wir unsere hohen Gäste mit Wettkämpfen unterhalten.«

Der Bischof kannte Sir Richard von Lea und wandte sich nun vorwurfsvoll an ihn: »Sir Richard, wir sind Leidensgefährten in dieser Räu...« Er brach ab und sah Robin Hood erschrocken an.

»Tut Euch keinen Zwang an, Bischof«, lachte Robin Hood. »Räuberhöhle wolltet Ihr sagen, nicht wahr?«

»Ich wollte sagen, daß es sich nicht geziemt, wenn Ihr über die Witze dieser Burschen lacht, Sir Richard«, fuhr der Bischof würdevoll fort.

»Ein guter Witz bleibt ein guter Witz, und ich würde sogar darüber lachen, wenn er sich gegen mich selbst richtete«, antwortete Sir Richard.

Robin Hood bat seine Gäste, auf dem erhöhten Sitz unter der Eiche Platz zu nehmen, auf dem ihnen zu Ehren noch Hirschfelle ausgebreitet wurden. Robins Gefährten hingen eine Zielscheibe zwischen den Bäumen auf und zeigten ihre Künste als Bogenschützen. Währenddessen unterhielt Robin sich so freundlich mit seinen Gästen, daß der Bischof seinen Zorn und der Ritter seine Sorgen vergaß.

»Bei allen Heiligen, es gibt keine besseren Schützen als deine Männer«, sagte der Bischof. »Ich habe schon so oft von deiner Geschicklichkeit gehört; kannst du uns nicht eine Probe davon geben?«

»Das Licht läßt schon nach, und die Umrisse werden verschwommen, aber ich will es trotzdem versuchen«, antwortete Robin. Er stand auf, schnitt mit seinem Jagdmesser einen Haselzweig ab, kaum dicker als ein Männerdaumen, und schälte die Rinde ab. Dann maß er mit langen Schritten dreißig Meter ab und steckte den Stock in den Boden. Allan aus Dale reichte Robin Bogen und Pfeil. Auf der Lichtung wurde es so still, daß man ein Blatt hätte fallen hören können. Robin hob den Bogen, legte den Pfeil ein und zielte. Der Pfeil schoß so schnell dahin, daß man ihm nicht mit dem Blick folgen konnte. Will Rotwams sprang auf, holte die Haselgerte und hielt sie stolz hoch. Die Männer schrien laut

»Bravo, Robin!«, denn der Pfeil hatte den Zweig genau in der Mitte gespalten.

Robin setzte sich wieder zu seinen Gästen. Er ließ ihnen keine Zeit, ihn zu loben, sondern rief einige Gefährten herbei, um einen Wettkampf im Stockfechten zu zeigen. Als es dafür zu dunkel wurde, nahm Allan aus Dale die Harfe und sang mit seiner herrlichen Stimme alte Balladen von Turnieren und Ruhm, von Liebe und Traurigkeit. Als das silberne Licht des Vollmonds auf die Lichtung fiel, war das Festmahl fertig. Robin Hood führte seine Gäste zu den Ehrenplätzen an dem weißen Tuch, das auf dem Gras ausgebreitet lag. Pechfackeln, die rundum in den Boden gesteckt wurden, warfen einen rötlichen, flackernden Schein über die fröhliche Tafelrunde, und ihr harziger Geruch mischte sich unter die leckeren Düfte, die aus den großen Schüsseln aufstiegen. Die Männer aßen und tranken lange und ausgiebig, und als das Mahl zu Ende war, bat Robin um Stille.

»Ich muß euch eine Geschichte erzählen; hört mir gut zu!« Dann berichtete er, wie es Sir Richard ergangen war. Während Robin sprach, wurde das Gesicht des Bischofs immer finsterer; der Wein schmeckte ihm plötzlich nicht mehr, denn er ahnte, daß es ihm jetzt zwar nicht an den Kragen, aber an den Geldbeutel gehen würde. Der Prior von Emmet hatte ihm schon erzählt, in welch schlimme Lage er Sir Richard gebracht hatte. Zum Schluß wandte Robin Hood sich an den Bischof: »Findet Ihr nicht auch, Euer Gnaden, daß es eine schwere Sünde ist, wenn ein Mann der Kirche so handelt, der doch Bescheidenheit und Wohltätigkeit üben sollte?«

Der Bischof sah vor sich hin und antwortete nicht.

»Ihr seid der reichste Bischof in ganz England, und Ihr könntet einem Bruder in Not helfen«, fuhr Robin fort.

Wieder antwortete der Bischof nicht.

Da befahl Robin Hood: »Klein-John und Will Stutely, führt die Packpferde her!«

Die beiden gingen, und andere Gefährten standen auf, um neben Robin Platz für die Ballen und Bündel zu machen.

»Wer hat das Verzeichnis der Waren?« fragte Robin und sah die drei schwarzen Mönche durchdringend an.

»Ich habe es, aber tut mir nichts zuleide!« meldete sich der älteste von ihnen mit zaghafter Stimme und zog eine Pergamentrolle aus der Kutte.

Robin gab die Rolle an Will Rotwams weiter, der mit lauter Stimme begann:

»Drei Ballen Seide für Quentin, den Händler in Ancaster.«

»Die rühren wir nicht an, denn Quentin ist ein ehrlicher Mann, der sich mit Fleiß und Tüchtigkeit hochgearbeitet hat«, sagte Robin, und die drei Ballen wurden ungeöffnet beiseite gelegt.

»Ein Ballen Seidensamt für das Kloster Beaumont ...«

»Es schickt sich nicht, daß Mönche in Seidensamt gekleidet gehen«, sagte Robin. »Trotzdem nehmen wir ihnen nicht alles weg. Teilt den Samt! Ein Drittel wird für wohltätige Zwecke verkauft, ein Drittel ist für uns, und ein Drittel kann das Kloster behalten.«

»Zwei Dutzend große Wachskerzen für die Kapelle des Heiligen Thomas ...«

»Kerzen gehören in eine Kapelle, also wollen wir sie nicht«, sagte Robin, und die Kerzen wurden zu den Seidenballen für den ehrlichen Quentin aus Ancaster gelegt.

So überprüfte Robin Hood die ganze Ladung Stück um Stück. Manche Ballen wurden unberührt beiseite gelegt, aber die meisten wurden geöffnet und in drei gleiche Teile geteilt: einen für die Armen, einen für Robin und seine Gefährten, einen für den ursprünglichen Empfänger. So weit die Fackeln ihr Licht warfen, war die Wiese mit kostbaren Waren bedeckt. Nun verlas Will Rotwams den letzten Posten auf der Liste:

132

»Eine Truhe, die Seiner Gnaden, dem Lordbischof von Hereford, gehört . . .«

Den Bischof überfiel ein Zittern, als die Truhe auf den Rasen gestellt wurde.

»Habt Ihr den Schlüssel zu dieser Truhe, Euer Gnaden?« sagte Robin.

Der Bischof schüttelte verneinend den Kopf.

Das nutzte ihm jedoch nichts, denn Robin Hood befahl: »Will Rotwams, du bist der Stärkste von uns allen, schlag die Truhe auf!«

Will Rotwams holte eine Axt und schlug damit auf die schwere Eichentruhe ein. Beim dritten Schlag sprang das Holz krachend auseinander, und ein Sturzbach von Goldmünzen ergoß sich auf das Gras und funkelte rot im Licht der Fackeln. Wie das Rauschen des Windes in den Bäumen, so erhob sich ein unwilliges Murmeln unter den Männern, aber keiner griff nach dem Gold.

»Will Rotwams, Allan aus Dale und Klein-John, kommt her und zählt«, sagte Robin.

Es dauerte sehr lange, bis die drei alle Münzen gezählt und aufgehäuft hatten. Dann verkündete Will Rotwams mit lauter Stimme, daß es alles zusammen eintausendfünfhundert Pfund in Gold seien. Er las auch noch eine Liste vor, die sie zwischen den Münzen gefunden hatten. Die Gefährten erfuhren, daß all das viele Geld Strafen und Zinsen waren, die die Bauern dem Bischof zahlen mußten, wenn sie ihm die Pacht nicht pünktlich geben konnten.

»Ich will Euch nicht wie eine Weihnachtsgans rupfen, wie Klein-John Euch drohte, denn ich lasse Euch ein Drittel des Geldes, Euer Gnaden«, sagte Robin. »Ein Drittel scheint mir eine angemessene Entschädigung für alles, was Euch und Eurem Gefolge hier geboten wurde. Das letzte Drittel verwende ich mit Eurer gütigen Erlaubnis für wohltätige Spenden. Ihr seid ein harter Herr für Eure Pächter und denkt nur daran, Eure Schatztruhen zu füllen, dabei heißt es in der Bibel: Eher geht ein Kamel durch ein Nadelöhr als ein Reicher in den Himmel. Wollt Ihr etwa nicht in den Himmel kommen, hoher Bischof?« schloß Robin spöttisch.

Der Bischof schwieg; er dachte nur an sein Geld und war froh, daß er wenigstens ein Drittel davon behalten durfte.

Dann wandte Robin Hood sich an Sir Richard: »Die Kirche wollte Euch demnächst um all Euren Besitz bringen, deshalb ist es nicht mehr als gerecht, wenn sie Euch jetzt hilft, Eure Schulden beim Abt von Emmet zu bezahlen, Sir Richard. Nehmt die fünfhundert Pfund, die für gute Zwecke bestimmt sind.«

Sir Richard sah Robin Hood lange an, ehe er mit bewegter Stimme antwortete: »Ich danke dir von ganzem Herzen, mein Freund. Aber sei mir nicht böse, weil ich das Geschenk nicht annehme. Ich möchte das Geld nur leihen, damit ich meine Schulden bezahlen kann, und es in einem Jahr an dich oder an den Bischof zurückzahlen. Darauf gebe ich mein Ehrenwort. Als Leihgabe kann ich das Geld nehmen, denn niemand ist mehr verpflichtet, mir zu helfen, als ein Bischof der Kirche, die mich um all meinen Besitz bringen will.«

»Ich verstehe zwar nicht, warum Ihr das Geld nicht einfach nehmt, denn es steht Euch zu, aber es soll alles so sein, wie Ihr wünscht, Sir Richard. Ich bitte Euch nur, es nach einem Jahr mir zurückzugeben, denn ich verwende es für einen besseren Zweck als der Bischof«, sagte Robin.

Fünfhundert Pfund wurden nun in einen Lederbeutel für Sir Richard abgezählt; fünfhundert Pfund kamen in Robin Hoods geheime Schatzkammer; den Rest bekam der Bischof zurück.

Sir Richard erhob sich: »Meine Frau wird sich Sorgen machen, wenn ich nicht nach Hause komme, deshalb muß ich euch leider verlassen, meine Freunde.«

Robin und alle seine Gefährten erhoben sich ebenfalls, und Klein-John

sagte: »Robin, laß mich mit neunzehn Gefährten als Leibwache mit-
ziehen, bis Sir Richard wieder andere Knappen an unserer Stelle
hat.«

»Damit bin ich einverstanden, Klein-John«, sagte Robin.

»Wir wollen ihm eine goldene Kette um den Hals hängen, wie es
sich für einen Mann seiner Herkunft geziemt. Und an seine Stiefel
gehören goldene Sporen«, sagte Will Rotwams.

»Du hast recht, Will Rotwams«, sagte Robin.

»Wir wollen ihm auch einen Ballen Samt und einen Ballen Seide für
seine Frau mitgeben, als Geschenk von Robin Hood und allen seinen
Gefährten«, schlug Will Stutely vor.

Die Männer klatschten in die Hände, um zu zeigen, daß sie alle
damit einverstanden waren.

Sir Richard von Lea antwortete: »Ich werde eure Hilfsbereitschaft
und Freundlichkeit niemals vergessen. Wenn ihr jemals in Not oder
Schwierigkeiten geratet, so kommt zu mir, und die Mauern der Burg
von Lea sollen einstürzen, ehe euch etwas geschieht. Ich...« Er konnte
vor Rührung nicht weitersprechen und wandte sich ab.

Es war ein prächtiger Anblick, als Sir Richards neue Leibwache auf-
marschierte. Klein-John hatte die neunzehn größten Burschen dafür ausgewählt. Sie trugen feingeschmiedete Kettenhemden, eiserne Hauben
und breite Schwerter, die im Schein der Fackeln glänzten. Robin Hood
legte Sir Richard eine goldene Kette um. Will Rotwams kniete nieder
und schnallte ihm goldene Sporen an. Klein-John führte Sir Richards
Pferd herbei, und der Ritter stieg auf. Sir Richard sah Robin Hood
einen Augenblick an, dann bückte er sich plötzlich vom Pferd herab,
nahm Robin bei den Schultern und küßte ihn wie einen Bruder auf die
Wangen. Der kleine Trupp brach auf, und Fackellichter und glänzende
Rüstungen verschwanden im dunklen Wald.

»Auch ich muß weiter, denn es ist schon später Abend«, meldete sich der Bischof von Hereford mit betrübter Stimme.

»In drei Tagen muß Sir Richard seine Schulden beim Prior von Emmet bezahlt haben. Bis dahin müßt Ihr bei uns bleiben, damit Ihr keine Ränke gegen den Ritter schmieden könnt. Die Zeit wird Euch nicht lange werden; ich weiß, daß Euer Gnaden gerne jagen«, sagte Robin Hood.

Robin Hood sollte recht behalten: auf der Jagd vergingen die drei Tage so schnell und angenehm, daß der Bischof vergaß, daß er nicht freiwillig hergekommen war und das Vergnügen ihn tausend Pfund in barem Gold und teure Waren kostete. Es tat ihm wirklich beinahe leid, als die Zeit vorüber war. Am vierten Morgen führten sechs Freisassen den Bischof sicher bis auf die Landstraße nach Hereford und ließen ihn dann allein weiterziehen. Der Bischof schwor, sich an Robin Hood zu rächen, aber er mußte sich im stillen selber eingestehen, daß ihm das wohl kaum gelingen würde.

14 BEIM PRIOR VON EMMET

Die lange Landstraße verlief schnurgerade und lag weiß und staubig unter der Sonne. Rechts und links zogen sich breite Kanäle dahin, an deren Ufern Weiden wuchsen. In der Ferne ragten die Türme des Klosters von Emmet auf.

Ein Ritter und ein Trupp schwerbewaffneter Knappen trabten die Straße entlang. Der Ritter trug ein einfaches Gewand aus grauem Stoff, das ein breiter Ledergürtel zusammenhielt, und ein schmuckloses Schwert, aber er ritt einen edlen Araberhengst, dessen Zaumzeug reich verziert war. Als sie das große Tor des Klosters von Emmet erreichten, befahl der Ritter einem Knappen, mit dem Schwertknauf an die Pförtnerloge zu schlagen.

Der Pförtner machte gerade ein Nickerchen auf seiner Bank. Nun sprang er auf, öffnete eine kleine Tür in dem großen Portal, humpelte heraus und grüßte den Ritter.

»Wo ist der Prior?« fragte der Ritter.

»Er sitzt bei Tisch, und er erwartet Euch, denn wenn ich nicht irre, so seid Ihr Sir Richard von Lea«, antwortete der alte Mönch.

»Der bin ich, und ich will den Prior sofort sprechen.«

»Soll ich Euer Pferd in den Stall führen?« fragte der Pförtner eifrig. »Welch ein schönes Tier!« Er streichelte den Hals des Pferdes.

»Nein, denn ich bleibe nicht lang. Öffne das Tor!«

Der Pförtner tat, wie ihm geheißen, und Sir Richard von Lea und sein Gefolge ritten in den Klosterhof ein. Die Pferdehufe klapperten auf dem Kopfsteinpflaster, die Rüstungen und Schwerter rasselten, und die

Tauben, die in der Sonne herumstolzierten, flogen erschreckt bis zu den Turmgiebeln auf.

Während Sir Richard auf dem Weg nach Emmet war, fand dort im Refektorium ein fröhliches Mahl statt. Die Mittagssonne strömte zu den hohen Bogenfenstern herein und legte helle Lichtvierecke auf den dunklen Steinfußboden und die lange Tafel, auf der ein fürstliches Mahl aufgetragen war. Am Kopfende des Tisches saß in Samt und Seide und Goldbrokat gekleidet der Prior Vinzenz von Emmet. Goldstickerei schmückte sein schwarzes Samtbarett. An seinem Hals prangte eine schwere Goldkette mit einem großen Medaillon. Auf der Armlehne seines Sessels hockte sein Lieblingsfalke, denn der Prior verbrachte genau wie die reichen weltlichen Herren viel Zeit auf der Falkenjagd. Zu seiner Rechten saß der Sheriff von Nottingham in einem purpurroten Gewand mit Pelzbesatz, und zu seiner Linken ein berühmter Rechtsgelehrter, der in seinem dunklen Wams zwischen den prunkvoll gekleideten Klosterherren wie eine arme Maus wirkte. Je nach Rang und Würde saßen die anderen Mönche um den Tisch herum.

Der Rechtsgelehrte schmunzelte zufrieden in sich hinein; weil er dem heiligen Bruder Vinzenz von Emmet nicht besonders traute, hatte er darauf bestanden, im voraus für seinen guten Rat und seine Mühe bezahlt zu werden, und jetzt klimperten achtzig goldene Taler in seinem Beutel.

»Seid Ihr sicher, daß Ihr das Land bekommt, guter Prior?« fragte der Sheriff von Nottingham.

»Ja, denn ich weiß genau, daß er kein Geld hat.« Der Prior nahm einen Schluck Wein und leckte sich genießerisch die Lippen.

»Das Land ist verfallen, wenn er heute seine Schulden nicht bezahlt, aber er muß Euch seinen Besitz trotzdem erst noch überschreiben, sonst könnt Ihr das Land nicht behalten Prior«, sagte der Rechtsgelehrte.

»Das habt Ihr mir schon oft genug erklärt«, antwortete der Prior etwas ungehalten. »Der Ritter ist so arm, daß er froh sein wird, wenn er mir das Land für zweihundert Pfund in bar überschreiben kann.«

Da meldete sich der Bruder Kellermeister: »Ich finde, es ist eine Schande, einem edlen Ritter so den Strick um den Hals zu legen. Zweihundert Pfund sind ein Schandpreis für den schönsten Besitz von ganz Nottinghamshire. Wenn ich . . .«

»Spar dir deinen Atem, um in deine Suppe zu blasen, damit du dir nicht den Mund verbrennst!« herrschte ihn der Prior an. »Wie kannst du es wagen, so vor meinen eigenen Ohren zu reden?«

»Beruhigt Euch, Prior, wir werden das Land schon in die Hände bekommen«, warf der Rechtsgelehrte schnell ein.

Noch während er sprach, drangen vom Hof Hufegeklapper und das Klirren von Rüstungen herauf. Der Prior befahl einem Mönch, der ganz unten am Ende der Tafel saß, einen Blick aus dem Fenster zu werfen und nachzusehen, was im Hof vor sich ging. Dabei wußte er, daß es niemand anderer als Sir Richard sein konnte.

»Zwanzig bewaffnete Knappen und ein Ritter sind in den Hof eingeritten und steigen gerade ab. Der Ritter trägt ein graues Gewand, das ich recht ärmlich finde, aber er reitet das schönste Pferd, das ich je gesehen habe, und das Zaumzeug ist reich verziert. Jetzt sind sie schon unten in der großen Halle«, berichtete der Mönch vom Fenster.

»Da seht Ihr's wohl! Er ist so arm, daß er sich nicht einmal mehr anständig kleiden kann, aber er kommt mit großem Gefolge daher und verschwendet sein letztes Geld für teures Zaumzeug. Haben solche Männer es nicht verdient, wenn man ihnen den Rest auch noch abnimmt?« fragte der Prior.

»Solche Männer sind stolz und werden heftig, wenn etwas nicht nach ihrem Willen geht. Und er kommt mit einem ganzen Trupp bewaffneter

Knappen ... Vielleicht solltet Ihr ihm die Schulden lieber noch einmal stunden«, meinte der schmächtige Advokat.

»Sir Richard ist ein gutmütiger Tropf, der keiner Fliege etwas zuleide tut«, antwortete der Prior verächtlich. »Habt keine Furcht.«

Die Tür zum Refektorium öffnete sich. Sir Richard trat ein. Seine Knappen blieben neben der Tür stehen. Er selbst ging mit gesenktem Kopf durch den Saal, beugte bescheiden das Knie vor dem Prior und sagte: »Seid gegrüßt, Prior. Ich bin gekommen, um die Verabredung einzuhalten.«

Der Prior erwiderte seinen Gruß nicht, sondern sagte sofort: »Habt Ihr das Geld?«

»Ich trage keinen einzigen Pfennig bei mir«, antwortete der Ritter.

Die Augen des Priors leuchteten zufrieden auf. Er drehte sich halb zum Sheriff von Nottingham um, hob den Becher und sagte: »Auf Euer Wohl, Sheriff!« Dann fragte er Sir Richard scharf: »Was wollt Ihr also noch von mir?«

Sir Richard stieg die Röte in die Wangen, aber er blieb weiter knien und sagte: »Ich möchte Euch um Gnade bitten, Prior. So wie Ihr auf die Gnade des Himmels hofft, so zeigt auch mir Gnade. Laßt mir mein Land und verurteilt einen edlen Ritter nicht zur Armut!«

»Die Frist ist abgelaufen und Euer Land verfallen«, sagte der Advokat, der wieder mutig wurde, als er sah, wie bescheiden Sir Richard war.

»Ihr seid ein Mann des Rechtes«, antwortete Sir Richard. »Wollt Ihr nicht mein Freund in der Not sein?«

»Nein, denn der Prior hat mich mit hartem Gold bezahlt, damit ich an seiner Seite stehe«, antwortete der Advokat.

»Wollt Ihr nicht mein Freund sein, Sheriff?« fragte Sir Richard.

»Die ganze Sache geht mich nichts an, aber ich will sehen, was ich für Euch tun kann«, antwortete der Sheriff. »Wollt Ihr Sir Richard nicht einen Teil der Schulden erlassen, Prior?« fragte er und stieß den Prior dabei heimlich unter dem Tisch an, um ihm zu zeigen, daß er es nicht ernst meine.

Der Prior grinste und sagte grimmig: »Zahlt mir dreihundert Pfund auf den Tisch, und ich erlasse Euch den Rest, Sir Richard.«

»Ihr wißt, daß es dasselbe für mich ist, ob ich dreihundert oder vierhundert Pfund zahlen muß, Prior. Könnt Ihr mir die Schuld nicht noch einmal ein Jahr stunden?« sagte Sir Richard.

»Keinen einzigen Tag mehr!«

»Ist das alles, was ich von Euch zu erhoffen habe?«

»Jetzt Schluß, falscher Ritter!« Der Prior schlug mit der Faust auf den Tisch. »Zahlt Eure Schulden oder überschreibt mir Euren Besitz, und dann seht zu, daß Ihr weiterkommt. Ihr habt nichts in meiner Halle verloren!«

Da erhob Sir Richard sich zu seiner ganzen Größe. Es lagen so viel Verachtung und Strenge in seiner Stimme, daß der Advokat sich betroffen duckte. »Ich bin kein falscher Ritter! Ihr wißt genau, daß ich meinen Rang und Namen im Turnier und im Kampf verteidigt habe. Habt Ihr so wenig Anstand, daß Ihr einen Ritter vor Euch knien laßt und ihm in Eurer Halle nicht einmal Speise und Trank anbietet?«

»Das ist bestimmt nicht die richtige Art und Weise, um Geschäfte zu verhandeln«, warf der Advokat mit zitternder Stimme ein. »Sprechen wir, wie es sich geziemt. Wieviel zahlt Ihr dem Ritter, wenn er Euch sein Land überschreibt, Prior?«

»Ich wollte ihm zweihundert Pfund geben, aber nach dieser dreisten Rede bekommt er nicht einen Pfennig mehr als hundert Pfund«, antwortete der Prior böse.

»Und Ihr bekommt auch für tausend Pfund keinen Fußbreit von meinem Land«, antwortete Sir Richard und wandte sich zu seinen Knappen um. »Komm!« rief er. Der größte Knappe trat vor und übergab Sir Richard einen schweren Lederbeutel. Sir Richard leerte den Beutel mit einem Ruck auf dem Tisch aus, so daß die glitzernden Goldmünzen nach allen Seiten rollten. »Vergeßt nicht, daß Ihr nur noch dreihundert Pfund haben wolltet, Prior! Ihr bekommt keinen Heller mehr!« Sir Richard zählte das Geld ab und schob es dem Prior zu.

Der Prior machte ein langes Gesicht; er verlor jetzt nicht nur Sir Richards Ländereien, sondern als Strafe für seine Habgier auch noch hundert Pfund, und die achtzig Taler, die er dem Advokaten gezahlt hatte, waren auch zum Fenster hinausgeworfen. In seinem ersten Zorn wandte der Prior sich an den Rechtsgelehrten und herrschte ihn an: »Gib mir mein Geld zurück!«

»Nein, das ist mein Honorar für den guten Rat, den ich Euch gegeben habe!« Der Advokat drückte sein weites Gewand an sich, unter dem er den Geldbeutel verbarg.

»Ich habe die Frist eingehalten und meine Schulden gezahlt. Jetzt haben wir nichts mehr miteinander zu tun«, erklärte Sir Richard, wandte sich um und schritt hocherhobenen Hauptes hinaus.

Die ganze Zeit hatte der Sheriff von Nottingham mit offenem Mund den großen Knappen angestarrt, der Sir Richard den Beutel gebracht hatte. Endlich stieß er aus: »Reynold Grünblatt!«

Da blieb Klein-John, denn kein anderer war es, grinsend unter der Tür stehen und sagte: »Robin Hood wird sich freuen, wenn ich ihm von Euren schönen Reden hier berichte. Lebt wohl, Sheriff ... bis wir uns wieder im Sherwoodwald begegnen!« Dann folgte er mit langen Schritten Sir Richard.

Sie ließen eine niedergeschmetterte Tischrunde zurück, der jeder Appetit auf das gute Essen vergangen war. Nur der Advokat war zufrieden, denn er hatte sein Geld in der Tasche.

Wieder waren zwölf Monate vergangen, ein goldener Oktober war ins Land gezogen. Auf den Ländereien von Sir Richard hatte dieses Jahr große Veränderungen gebracht. Wo sich vorher verwilderte Wiesen ausbreiteten, verrieten jetzt goldene Stoppelfelder, daß eine reiche Ernte eingebracht worden war. Alle Scheunen und Vorratskammern waren gefüllt. Die alten Burgmauern waren hergerichtet; die Sonne schien auf ein neues Dach, und eine neue vergoldete Wetterfahne glänzte hoch oben auf dem Turm.

An einem schönen Herbstmorgen ging die Zugbrücke rasselnd über dem Wassergraben herunter, und das Burgtor öffnete sich langsam. Sir Richard von Lea ritt hervor; seine Rüstung funkelte wie Frost an einem Wintermorgen, und an seiner Lanzenspitze flatterte ein blutroter Wimpel. Ein Trupp Knappen folgte ihm, die drei schwerbeladene Packpferde mitführten. Die Zaumzeuge knirschten, Rüstungen und Schwerter klirrten, und der Schlag der Hufe klang dumpf und gleichmäßig. Sie ritten dahin, bis sie von einem Hügel aus das Städtchen Denby vor sich liegen sahen und schon von weitem bunte Zelte und Fahnen erkannten.

»Was ist heute los in Denby?« fragte Sir Richard von Lea.

»In Denby ist Kirmes, Euer Lordschaft, und es findet ein großer Ringkampf statt, bei dem der Sieger ein Faß Rotwein, einen goldenen Ring und ein paar Handschuhe erhält«, antwortete ein Knappe.

Sir Richard liebte Wettkämpfe und sagte: »Das wollen wir uns ansehen; wir haben Zeit, unsere Reise eine Weile zu unterbrechen.«

Auf dem Festplatz ging es fröhlich zu; Fahnen flatterten, Akrobaten zeigten ihre Künste, Dudelsackpfeifer spielten auf, und Burschen und Mädchen tanzten dazu. Doch die meisten Zuschauer drängten sich um den Ring. Als die Schiedsrichter Sir Richard herannahen sahen, standen sie auf, begrüßten ihn respektvoll und baten ihn, sich zu ihnen zu setzen. Am Ring herrschte Aufregung, denn Egbert aus Stoke in Staffordshire hatte mit Leichtigkeit alle Gegner besiegt, bis zum Schluß William mit der Narbe aus Denby gegen ihn antrat. Nach langem, hartem Kampf warf William Egbert auf den Rücken, und die Zuschauer jubelten, weil nun doch einer aus Denby gesiegt hatte.

Als Sir Richard eintraf, stolzierte William, von den Zurufen seiner Freunde angefeuert, im Ring auf und ab und forderte alle heraus, sich im Kampf mit ihm zu messen. »Hier bin ich, William mit der Narbe! Ich nehme es mit jedem auf! Wer wagt es? Wer hat Lust, sich von mir auf den Rücken legen zu lassen, daß er allein nicht wieder hochkommt? Oder sind aus New York, Stafford und Nottingham nur Feiglinge zur Kirmes nach Denby gekommen?«

Die Zuschauer lachten, aber eine ärgerliche Stimme rief: »Du wirst gleich nicht mehr so laut reden, denn hier kommt einer aus Nottingham!« Ein Bursche drängte sich durch die Menge und sprang in den Ring. Er war nicht so schwer wie William, aber größer und breitschultriger. Sir Richard sah ihn prüfend an und fragte einen Schiedsrichter: »Weißt du, wer der Junge ist? Ich meine, ich hätte ihn schon einmal irgendwo gesehen.«

»Nein, ich kenne ihn nicht.«

Der Bursche legte seinen Eichenknüppel auf den Boden und zog sein Wams aus. Mit nacktem Oberkörper traten die Gegner einander gegenüber, kauerten sich auf die Fersen und beobachteten sich aufmerksam. Auf einen Befehl des Schiedsrichters sprangen sie hoch und stürzten sich aufeinander. Die Zuschauer schrien auf, denn Williams erster Griff war besser als der des Fremden. Die Männer stemmten sich gegeneinander und wanden sich, ohne von der Stelle zu kommen. William mit der Narbe setzte einen Hebelgriff an, aber der Fremde war noch geschickter und stärker, riß sich mit einem unerwarteten Ruck los und nahm William mit der Narbe blitzschnell in den Schwitzkasten. Lange Zeit verharrten sie so; beide atmeten laut, und ihre Körper glänzten von Schweiß. William konnte sich nicht aus dem Griff befreien; plötzlich ächzte er, und seine Muskeln erschlafften. Im selben Augenblick riß ihn der

144

Fremde mit aller Kraft hoch und warf ihn auf den Rücken. William mit der Narbe lag da, als ob er sich nie wieder rühren sollte.

Kein »Bravo« und kein Klatschen belohnten den Sieger. Die Menge murrte unwillig, weil der Fremde den Kampf so schnell und leicht gewonnen hatte, und ein Schiedsrichter sagte: »Wenn du den Mann umgebracht hast, ergeht es dir schlecht, Fremder!«

»Ich bin mit ihm das gleiche Risiko eingegangen wie er mit mir«, antwortete der Fremde unerschrocken. »Kein Gesetz kann mich strafen, selbst wenn er tot sein sollte, denn ich habe fair mit ihm gerungen.«

»Das werden wir sehen«, sagte der Schiedsrichter scharf.

»Der Bursche hat recht. Er ist das gleiche Risiko eingegangen und der Kampf war fair«, wandte Sir Richard freundlich ein.

Inzwischen hatten ein paar Männer William mit der Narbe aufgehoben und festgestellt, daß er noch lebte und nur bewußtlos war. Der erste Schiedsrichter erklärte: »Junger Mann, der Preis gehört dir. Nimm Ring und Handschuhe, und dort steht das Faß Wein.«

Genauso wortlos, wie er sich zum Kampf gestellt hatte, zog der Fremde wieder sein Wams an, steckte die Handschuhe in den Gürtel und den Ring an den Finger, nahm seinen Eichenknüppel, verbeugte sich, sprang über die Seile, nahm das kleine Faß auf die Schulter und verschwand in der Menge.

»Dies ist das allererste Mal, daß William mit der Narbe besiegt wurde«, bemerkte der Schiedsrichter zu Sir Richard.

»Er ist ein ausgezeichneter Ringkämpfer, und es war erstaunlich, wie schnell der Fremde ihn besiegt hat. Ich würde zu gerne wissen, wie er heißt und woher er kommt«, antwortete Sir Richard. Er unterhielt sich noch eine Weile mit den Schiedsrichtern, dann rief er seine Knappen, um wieder aufzubrechen.

Inzwischen schlenderte der junge Fremde über den Festplatz und achtete nicht auf die unfreundlichen Bemerkungen, die er zu hören bekam:

»Schaut euch den fremden Geck an ... Ich finde, er hat William unfair besiegt ... Wahrscheinlich hat er sich die Hände mit Vogelleim eingeschmiert ... Wir sollten es ihm heimzahlen ...« Vor dem Tanzzelt blieb der Fremde stehen und schaute hinein. Plötzlich traf ihn ein Stein am Arm. Er wandte sich um und merkte, daß ihm eine Gruppe ärgerlicher Burschen vom Ring her gefolgt war. Nun gröhlten und pfiffen sie so laut, daß die Leute aus dem Tanzzelt kamen, um zu sehen, was los war. Ein breitschultriger Schmied trat vor und schwang drohend seinen Eichenknüppel.

»Bist du nach Denby gekommen, um einen anständigen Burschen wie William mit bösen Tricks hereinzulegen?« knurrte er mit tiefer Stimme. »Dafür bekommst du das!« Schon schlug er auf den Fremden ein. Der ließ sich nicht überrumpeln, fing den Hieb mit seinem Stock auf und schlug so kraftvoll zurück, daß der Schmied zu Boden stürzte, als habe ihn der Blitz getroffen. Die Menge schrie wütend, aber sie wich zurück wie ein Rudel Hunde vor einem angreifenden Bär. Der Fremde stand mit dem Rücken zum Zelt, und niemand wagte es, in die Reichweite seines Knüppels zu kommen. Da warf ein Feigling in der Menge einen Stein, der den Fremden so am Kopf traf, daß ihm das Blut über das Gesicht lief und er hin und her schwankte. Nun stürzten sich die Burschen auf ihn und rissen ihn zu Boden.

Die Sache hätte ein böses Ende für den Fremden genommen, wenn Sir Richard nicht in der Nähe gewesen wäre. Er trieb sein Pferd durch die Menschenansammlung, und seine Knappen droschen mit der Breitseite ihrer Schwerter auf die Rücken rechts und links ein, bis die Burschen von Denby von ihrem Opfer abließen und zurückwichen.

Der Fremde war von oben bis unten mit Blut und Staub bedeckt und erhob sich mühsam. »Sir Richard von Lea, Ihr habt mir das Leben gerettet«, sagte er.

»Woher kennst du mich?« fragte der Ritter. »Und wer bist du?«

»Man nennt mich David aus Doncaster, und nun wißt Ihr sicher, woher ich Euch kenne, Sir Richard.«

»Du bist seit einem Jahr viel schwerer und kräftiger geworden, und der Bart verändert dich sehr, deshalb habe ich dich nicht erkannt, David. Es tut mir leid, daß du verletzt wurdest, und gleichzeitig bin ich froh, daß ich zur Stelle war und dir helfen konnte. Komm, in diesem Zelt kannst du dir sicher das Blut aus dem Gesicht waschen. Und du, Ralph, beschaff ihm ein sauberes Wams.«

Inzwischen verbreitete sich in der Menge schon das Gerücht, daß der Fremde kein anderer als der berühmte David aus Doncaster sei, der beste Ringkämpfer weit und breit, der im Frühling Adam aus Lincoln in Selby besiegt hatte. Als David mit sauberem Gesicht und frischem Wams wieder aus dem Zelt trat, empfing ihn kein zorniges Murren, sondern alle Leute drängten sich neugierig um ihn und waren stolz, daß solch ein bekannter Ringer auf ihre Kirmes gekommen war. So unbeständig sind die Menschen, und so schnell ändern sie ihre Meinung.

»Hört zu, Freunde!« rief Sir Richard. »Das ist David aus Doncaster, und es ist keine Schande, wenn ein Mann aus Denby von solch einem Ringkämpfer besiegt wird. David trägt Euch den Steinwurf nicht nach, aber laßt Euch warnen und behandelt Fremde von nun an besser. Wenn ihr ihn erschlagen hättet, so wäre das ein böser Tag für ganz Denby gewesen, denn Robin Hood würde seinen Freund rächen. Ich habe David das Faß Wein abgekauft und schenke es euch. Aber denkt daran und fallt nie wieder über einen Fremden her!«

Alle Burschen schrien »Hurra!«, aber sie dachten dabei mehr an den Wein als an die Mahnung des Ritters.

David aus Doncaster begleitete Sir Richard und seine Knappen zum Sherwoodwald. Robin Hood und seine Gefährten waren unter der alten Eiche versammelt. Sir Richard sprang vom Pferd und umarmte Robin.

»Diesmal kommt Ihr mit einem vergnügteren Gesicht zu uns als damals, Sir Richard«, sagte Robin.

»Das danke ich dir, Robin. Ohne dich müßte ich jetzt arm und verlassen durch ein fremdes Land ziehen. Heute bin ich wieder wohlhabend und kann mein Wort einlösen. Ich bringe dir das Geld zurück und außerdem ein Geschenk für dich und deine Gefährten.« Zu seinen Knappen gewandt, fügte Sir Richard hinzu: »Führt die Packpferde her!«

»Haltet es nicht dreist von mir, wenn ich Euch unterbreche, Sir Richard, aber wir im Sherwoodwald kümmern uns erst um die Geschäfte, wenn unser Gast gegessen und getrunken hat«, sagte Robin und führte Sir Richard zu dem Ehrensitz unter der Eiche. Als er sich mit einem Trunk gelabt hatte, fragte Robin: »Wie fügte es sich, daß der junge David mit Euch zurückkehrte, Sir Richard?«

Der Ritter berichtete, was sich auf der Kirmes von Denby ereignet hatte, und schloß: »Deshalb komme ich so spät und habe dich warten lassen, Robin.«

Robin drückte Sir Richard die Hand und sagte: »Diese Schuld können wir Euch niemals zurückzahlen. Ich würde lieber meine rechte Hand verlieren, als hören zu müssen, daß David etwas geschehen sei.«

So unterhielten sie sich, während sie sich an einem guten Mahl stärkten. Erst als sie gegessen hatten, ließ Sir Richard sich von einem Knappen eine kleine Truhe bringen. Er öffnete sie und entnahm ihr einen Lederbeutel, der fünfhundert Pfund in Gold enthielt.

»Sir Richard, Ihr erweist uns eine Ehre, wenn Ihr das Geld als Geschenk behaltet«, sagte Robin. »Stimmt das nicht, meine Freunde?«

»Ja, ja«, riefen seine Gefährten.

»Ich danke euch allen sehr, aber seid mir nicht böse, daß ich das Geschenk nicht annehmen kann«, antwortete Sir Richard.

Robin drängte den Ritter nicht weiter, denn er wußte genau, daß

nichts so viel Abneigung und Mißverständnisse schafft wie ein aufge-
zwungenes Geschenk.

Dann ließ Sir Richard die Packpferde abladen und die Bündel und
Ballen auseinanderschnüren. Eitel Freude herrschte auf der Lichtung,
denn Sir Richard übergab jedem Freisassen einen Bogen aus bestem spa-
nischen Buchenholz, prächtig mit eingelegten Silberarbeiten verziert und
dazu einen mit Silberfäden bestickten ledernen Köcher, der ein Dutzend
mit Pfauenfedern und Silber geschmückte Pfeile enthielt. Robin Hoods
Bogen, Köcher und Pfeile aber waren mit Gold belegt. Die Männer be-
dankten sich herzlich für dieses schöne Geschenk und schworen sich, Sir
Richard so die Treue zu halten wie Robin Hood. Als Sir Richard wieder aufbrechen mußte, gaben ihm Robin Hood und alle seine Gefährten
mit Fackeln in der Hand das Geleit bis zum Waldrand.

15 EIN BARFÜSSIGER MÖNCH

Ein kalter Winter war verstrichen, und der Frühling zog ins Land. Baum und Strauch waren noch nicht mit dichtem Blattwerk bedeckt, aber das erste junge Grün hing wie ein zarter Schleier auf den Zweigen. Die Bauern zogen mit dem Pflug über die Felder, und Vogelschwärme suchten in den frischen Furchen nach fetten Würmern. Das ganze Land lächelte im warmen Frühlingslicht.

Robin Hood lag auf einem Hirschfell unter der alten Eiche und räkelte sich wie ein Fuchs in der Sonne. Er sah zu, wie Klein-John aus Hanf eine feste Bogenschnur drehte und Allan aus Dale eine neue Saite auf seine Harfe spannte.

»Ich streife lieber zur Frühlingszeit im Wald herum, als daß ich König von ganz England wäre«, sagte Robin Hood. »Welcher Palast kann sich an Schönheit mit unserem Wald messen? Keinem König schmecken Taubeneier und Wein so gut wie mir Wildbret und Bier nach der Jagd.«

»Mir gefällt unser Leben im Wald auch im Winter«, sagte Klein-John und rieb seine neue Bogenschnur mit Bienenwachs ein. »Erinnerst du dich noch an den Abend, an dem wir im ›Blauen Eber‹ mit den beiden Bettlern und dem wandernden Mönch zusammentrafen?«

»Ja, das waren lustige Burschen«, erinnerte sich Robin.

»Der wandernde Mönch wußte die besten Geschichten und hatte die meisten Abenteuer erlebt. Wenn ich nicht als Freisasse im Sherwoodwald lebte, dann möchte ich nichts lieber als ein wandernder Mönch sein«, antwortete Klein-John.

»Ich finde, die beiden Bettler wußten noch mehr Geschichten und führten ein vergnügteres Leben als der Mönch«, meinte Robin Hood. »Erinnert ihr euch nicht, was der große Bursche mit dem schwarzen Bart von der Kirchweih in York erzählte?«

»Ja, aber das Abenteuer, das der Mönch auf dem Erntedankfest in Kent erlebte, war noch komischer. Ich bleibe dabei: er führt ein unterhaltsameres Leben als die beiden Bettler«, beharrte Klein-John.

»Weil auch ich eine Kutte trage, stimme ich Klein-John zu«, warf Bruder Tuck ein.

»Ich habe eine Idee«, sagte Robin. »Wir haben eine Kutte in unserem Vorrat an Kleidungsstücken, mit denen wir uns manchmal unkenntlich machen. Zieh sie an, Klein-John, und zieh als Mönch los. Ich breche ebenfalls auf und wechsle das Wams mit dem ersten Bettler, dem ich begegne. Dann wollen wir sehen, was uns heute über den Weg läuft und was wir an Abenteuern erleben.«

»Die Idee gefällt mir!« Klein-John verschwand mit Bruder Tuck in der Vorratshöhle. Als er wieder hervorkam, lachten seine Freunde sehr, denn Klein-John trug eine graue Kutte, die ihm eine Handbreit zu kurz war, hatte einen langen Rosenkranz am Gürtel hängen, hielt die Hände in den weiten Kuttenärmeln versteckt und den Blick schüchtern gesenkt.

»Heb den Kopf und schau nur munter um dich, sonst merken die Leute sofort, daß du nicht echt bist, und keine Bäuerin weit und breit gibt dir was zu essen«, sagte Bruder Tuck, der es wissen mußte.

Klein-John nahm noch eine kleine Lederflasche mit, wie sie die Pilger an ihrem Stock festbinden; aber in Klein-Johns Flasche war kein klares Quellwasser, sondern Bier. Robin steckte ein paar Münzen ein, um irgendeinem Bettler unterwegs das Wams abzukaufen. Dann brachen sie zusammen auf und wanderten durch den Wald und über die Landstraße, bis sie zu einer Weggabelung kamen.

»Nimm du den Weg nach Gainsborough, ich gehe nach Blyth«, sagte Robin. »Leb wohl, frommer Bruder, und mögest du keinen Grund haben, traurig deine Rosenkranzperlen abzuzählen, wenn wir uns wieder begegnen.«

»Guten Weg, Bettler«, antwortete Klein-John. »Hoffentlich brauchst du nicht um Gnade zu betteln, wenn ich dich wiedersehe!«

So trennten sie sich lachend.

Klein-John schritt munter aus und pfiff so fröhlich vor sich hin wie die Vögel in den Hecken. So weit er sehen konnte, wellten sich grüne Hügel bis zum Horizont. Ein paar weiße Wolken zogen gemächlich am Himmel dahin. Eine sanfte Brise kühlte Klein-John das Gesicht und ließ seine kurze Kutte flattern. Endlich begegnete er an einer Wegkreuzung drei hübschen jungen Mädchen, von denen jedes einen großen Korb trug.

»Wohin wollt ihr hübschen Mädchen?« rief Klein-John ihnen zu und hielt seinen langen Knüppel quer vor sich, damit sie nicht vorbei konnten.

Die Mädchen drängten sich aneinander, stießen sich an und kicherten. Endlich faßte eine von ihnen Mut und sagte: »Wir gehen zum Markt nach Tuxford, um Eier zu verkaufen, heiliger Bruder.«

»Nein, sowas!« antwortete Klein-John und schüttelte den Kopf. »Es ist eine Schande, daß solch hübsche Mädchen Eier zum Markt tragen müssen. Wenn ich die Welt einrichten könnte, wie ich wollte, dann würdet ihr drei nur in Samt und Seide gehen, auf prächtigen Schimmeln reiten und nichts anderes als Erdbeeren und Schlagsahne essen. Das ist das Leben, das solch hübschen Mädchen gebührt!«

Die drei Mädchen wurden rot, wanden sich vor Verlegenheit und sagten: »Oh, oh, so etwas! . . . Ihr macht wohl Spaß? . . . hört nur, was der gelehrte heilige Bruder sagt!« Gleichzeitig sahen sie aber Klein-John aus den Augenwinkeln heraus sehr wohlwollend an.

152

»Heiliger Bruder oder nicht, ich habe Augen im Kopf und weiß, daß ihr die drei hübschesten Mädchen in ganz Nottinghamshire seid«, versicherte Klein-John. »Und wenn einer es wagen sollte, das Gegenteil zu behaupten, dann kriegt er es mit mir zu tun!« Klein-John schüttelte drohend den Knüppel. »Ich kann nicht mitansehen, wie drei so zarte Mädchen wie ihr schwere Körbe schleppen. Ich will sie euch tragen. Eine von euch nimmt dafür meinen Stock.«

»Du kannst aber nicht drei Körbe auf einmal tragen«, wandte ein Mädchen ein.

»Natürlich kann ich das, denn mein Schutzpatron hat mir einen scharfen Verstand mit auf den Lebensweg gegeben. Schaut her!« Klein-John band den langen, dicken Rosenkranz an einem Korbhenkel fest und zog sich dann den Rosenkranz über den Kopf und über die Schulter, so daß der Korb auf seinem Rücken hing. Dann nahm er in jede Hand einen Korb und schlug den Weg nach Tuxford ein. Sie unterhielten sich großartig unterwegs, lachten und sangen, und alle Leute blieben stehen und starrten hinter ihnen her, denn sie hatten noch niemals solch einen riesengroßen Mönch gesehen, der in einer viel zu kurzen Kutte, mit Eierkörben beladen und von drei hübschen jungen Mädchen begleitet über die Straße zog.

Kurz vor Tuxford setzte Klein-John die Körbe ab, denn er wollte sich nicht im Ort sehen lassen, um den Soldaten des Sheriffs aus dem Weg zu gehen. »Hier muß ich euch leider verlassen, aber ehe wir uns trennen, wollen wir auf unsere Freundschaft trinken«, sagte Klein-John. Er zog den Stöpsel aus der Lederflasche, wischte die Flaschenöffnung am Ärmel ab und ließ jenes Mädchen zuerst trinken, das seinen Stock getragen hatte. Die Mädchen zierten sich nicht und nahmen jede der Reihe nach einen kräftigen Schluck. Dann wünschte Klein-John ihnen viel Vergnügen auf dem Markt und gute Heimkehr, gab jeder einen Kuß und zog alleine weiter. Die Mädchen schauten ihm nach und sagten seufzend:

»Wie schade, daß solch ein hübscher, lustiger Bursche im heiligen Orden ist!«

Klein-John wanderte dahin, und es dauerte gar nicht lange, bis er wieder durstig wurde. Er schüttelte die Lederflasche, aber nicht das leiseste Gluckgluck war zu hören. Er setzte sie auch noch an die Lippen, aber es ließ sich kein Tröpfchen mehr herausquetschen. Zum Glück entdeckte Klein-John bald darauf von einem Hügelkamm aus unten im Tal ein Strohdach. Mit langen Schritten steuerte Klein-John darauf zu und stellte erfreut fest, daß das Strohdach nicht zu einem Bauernhof, sondern zu einem kleinen Wirtshaus gehörte. Vor der Tür standen zwei kräftige Pferde mit breiten, gepolsterten Sätteln, die verrieten, daß wohlhabende Gäste im Wirtshaus rasteten. Auf der Bank vor dem Haus saßen ein Kesselflicker, ein Hausierer und ein Bettler und tranken.

»Guten Tag, liebe Freunde«, grüßte Klein-John.

»Guten Tag, heiliger Bruder«, antworteten die drei, und der Bettler fügte grinsend hinzu: »Schau mal, deine Kutte ist ja viel zu kurz. Am besten, du schneidest oben ein Stück ab und nähst es unten dran, damit man deine Haxen nicht sieht. Komm, trink mit uns, wenn dein Gelübde dir das nicht verbietet.«

»Nein, denn der heilige Dunstan ist ein guter Schutzpatron, der nicht will, daß seine Schäflein verdursten«, antwortete Klein-John und wollte schon seinen Beutel hervorziehen.

»Laß deinen Beutel nur stecken, Bruder, wir laden dich ein«, sagte der Kesselflicker. »Wirt, eine Kanne Bier!«

Klein-John blies den Schaum etwas beiseite, setzte den Krug an, hob ihn mit geschlossenen Augen immer höher und höher, trank ihn in einem Zug aus, und als kein Tröpfchen mehr herauskam, setzte er ihn mit einem tiefen, zufriedenen Seufzer ab.

»Wirt, noch einen Krug für diesen durstigen Burschen«, rief der Hausierer.

Klein-John unterhielt sich mit den dreien und fragte nach einer Weile: »Wem gehören die beiden Pferde dort?«

»Zwei heiligen Brüdern«, antwortete der Bettler. »Sie schmausen da drinnen. Riechst du das Brathuhn nicht bis hierher? Die Wirtin sagt, sie kommen vom Kloster zu den Quellen in Yorkshire und reiten nach Lincoln, wo sie Geschäfte zu erledigen haben.«

»Sie sehen lustig aus, denn der eine ist so dürr und lang wie eine Bohnenstange und der andere so rund und fett wie eine gemästete Gans«, sagte der Kesselflicker.

»Du siehst auch nicht gerade schlecht genährt aus«, meinte der Hausierer.

»Nein, denn der heilige Dunstan läßt seine Jünger auch bei einer Handvoll trockener Erbsen und einem Schluck Wasser nicht verhungern«, behauptete Klein-John.

»Wenn man sieht, wie du den Bierkrug leerst, würde man schwören, daß du nicht einmal weißt, wie kaltes Wasser schmeckt«, lachte der Bettler. »Hat der heilige Dunstan seine Jünger nicht auch ein paar unterhaltsame Lieder gelehrt?«

»Natürlich«, antwortete Klein-John und stimmte mit seinem kräftigen Baß an:

»Kommt, Brüder, hebt die Becher,
das Bier schmeckt jedem Zecher,
und auch dem Ordensmann.
Ein Mädchen geht vorüber
und schaut mich freundlich an,
bin ich auch nicht ihr Liebster
und nur ein Ordensmann.«

Weiter kam Klein-John nicht. Die Tür des Wirtshauses öffnete sich.

Die beiden Brüder vom Kloster zu den Quellen traten heraus, und der Wirt folgte ihnen unterwürfig. Als die Mönche sahen, daß der Sänger eine graue Kutte trug, blieben sie wie angenagelt stehen und machten Gesichter, als hätten sie saures Bier geschluckt. Klein-John holte Luft und wollte zu einem neuen Vers ansetzen, doch da brüllte der kleine Dicke mit Donnerstimme: »Du Bösewicht, ist das hier etwa der richtige Ort für jemand, der eine Kutte trägt, um zu zechen und leichtfertige Lieder zu singen?«

»Da ich leider nicht in solch einem feinen, reichen Kloster zechen und leichtfertige Lieder singen kann wie Ihr, ehrwürdiger Bruder, muß ich eben zechen und singen, wo ich kann«, antwortete Klein-John.

»Schämst du dich nicht, dem geistlichen Stande mit deinen Reden und deinem Benehmen soviel Schande zu machen?« sagte der lange Dünne.

»Ich finde, es ist eine viel größere Schande, wenn einer aus unserem Stand den armen Bauern das sauer verdiente Geld mit Wucherzinsen aus der Tasche holt«, antwortete Klein-John.

Kesselflicker, Hausierer und Bettler stießen einander an und warfen sich vielsagende Blicke zu. Den beiden Mönchen fiel keine Antwort ein und sie gingen zu ihren Pferden. Plötzlich sprang Klein-John auf und rannte hinter ihnen her.

»Ich will die Zügel für euch halten«, sagte er beflissen. »Eure Worte haben mein sündiges Herz getroffen, deshalb will ich nicht länger in diesem Sündenpfuhl bleiben, sondern mit euch weiterziehen. In solch heiliger Gesellschaft wird mich keine Versuchung überfallen.«

»Wir wollen deine Gesellschaft nicht«, antwortete der lange Dürre, denn er begriff, daß der graue Mönch sich über sie lustig machte.

»Es betrübt mich wirklich, daß ihr mich nicht mögt, aber um eurer heiligen Gesellschaft willen muß ich trotzdem mit euch ziehen«, antwortete Klein-John.

Die drei Burschen auf der Bank grinsten von einem Ohr zum anderen, und auch der Wirt konnte das Schmunzeln nicht unterdrücken. Die beiden Mönche sahen einander verwirrt an und wußten nicht, was sie tun sollten. In ihrem Stolz und ihrer Überheblichkeit genierten sie sich, neben einem barfüßigen, armen Bettelmönch in einer viel zu kurzen Kutte über die Landstraße zu ziehen. Sie überlegten sich, daß sie ihn nicht zwingen konnten, zurückzubleiben, denn dieser starke Bursche konnte ihnen beiden im Handumdrehen alle Knochen brechen, wenn ihm das einfiel. Da sagte der kleine Dicke ganz freundlich:

»Wir reiten sehr schnell, guter Bruder, und du wirst dich bei dem Tempo zu Tode ermüden.«

»Ich bin dir ehrlich dankbar für deine Sorge um mich, aber hab keine Angst. Meine Beine sind lang und kräftig und ich kann von hier bis nach Gainsborough wie ein Hase rennen«, versicherte Klein-John.

Von der Bank her ertönte ein Laut, der unterdrücktes Lachen verriet. Das wirkte auf die beiden Mönche, als hätte man Öl ins Feuer gegossen Der lange Dürre schrie: »Bleib hier bei diesen Schweinehirten, wohin du gehörst! Du bist kein passender Umgang für uns!«

»Hast du gehört, Wirt? Du bist kein passender Umgang für diese heiligen Männer; verschwinde in deiner Kneipe!« sagte Klein-John mit dem unschuldigsten Gesicht. »Und wenn du meinen heiligen Brüdern nicht folgst, verhaue ich dich!«

Kesselflicker, Hausierer und Bettler lachten laut los. Der Wirt lief rot an wie ein Puter, denn weil er sich nicht den Zorn der reichen Gäste aus dem Kloster zu den Quellen zuziehen wollte, unterdrückte er sein Lachen, obwohl er beinahe platzte. Den beiden Mönchen blieb nichts anderes übrig, als in den Sattel zu steigen und ihre Pferde auf den Weg zu lenken.

»Ich kann nicht länger bleiben und wünsche euch alles Gute, liebe Freunde«, rief Klein-John dem Trio auf der Bank zu, schulterte seinen Eichenknüppel, lief zwischen den beiden Pferden mit und schrie vergnügt: »Hoppla, hier kommen wir drei!«

Die beiden Mönche blickten Klein-John grimmig an und wichen ihm aus, so gut sie nur konnten. So kam es, daß der arme barfüßige Bettelmönch in der lächerlich kurzen Kutte mitten auf der Landstraße daherspazierte, während die beiden Mönche rechts und links dicht neben dem Graben ritten. Kesselflicker, Hausierer und Bettler liefen auf den Weg hinaus und schauten ihnen lachend nach. Solange man sie vom Wirtshaus aus sehen konnte, ließen die beiden Mönche ihre Pferde im Schritt gehen, denn sie wollten die Sache nicht noch schlimmer machen. Sie konnten sich genau vorstellen, wie die Leute spotten würden, wenn sie hörten, daß zwei berittene Mönche aus dem reichen, mächtigen Kloster zu den Quellen vor einem armen, wandernden Bruder davongelaufen seien. Doch sobald ein Hügelkamm zwischen ihnen und dem Wirtshaus lag, sagte der kleine Dicke: »Bruder Ambrosius, sollten wir nicht lieber etwas schneller reiten?«

»Das finde ich auch«, antwortete an seiner Stelle Klein-John. »Der Tag vergeht, wir müssen vorwärtskommen. Wenn es euch also nicht gar zu sehr durchrüttelt, dann vorwärts!«

Die beiden Mönche antworteten ihm nur mit bösen Blicken, schnalzten mit der Zunge und ließen ihre Pferde in Trab fallen. Klein-John rannte so leichtfüßig wie ein Hirsch zwischen den Pferden dahin und blieb keinen Schritt zurück. Nach einer Meile zog der kleine Dicke mit einem Ächzen die Zügel an, denn er konnte das Geschüttel nicht länger aushalten.

»O je, ich fürchtete gleich, daß solch ein Trab deinen armen alten Fettwanst gar zu sehr durcheinanderrütteln würde«, sagte Klein-John voll Mitgefühl.

Der kleine Dicke antwortete nicht, starrte vor sich hin und nagte an der Lippe. Nun zogen die Pferde in gemächlichem Schritt weiter. Klein-John mitten auf der Landstraße pfiff fröhlich vor sich hin; seine beiden Reisegefährten schwiegen verbissen.

Nach einer Weile begegneten ihnen drei fahrende Sänger, alle in leuchtendes Rot gekleidet. Klein-John stieß dreimal mit seinem Eichenknüppel auf, wie ein Zeremonienmeister mit seinem Stab, und rief: »Platz da, Platz da! Hoppla, hier kommen wir drei!« Die Sänger verneigten sich übertrieben tief und lachend vor dem barfüßigen Bruder, der die ganze Breite des Weges für sich allein beanspruchte. Sie fragten die beiden Mönche auf den gutgenährten Pferden mit dem reichen Zaumzeug, warum sie denn bei diesem schönen Wetter die Köpfe hängen ließen.

Etwas später kam ihnen ein biederer Bürger mit seiner Frau und seinen beiden hübschen Töchtern entgegen, die im Sonntagsstaat von einem Besuch auf dem Land zurückkehrten. »Guten Tag und guten Heimweg«, grüßte Klein-John ernsthaft. »Hoppla, hier kommen wir drei!« Die Frauen schauten verwundert drein, denn sie begriffen den Scherz nicht so schnell, aber der Bürgersmann lachte, daß ihm das Wasser in die Augen trat.

Nicht lange darauf tauchten zwei edle Ritter und ihre Damen auf, die in Samt und Seide gekleidet mit dem Falken auf der Faust zur Jagd ritten. Sie lenkten ihre Pferde zur Seite und machten überrascht Platz, als Klein-John anmarschiert kam. »Guten Tag und guten Weg, edle Damen und Herren«, sagte Klein-John und verbeugte sich respektvoll. »Hoppla, hier kommen wir drei!«

Die Ritter lachten und ein Edelfräulein rief keck: »Welche drei meinst du, guter Freund?«

Klein-John wandte sich um und rief zurück: »Den langen Dürren, den kleinen Dicken und den großen Starken, der gerade richtig ist!«

Bei diesen Worten stöhnte der kleine Dicke auf und duckte sich, als wollte er vor lauter Schande vom Sattel fallen, und der lange Dürre kniff die Lippen noch mehr zusammen.

Sie legten noch ein gutes Stück Weg zurück, ehe die Landstraße plötzlich eine scharfe Biegung beschrieb und hinter den Hecken rechts und links ein Kreuzweg auftauchte. Der lange Dürre zog die Zügel an und sagte mit vor Zorn zitternder Stimme zu Klein-John: »Hör zu, wir haben genug von deiner Gesellschaft und keine Lust, uns noch länger verspotten zu lassen. Scher dich davon!«

»Nein sowas! Ich dachte, wir seien solch eine vergnügte Gesellschaft, und plötzlich zischst du auf wie Fett in der heißen Pfanne!« Klein-John tat sehr überrascht. »Nun, eigentlich habe ich auch genug von euch beiden. Ich bin nur so weit mitgekommen, weil ich weiß, daß ihr mich vermissen werdet. Ich bin arm und ihr seid reich, also gebt mir bitte ein paar Pfennig, damit ich mir im nächsten Wirtshaus Brot und Käse kaufen kann.«

»Wir haben kein Geld«, erklärte der lange Dürre hart. »Komm, Bruder Thomas, reiten wir!«

Doch Klein-John hielt mit jeder Hand ein Pferd am Zügel fest. »Um der Barmherzigkeit willen habt ihr doch sicher wenigstens einen einzigen Pfennig für mich übrig, damit ich nicht zu hungern brauche?«

»Wir haben kein Geld!« behauptete der kleine Dicke mit Donnerstimme.

»Bei der ewigen Wahrheit, ihr habt kein Geld?« fragte Klein-John.

»Keinen einzigen Pfennig!« versicherte der lange Dürre.

»Keinen einzigen Pfennig!« wiederholte der kleine Dicke wie ein Echo.

»Zwei solch heilige Brüder wie ihr reisen ohne einen einzigen Heller im Beutel? So etwas kann ich nicht zulassen. Steigt vom Pferd, damit wir auf der Stelle zum heiligen Dunstan beten, er möge uns zu Geld verhelfen«, sagte Klein-John.

»Bist du verrückt geworden?« herrschte ihn der lange Dürre an. »Du befiehlst mir, dem Verwalter des Klosters zu den Quellen, vom Pferd zu steigen, mich auf die schmutzige Straße zu knien und zu irgendeinem angelsächsischen Heiligen zu beten?«

160

»Überlegt, was ihr sagt, oder ich bläue euch Respekt vor unserem guten heiligen Dunstan ein! Steigt sofort ab! Meine Geduld ist zu Ende!« Klein-John ließ seinen Eichenknüppel wirbeln.

Die beiden Mönche wurden blaß und rutschten eilig aus dem Sattel.

»Auf die Knie, Brüder, und gebetet!« befahl Klein-John, legte ihnen seine breiten, schweren Hände auf die Schultern und zwang sie in die Knie. Er selber kniete ebenfalls nieder und flehte den heiligen Dunstan mit lauter Stimme an:

>>Heiliger Dunstan, hör mich an,
es fleht ein armer Ordensmann:
schick meinen armen Brüdern hier
ein bißchen Geld für kühles Bier,
für Käse und ein Stückchen Brot,
das tut auf ihrer Reise not.
Der Dicke dort wird sonst ganz mager
und wie der Dürre da so hager;
vom Dürren selbst bleibt nur's Gebein,
reiten sie ohne Essen heim.
Schick jedem nur zehn Heller heute,
damit sie bleib'n bescheidne Leute.
Laß alle andren Gaben dein
nur für meinen Beutel sein.«

Als er fertig war, sagte Klein-John den beiden Mönchen, sie sollten nachsehen, ob der heilige Dunstan ihnen etwas geschickt habe. Sie steckten langsam die Hände in die Beutel, die an ihren Gürteln hingen, brachten aber nichts zum Vorschein.

»Eure Gebete scheinen nicht viel zu taugen; ihr müßt andächtiger dabei sein«, sagte Klein-John mißbilligend. »Jetzt müssen wir noch einmal von vorne anfangen.« Sofort begann Klein-John wieder: »Heiliger

Dunstan, hör mich an ...« Nach der letzten Zeile sprang er sofort auf: »So, jetzt wollen wir sehen, was jeder bekommen hat.« Damit zog er schon vier Goldmünzen aus dem Beutel und ließ sie mit zufriedenem Gesicht auf der Handfläche herumrollen. »Und was habt ihr?«

Wieder steckten beide Mönche langsam die Hände in die Beutel, und wieder brachten sie nichts zum Vorschein.

»Was, ihr habt gar nichts? Das ist unmöglich! Der heilige Dunstan ist ein anständiger Heiliger, der einen nicht umsonst beten läßt!« sagte Klein-John ungläubig und entrüstet. »Das Geld muß sich im Saum des Beutels verkrochen haben; deshalb habt ihr es nicht gefunden. Laßt mich einmal nachsehen!« Ehe der lange Dürre mit der Wimper zucken konnte, hatte Klein-John schon in seinen Beutel gegriffen und einen kleineren Sack daraus hervorgezogen, der einhundertzehn Pfund in Gold enthielt. »Siehst du wohl, zuerst hast du nicht richtig gebetet, und jetzt hast du nicht richtig nachgeschaut«, bemerkte Klein-John und griff schon in den Beutel des kleinen Dicken. Hier brachte er siebzig Pfund zutage. Klein-John kippte alles Geld in seinen eigenen Beutel, den er gut unter dem Wams versteckte. Die beiden Mönche standen wie zu Stein erstarrt da.

Klein-John sagte: »Ihr seid fromme Brüder, deshalb habt ihr bestimmt nicht gelogen, als ihr mir vorhin sagtet, daß ihr keinen Pfennig Geld bei euch habt. Ich habe den heiligen Dunstan um zehn Heller für jeden von euch ersucht und ihn darum gebeten, daß alles andere für mich sein soll. Weil er mir in seiner großen Güte soviel Geld geschickt hat, will auch ich großzügig sein und euch gerne ein Pfund schenken. Hier, nehmt! Nun wünsche ich euch weiter guten Weg, Brüder. Zieht in Frieden dahin!« Damit wandte Klein-John sich um, ließ die beiden Mönche stehen und ging mit langen Schritten und fröhlich pfeifend davon.

Der lange Dürre und der kleine Dicke sahen einander betrübt und wütend an, stiegen wieder auf ihre Pferde und ritten schweigend weiter.

Nachdem Robin Hood sich von Klein-John getrennt hatte, wanderte
er vergnügt auf dem Weg nach Blyth weiter. Er pfiff und summte vor
sich hin, denn er fühlte sich an diesem schönen Frühlingsmorgen so wohl
wie ein Fohlen, das wieder auf die Weide darf. Er beobachtete die wei-
ßen Lämmerwölkchen, die langsam am blauen Himmel dahinsegelten.
Hin und wieder blieb er stehen, betrachtete die zarten Knospen an den
Hecken oder lauschte dem Gesang der Vögel. Dann und wann begegnete
er einem Mädchen, das er freundlich grüßte. Aber er fand keinen
Bettler, mit dem er das Wams tauschen konnte. Der Morgen verstrich,
Robin Hood wurde hungrig, und seine Gedanken wandten sich von
Blumen, Vögeln und lauen Frühlingslüften nahrhafteren Dingen zu.
»Wenn ich einen Wunschring hätte, wüßte ich genau, was ich jetzt damit
anfinge. Zuerst würde ich mir eine saftige Pastete herzaubern. Dann ein
gebratenes Huhn, mit ein paar gekochten Taubeneiern garniert, und dazu ein frisches, knuspriges Brot, das noch warm vom Ofen ist. Und
natürlich ein paar runde Lederflaschen voll Bier.«
    Während er noch so vor sich hinmurmelte, sah er plötzlich hinter
einer Wegbiegung auf einem Zauntritt einen Burschen sitzen und mit
den Beinen baumeln. Sein Wams war mit so vielen bunten Flecken besetzt, wie Bänder an einem Maibaum flattern. Außerdem war der Bursche mit einem guten Dutzend Taschen und Beuteln in allen möglichen
Formen und Größen behängt. Daran erkannte man, daß er ein Bettler
war. Seine grauen Augen blickten munter in die Welt, und seine schwarzen Ringellocken lagen wie eine Kappe um seinen Kopf.

»Hallo, guter Freund, was machst du hier an diesem schönen Frühlingstag?« rief Robin Hood ihm zu.

»Ich sitz' auf einem Zaun,
die Sonne brennt mich braun;
ich singe mir ein Lied
und warte auf mein Lieb;
der Kuckuck ruft im Hain,
sie wird gleich bei mir sein«,

antwortete der Bettler singend und fügte hinzu: »Das mache ich hier . . . bloß habe ich leider kein Lieb, und deshalb kann sie auch nicht gleich bei mir sein.«

»Das war ein hübsches Lied, und ich würde dir gerne noch länger zuhören, aber ich habe zwei sehr ernsthafte Dinge mit dir zu bereden, also hör gut zu«, antwortete Robin.

Der Bettler legte den Kopf auf die Seite wie eine Elster und sagte: »Ich halte nicht viel von ernsthaften Dingen, und wenn ich mich nicht irre, du meistens auch nicht.«

»Das, worum es als erstes geht, ist für mich die ernsthafteste Angelegenheit auf der Welt«, versicherte Robin. »Wo finde ich hier etwas zu essen und zu trinken?«

»Das ist für mich keine ernsthafte Angelegenheit«, antwortete der Bettler. »Ich esse, wenn ich etwas habe. Wenn ich kein Fleisch bekomme, bin ich mit Brot zufrieden, und wenn ich kein Geld für Bier habe, spüle ich mir den Staub mit kaltem Quellwasser aus der Kehle. Ich überlegte mir gerade, ob ich jetzt etwas essen solle. Ich warte nämlich immer, bis mein Magen vor Hunger knurrt, weil mir dann trockenes Brot genausogut schmeckt wie eine Pastete.«

»Du bist ein lustiger Bursche«, meinte Robin Hood. »Aber hast du wirklich nur trockenes Brot? Ich finde, deine Beutel und Taschen sehen recht rund und wohlgefüllt aus.«

»Nun, vielleicht ist auch noch etwas anderes darin«, gab der Bettler zu und grinste vielsagend.

»Und wie steht's mit dem Bier?«

»Ich habe keinen einzigen Tropfen«, seufzte der Bettler. »Gleich dort drüben hinter dem Wäldchen liegt ein kleines Wirtshaus, aber leider kann ich nicht mehr dort einkehren. Als der Prior von Emmet einmal dort speiste, stellte die Wirtin einen feinen kleinen Apfelkuchen zum Abkühlen auf das Fensterbrett. Ich dachte, irgend jemand habe den Kuchen dort vergessen, und nahm ihn mit. Schließlich hätte mir ja der Eigentümer irgendwo über den Weg laufen können, nicht wahr? Die Wirtin hat das leider ganz falsch verstanden und war sehr unfreundlich zu mir. Aber sie haben das beste Bier weit und breit.«

»Die Wirtin hat dir wirklich Unrecht getan«, lachte Robin. »Doch jetzt verrate mir, was du in deinen Beuteln hast.«

Der Bettler öffnete einen Beutel nach dem anderen und steckte die Nase hinein. »Hier habe ich ein Stück Taubenpastete, gut in ein grünes Kohlblatt eingewickelt, damit die Soße nicht herausläuft. Da ist ein anständiges Stück Schinken und ein halbes weißes Brot. Vier Weizenkuchen sind auch da, und hier drin entdecke ich doch tatsächlich noch sechs frische Eier. Die müssen mir aus einem Hühnerstall hier in der Gegend nachgerollt sein. In der Asche gebacken und mit ein bißchen Butter darauf schmecken sie sicher ganz vorzüglich.«

»Hör auf, guter Freund, mir läuft das Wasser im Munde zusammen! Wenn du mir etwas zu essen gibst, hole ich uns sofort eine große Lederflasche voll Bier aus dem Wirtshaus dort drüben.«

»Du bekommst von allem das Beste«, versprach der Bettler, »aber bring bitte für mich zweimal soviel Bier mit wie für dich, denn ich bin so durstig wie ein ausgetrockneter Schwamm.«

Robin Hood eilte mit langen Schritten zum Wirtshaus, und es dauerte nicht lange, bis er mit einem großen Lederbeutel voll Bier auf der Schulter wieder zurückkam. Er legte ihn vorsichtig ins Gras und betrachtete voll Wohlgefallen das Mahl, das der Bettler inzwischen im Schatten eines Weißdornbusches ausgebreitet hatte.

»Laß mich einmal kosten, ob das Bier kühl ist«, sagte der Bettler.

»Bediene dich, mein Freund. Ich koste inzwischen, ob die Pastete noch frisch ist«, antwortete Robin.

Dann hörte man lange Zeit hindurch nur das eifrige Kauen der beiden und zwischendurch ein lautes Gluckern, wenn sie abwechselnd einen langen Schluck aus der Lederflasche tranken. Endlich wischte Robin Hood sich mit einem zufriedenen Seufzer die letzten Krümel aus dem Bart, streckte sich im Gras aus und stützte sich auf einen Ellbogen.

»Jetzt möchte ich über die zweite ernsthafte Angelegenheit mit dir reden, guter Freund«, begann er.

»Willst du bei so gutem Bier von langweiligen Geschäften reden?« fragte der Bettler vorwurfsvoll.

»Trink nur weiter, während ich mit dir spreche, damit dir kein Tropfen entgeht. Die Sache ist die: mir gefällt deine Zunft und ich möchte gerne einmal selber ausprobieren, wie man als Bettler lebt.«

»Es wundert mich nicht, daß dir meine Lebensweise gefällt. Aber es ist ein großer Unterschied zwischen ›gefallen‹ und ›selber ausprobieren‹. Man muß eine lange Lehrzeit hinter sich bringen, ehe man ein tüchtiger Bettler wird. Ich will dir's ehrlich sagen, guter Freund: du bist zu alt, um noch einen Beruf zu ergreifen, bei dem man Jahre braucht, um alle Geheimnisse der Kunst zu erlernen«, erklärte der Bettler ernsthaft.

»Das trifft vielleicht zu, aber ich möchte es trotzdem versuchen, und dazu brauche ich nur das richtige Wams«, antwortete Robin.

»Du wirst niemals ein richtiger Bettler, und wenn du dich kleidest wie der Schutzpatron unseres Handwerks, der heilige Wynten, selbst.

166

Der erste echte Bettler, dem du begegnest, wird dich verhauen, weil er sofort merkt, daß du ein fremder Vogel bist, der nicht zur Zunft gehört.«

»Ich will es aber trotzdem versuchen«, wiederholte Robin dickköpfig. »Ich werde mein Wams mit dir tauschen, denn deins gefällt mir. Und weil du es bist, bekommst du auch noch zwei Goldpfennige obendrein. Ich habe meinen Eichenknüppel mitgenommen, weil ich mir überlegte, daß mir vielleicht nichts anderes übrigbliebe, als einem Bruder deiner Zunft das Fell auszuklopfen, damit er besser hört und sich leichter von seinem Wams trennt. Bei dir ist das etwas anderes; du bist mein edler Freund, weil du mich zu diesem guten Essen eingeladen hast, und deshalb brauchst du keine Angst vor mir zu haben.«

Der Bettler hörte mit schiefgelegtem Kopf zu und sagte dann: »So, so, ich brauche keine Angst vor dir zu haben? Man sollte meinen, du habest den Verstand verloren, wenn man dich so leichtfertig daherreden hört. Aber wenn du wüßtest, *wen* du vor dir hast, dann wüßtest du auch, daß ich schon ganz anderen Leuten wie dir die Köpfe eingeschlagen habe. Bei dir ist das etwas anderes; du bist mein guter Freund, weil du mich zum Bier eingeladen hast. Trotzdem bekommst du nicht einmal einen einzigen Flicken von meinem Wams, und wenn dich das vor dem Galgen retten würde.«

»Es war wirklich dein Glück, daß du mich zum Essen eingeladen hast«, meinte Robin. »Denn sonst bliebe mir jetzt gar nichts anderes übrig, als ein bißchen auf deinen klugen Kopf zu klopfen, damit etwas Gescheiteres aus ihm herauskommt als das, was du eben gesagt hast.«

Der Bettler griff nach seinem Eichenstock und sprang auf. »Und es war dein Unglück, daß du hierhergekommen bist! Nimm deinen Knüppel und wehr dich! Ich verprügele dich, und dann nehme ich dir auch noch all dein Geld ab! Ich laß' dir nicht einmal einen halben Pfennig für einen Klumpen Gänsefett, mit dem du hinterher deine blauen Flecken einreiben kannst!« Der Bettler war wirklich wütend.

»Wenn es dir gelingt, mir einen einzigen Hieb zu versetzen, geb' ich dir freiwillig mein ganzes Geld«, antwortete Robin und fing schon den ersten Schlag des Bettlers mit dem Knüppel auf. Der Bettler schlug noch ein paarmal kräftig zu, ohne Robin Hood treffen zu können. Robin wartete den richtigen Augenblick ab, und schon flog der Knüppel des Bettlers in hohem Bogen über die Hecke, und der Bettler lag im Gras und rührte sich nicht. Erst als Robin ihm etwas Bier einflößte, öffnete er wieder die Augen und sah sich benommen um.

»Tauschst du jetzt das Wams mit mir, oder muß ich dir noch einmal eins draufgeben, guter Freund?« erkundigte sich Robin. »Wenn du mir gutwillig dein Wams, deine Mütze und deine Beutel gibst, bekommst du zwei goldene Pfennige. Rückst du sie nicht gutwillig heraus, dann . . .« Robin warf einen vielsagenden Blick auf seinen Knüppel.

Der Bettler setzte sich auf und rieb sich die Beule am Kopf. »Wenn du so versessen auf mein Wams bist, werd' ich es dir wohl geben müssen. Aber gib mir zuerst dein Wort als ehrenhafter Freisasse, daß du mir nichts anderes nimmst als meine Kleidung.«

»Das verspreche ich«, antwortete Robin und dachte, der Bettler habe sicher ein paar Pfennige, die er retten wolle.

Da nahm der Bettler ein kleines Messer, schnitt das Futter in seiner Jacke auf und holte zehn Pfund in Gold heraus, die er ins Gras legte. »Jetzt kannst du mein Wams gerne zum Tausch gegen deines haben, und deine zwei Goldpfennige darfst du auch behalten; ich brauche sie nicht.«

»Du bist ein gerissener Bursche«, lachte Robin. »Wenn ich gewußt hätte, daß du so viel Geld besitzt, wärst du nicht ungeschlagen davongekommen, denn du hast es bestimmt nicht auf ehrliche Weise erworben.«

Dann tauschten sie ihre Kleidung. Der richtige Bettler hüpfte vor Freude über den guten Anzug aus feinem grünen Tuch, der ihm so unverhofft in den Schoß gefallen war. »Ich sehe wirklich großartig aus! Meine Freunde werden mich nicht wiedererkennen. Du kannst die Reste der Mahlzeit behalten«, sagte er großzügig. »Ich werde jetzt in Saus und Braus leben, solange mein Gewand neu ist und meine zehn Pfund reichen.« Er kletterte über den Zauntritt und verschwand, aber Robin hörte ihn noch singen:

> »Seht den feinen Burschen springen,
> laut im Beutel klirrt das Gold;
> ja, jetzt kann er fröhlich singen,
> alle Mädchen sind ihm hold.
> Bald im Wirtshaus kreist der Becher,
> und die Wirtin schreibt gern an;
> setzt euch zu mir, frohe Zecher,
> ich bin jetzt ein feiner Mann.«

Robin lauschte, bis das Lied in der Ferne verklang. Dann brach er in die entgegengesetzte Richtung auf. Er wanderte lange dahin, ohne jemand zu begegnen, denn es war hoher Mittag, die stillste und friedlichste Zeit des Tages neben der Dämmerung. Alles ruhte; die Pflüge lagen in den Furchen, die Pferde steckten die Köpfe tief in die umgehängten Hafersäcke, und die Bauern und Knechte saßen im Schatten der Hecken und aßen Brot und Käse. Robin Hood hatte die mittagsstille Straße ganz für sich allein. Er wirbelte bei jedem Schritt eine kleine Staubwolke auf. Nach einer Weile bog er von dem staubigen Weg ab und folgte einem schmalen, grasbewachsenen Pfad, der ihm besser gefiel. Der Pfad schlängelte sich durch ein grünes Tal, wand sich einen Hügel hinauf, auf dessen Kuppe eine Windmühle thronte, und folgte einem Bach bergab, der in einer bewaldeten Senke verschwand. In diesem Hain stieß Robin Hood plötzlich auf vier Bettler, die im Gras saßen und es sich wohl sein ließen.

Jeder hatte ein kleines Brett um den Hals hängen. Auf dem einen stand »Blind«; auf dem nächsten: »Taub«; auf dem dritten: »Stumm«; und auf dem vierten: »Habt Mitleid mit dem armen Lahmen!«

Der Taube hörte Robin Hood als erster und sagte: »Ich höre jemand kommen, Brüder.«

»Es ist ein ehrlicher Mann von unserer Zunft«, antwortete der Blinde, der Robin zuerst sah.

»Willkommen, Bruder! Komm und setzt dich zu uns, solange noch etwas übrig ist!« rief der Stumme Robin freundlich zu.

Daraufhin rückte der Lahme, der sein Holzbein abgeschnallt und sein eigenes, gesundes Bein ausgestreckt hatte, etwas beiseite, um Robin Platz zu machen, und reichte ihm sofort eine runde Lederflasche.

»Ich finde es nicht mehr als recht und billig, daß ihr euch über mein Kommen freut, nachdem ich euch anscheinend von all euren Gebrechen wunderbar geheilt habe«, antwortete Robin munter. »Der Blinde sieht wieder, der Stumme spricht, der Taube hört, und der Lahme reckt und streckt seine Glieder. Ich trinke auf eure Gesundheit, Brüder. Möge sie immer so prächtig sein wie heute!«

Sie grinsten alle, und der Blinde schlug Robin freundschaftlich auf die Schulter.

»Woher kommst du?« fragte der Stumme.

»Heute nacht habe ich im Sherwoodwald geschlafen«, antwortete Robin.

»Tatsächlich?« Der Taube sah Robin bewundernd an. »Für alles Geld, das wir vier nach Lincoln tragen müssen, würde ich es nicht wagen, eine Nacht im Sherwoodwald zu schlafen. Wenn Robin Hood einen von unserer Zunft im Sherwoodwald erwischt, geht es dem armen Bruder schlecht.«

»Das glaube ich auch«, bestätigte Robin Hood. »Aber was für Geld müßt ihr nach Lincoln bringen?«

»Unser Bettlerkönig Peter aus York hat uns mit dem Geld nach Lincoln geschickt, das ...« begann der Lahme.

Doch der Blinde unterbrach ihn: »Sei still, Bruder! Ich zweifle ja nicht an unserem neuen Freund, aber vergiß nicht, daß wir ihn noch nicht richtig kennen.« Zu Robin gewandt fügte er hinzu: »Was bist du, Bruder? Ein aufrechter Mann, ein Abrahamjünger, oder was?«

Robin Hood sah verwundert von einem zum anderen: »Ich hoffe, ich bin ein aufrechter Mann; jedenfalls gebe ich mir Mühe, es zu sein. Was sollen diese komischen Fragen? Es wäre viel lustiger, wenn euer stummer Bruder, der eine angenehme Stimme hat, ein Lied zum besten gäbe.«

Bei diesen Worten sahen sich die vier betreten an, und es dauerte ziemlich lange, ehe der Blinde entgegnete: »Sicher soll das nur ein Scherz sein, daß du meine Frage nicht verstanden hast? Sag mir eines: Bist du jemals auf einen Ahornbaum geklettert, um das Nest eines Goldammers auszunehmen?«

»Hört mal, macht ihr euch über mich lustig? Was soll das Geschwätz?« fragte Robin gereizt. »Ihr habt mich zum Bier eingeladen, deshalb will ich euch das nicht übelnehmen. Aber jetzt hört auf mit dem Unsinn und laßt lieber die Flasche noch einmal kreisen.«

Stattdessen sprangen alle vier Bettler auf und griffen nach ihren Knüppeln. Robin Hood begriff, daß die Lage brenzelig für ihn wurde, wenn er auch nicht wußte, warum. Auch er sprang auf, packte seinen Knüppel und stellte sich mit dem Rücken an einen Baum, damit ihn niemand von hinten angreifen könne.

»Wollt ihr alle vier über einen herfallen? Kommt mir nicht zu nahe, oder ihr könnt etwas erleben! Was ist in euch gefahren? Ich habe euch nichts getan!«

»Du lügst! Du gehörst nicht zu unserer Zunft und du willst uns ausspionieren«, schrie der Blinde. »Deine Ohren haben mehr gehört, als gut für dich ist, und deshalb wirst du diesen Platz nicht auf deinen eigenen Füßen verlassen! Auf ihn, Brüder! Nieder mit ihm!« Damit stürzte er auf Robin los wie ein wilder Bulle auf ein rotes Tuch. Doch Robin parierte den Angriff, schlug blitzschnell zweimal zu, und schon flog der falsche Blinde der Länge nach ins Gras und gab keinen Ton mehr von sich.

»Nur heran mit euch«, rief Robin den anderen zu. »Hier gibt's genug Prügel und Beulen für alle! Wer ist der Nächste?«

Die drei Bettler antworteten nicht; sie kamen auch nicht näher, sondern wichen ein paar Schritte zurück und begnügten sich damit, Robin böse Blicke zuzuwerfen.

»Wenn ihr nicht zu mir kommen wollt, muß ich mich eben selbst bemühen«, meinte Robin boshaft und fiel über sie her. Schon lag auch der Stumme im Gras; diesmal war er wirklich stumm. Die beiden anderen Bettler nahmen die Beine unter die Arme und rannten davon. Robin sah ihnen lachend nach; er hatte noch niemals einen Lahmen so flink laufen sehen.

»Die Burschen haben etwas von Geld gesagt, das sie nach Lincoln bringen müssen. Es wäre Verschwendung, gutes Geld in den Taschen solcher Tagediebe zu lassen«, murmelte Robin Hood vor sich hin, beugte sich über den Blinden und durchsuchte ihn, bis er unter seinem zerlumpten Wams einen Lederbeutel fand. Robin band den Beutel los und wog ihn prüfend in der Hand. Er ist ganz schön schwer; schade, daß es nur lauter Kupferpfennige sind, meinte er zu sich selbst. Doch dann öffnete er den Beutel und stellte fest, daß er statt lauter kleinem Kupfer vier dicke runde Rollen enthielt. Robin wickelte eine Rolle auseinander und riß vor Staunen Mund und Augen auf, denn sie enthielt fünfzig funkelnagelneue glänzende Goldstücke, jedes davon ein ganzes Pfund wert! Robin öffnete auch noch die anderen drei Rollen und fand in jeder die gleiche Summe. Er schüttelte den Kopf. »Ich habe schon oft gehört, daß die Zunft der Bettler steinreich sei, aber ich hätte nicht gedacht, daß sie solche Summen zusammentragen. Wir haben bessere Verwendung dafür.« Robin steckte den Beutel ein und nahm die Lederflasche voll Bier, die auch noch im Gras lag. »Ich trinke noch einmal auf euer Wohl, liebe Freunde! Besten Dank für alles, was ihr mir heute so großzügig überlassen habt«, sagte er spöttisch zu den beiden bewußtlosen Bettlern im Gras, nahm einen kräftigen Schluck und machte sich wieder auf den Weg.

Es dauerte nicht allzu lange, bis der Blinde und der Stumme die Augen öffneten und der Lahme und der Taube sich wieder einfanden. Sie hockten so bekümmert da wie nasse Hühner: ihr Bier und ihr Geld waren weg, und sie hatten nur ein paar Beulen und blaue Flecken dafür eingetauscht. Und was würde Peter aus York, der Bettlerkönig, dazu sagen, wenn in der Schatzkammer der Zunft zweihundert Pfund fehlten?

Inzwischen wanderte Robin vergnügt weiter und pfiff sich eins. Alle Leute erwiderten freundlich seinen Gruß und überlegten sich, daß sie noch niemals einen so offen und ehrlich dreinblickenden Bettler gesehen hatten ... und vor allem noch niemals einen, der so sauber war. Sogar die Hofhunde, die sich sonst zähnefletschend auf jeden Bettler stürzten, beschnupperten Robins Schuhe und wedelten freundlich mit dem Schwanz, denn Hunde erkennen einen ehrlichen Menschen an seinem Geruch, und Robin Hood war ein ehrlicher Mensch ... auf seine Art.

An der Wegkreuzung bei Ollerton setzte Robin Hood sich auf den Hang neben dem Weg, denn er war müde. Er überlegte, daß es Zeit wurde, zum Sherwoodwald zurückzukehren, aber vorher wollte er gerne noch etwas erleben. So wartete er eine Weile und schaute erwartungsvoll die Landstraße hinauf und hinab. Schließlich tauchte ein Reiter auf, wie man ihm nicht alle Tage begegnete. Der Mann schien nur aus

Haut und Knochen zu bestehen, und seine Kleidung flatterte um ihn herum, als sei sie an einer Bohnenstange aufgehängt. Sein Pferd war genauso mager und klapperig, seine Rippen standen heraus wie die Reifen an einem Bierfaß; seine Mähne sah aus, als nisteten Mäuse darin; und es ließ den Kopf tief hängen. Der arme Gaul zockelte langsam daher, und bei jedem Schritt hopste sein Reiter im Sattel auf und ab, wie ein Korken auf dem Wasser, und sein Kopf, der auf einem unwahrscheinlich langen, dürren Hals saß, ebenfalls. Auf den ersten Blick fiel auch noch auf, daß der Reiter keine gewöhnlichen Schuhe trug, sondern riesengroße, klobige Holzschuhe mit Sohlen, die so dick wie Scheite und rundum mit Nägeln beschlagen waren.

Robin Hood lachte über den komischen Anblick, den Roß und Reiter boten, aber weil er den hageren Mann kannte, dachte er sich gleichzeitig: Dich diebische Elster habe ich lange nicht mehr gesehen. Wenn ich dich doch nur rupfen könnte! Aber du bist so gerissen, daß du dein unehrlich verdientes Geld bestimmt nicht so spät am Tag und so nahe beim Sherwoodwald mit dir herumträgst. Nun, versuchen will ich es wenigstens.

Der Reiter war ein reicher Kornhändler, der schon mehrmals alles Getreide weit und breit aufgekauft und zurückgehalten hatte, bis es knapp wurde oder gar im nächsten Jahr nach einer schlechten Ernte Hungersnot herrschte. Dann hatte er es zu Wucherpreisen verkauft und war an der Not seiner Mitmenschen reich geworden. Alle Leute haßten ihn.

Nun trat Robin in seinem Bettlergewand schnell auf den Weg und griff dem Pferd in die Zügel.

»Du wagst es, mich auf der Landstraße des Königs anzuhalten?« fuhr ihn der Kornhändler grob an.

»Habt Mitleid mit einem armen Bettler. Gebt mir einen Pfennig, damit ich mir ein Stück Brot kaufen kann«, sagte Robin.

174

»Scher dich davon! Solche Burschen wie du gehören ins Gefängnis, oder man sollte ihnen einen Kragen aus Hanfstricken umlegen und sie wie Hampelmänner in der Luft tanzen lassen«, antwortete der Händler grimmig.

»Was sind denn das für Reden?« sagte Robin gelassen. »Du und ich, wir sind Brüder, alter Freund. Nehmen wir nicht beide den armen Leuten das Geld ab, das sie nicht erübrigen können? Leben wir nicht beide, ohne jemals auch nur einen Handschlag ehrliche Arbeit zu leisten? Hat einer von uns schon jemals einen ehrlich verdienten Pfennig in der Hand gehabt? Wir sind Brüder, nur bist du reich und ich bin arm, also gib mir einen Pfennig.«

»Wenn ich dich einmal in der Stadt erwische, lasse ich dich auspeitschen!« schrie der Kornhändler wütend. »Du bekommst keinen Pfennig von mir, denn ich habe kein Geld im Beutel! Wenn Robin Hood selbst mich von Kopf bis Fuß durchsucht, findet er keine einzige Münze an mir. Ich bin viel zu gescheit, um mit Geld im Sack so nahe am Sherwoodwald vorbeizureiten, wo der Gauner herumläuft.«

Robin Hood trat dicht neben den Kornhändler, reckte sich auf die Zehenspitzen und flüsterte ihm zu: »Denkst du wirklich, daß ich ein Bettler bin? Schau mich nur richtig an! Hast du schon einmal solch einen sauberen Bettler gesehen? Ich bin genauso reich wie du. Hier ist der Beweis!« Robin zog den Beutel aus dem Wams, öffnete ihn und ließ den Kornhändler einen Blick auf die funkelnden Goldstücke tun. »Mein Bettlerwams dient nur dazu, einen wohlhabenden Mann vor Robin Hood zu schützen.«

»Die Bettlerlumpen schützen dich auch nicht vor Robin Hood«, meinte der Kornhändler kopfschüttelnd. »Wenn er dich erwischt, hat er das Geld schnell gefunden, denn er haßt faule Bettler genauso sehr wie reiche Geldwechsler und Händler.«

»Tatsächlich?« Robin Hood schien sehr bestürzt. »Wenn ich das gewußt hätte, wäre ich nicht in dieser Verkleidung auf die Reise gegangen. Nun, jetzt läßt sich das nicht mehr ändern. Ich muß weiter, denn man erwartet mich. Wohin reitest du?«

»Ich will bis nach Grantham, aber heute abend übernachte ich in Newark.«

»Welch ein glücklicher Zufall!« sagte Robin Hood erfreut. »Ich muß auch nach Newark. Zu zweien reist es sich in einer so unsicheren Gegend besser. Wenn du also nichts gegen meine Gesellschaft einzuwenden hast, können wir zusammen weiterziehen.«

»Bettler mag ich nicht, aber weil dein Wams nur eine Verkleidung ist und du außerdem Geld in der Tasche hast, ist es mir recht, wenn du mitkommst.«

»Dann vorwärts, denn der Tag neigt sich, und es wird dunkel sein, ehe wir Newark erreichen.«

Das magere Pferd klapperte weiter. Robin Hood lief nebenher und hatte große Mühe, das Grinsen zu unterdrücken. Erst als sie den Saum des Sherwoodwaldes erreichten, brach der Kornhändler sein Schweigen und sagte: »Hier ist die gefährlichste Stelle, denn hier verläuft der Weg ein gutes Stück dicht am Wald entlang. Sobald wir das hinter uns haben, sind wir in Sicherheit.«

»Ich wollte, ich hätte genauso wenig Geld bei mir wie du«, seufzte Robin. »Mich verfolgen Vorahnungen: ich glaube, mein ganzer Reichtum wird Robin Hood in die Hände fallen.«

Der Kornhändler blinzelte verschmitzt: »Ganz unter uns, junger Freund: ich habe genauso viel Geld bei mir wie du, aber ich habe es so gut versteckt, daß kein Mensch es je im Leben finden kann.«

»Du machst wohl Spaß? Es ist unmöglich, zweihundert Pfund in schwerem Gold an sich zu verstecken!«

»Weil du noch so jung und unerfahren bist, will ich dir etwas anvertrauen, was ich noch keinem Menschen auf der Welt verraten habe.

176

Ich hoffe, du lernst etwas daraus und begehst nie wieder die Dummheit, dich auf ein Bettlerwams zu verlassen, wenn es darum geht, dich vor Robin Hood zu schützen. Siehst du meine Holzschuhe?«

»Ja, denn sie sind so groß, als seien sie eigentlich für dein Pferd bestimmt«, antwortete Robin.

»Lach nur ruhig darüber, junger Freund. Wer zuletzt lacht, lacht am besten. Das sind keine gewöhnlichen Holzschuhe! Wenn ich den zweiten Nagel neben der großen Zehe herausziehe, kommt das Oberteil herunter wie der Deckel von einer Dose, und in jeder dicken Schuhsohle liegen neunzig Pfund in Gold. Alle Münzen sind sorgfältig in Wolle eingewickelt, damit sie nicht aufeinanderklappern und sich verraten.«

Als der Kornhändler das erzählt hatte, lachte Robin Hood schallend los, legte die Hand auf den Zügel und brachte den Gaul zum Stehen. »Du bist der schlaueste alte Fuchs, der mir je begegnet ist!« schrie er mit lauter Stimme. »Gold im Holzschuh! Auf die Idee muß man kommen! Ich werde mich nie wieder auf das armselige Aussehen eines Mannes verlassen! Im Holzschuh, nein sowas!«

Der Kornhändler starrte ihn entsetzt an und unterbrach ihn endlich: »Pst! Bist du verrückt? Das ist ein Geheimnis! Wie kannst du das so laut herausposaunen, und ausgerechnet hier an diesem Ort? Sei still und sag kein Wort mehr davon, bis wir sicher in Newark sind!«

»Ich hab' mir's anders überlegt; ich gehe nicht weiter, denn ich habe hier in der Gegend gute Freunde, die sich freuen werden, wenn sie mich sehen«, antwortete Robin Hood. »Du mußt allein weiterziehen. Aber sei so freundlich und zieh vorher deine Holzschuhe aus, denn sie gefallen mir ausnehmend gut und ich möchte sie gerne haben.«

Der Kornhändler wurde so bleich wie ein Leintuch. »Wer bist du?« stammelte er.

»Man nennt mich Robin Hood, und du bist gut beraten, wenn du tust, was ich dir sage.«

Als er den Namen Robin Hood hörte, schlotterte der Kornhändler vor Angst und klammerte sich an der Mähne seines Pferdes fest, um nicht herunterzufallen. Wortlos schlüpfte er aus seinen Holzschuhen und ließ sie auf den Weg plumpsen. Robin hielt weiter die Zügel fest, während er sich bückte und sie aufhob. Dann sagte er: »Meistens lade ich die Leute, denen ich unterwegs begegne, zu einem Festschmaus in den Sherwoodwald ein. Bei dir mache ich eine Ausnahme, denn meine Freunde wären nicht so höflich zu dir, wie ich es bis jetzt war. Dein Name ist bei allen ehrlichen Menschen weit und breit verhaßt. Hör auf meinen Rat und komm nie wieder so nahe zum Sherwoodwald, sonst hast du eines Tages einen Pfeil zwischen den Rippen stecken. Jetzt wünsch' ich dir weiter guten Weg.« Robin gab dem Pferd einen Klaps auf die Flanke. Dem Kornhändler lief der kalte Angstschweiß über das Gesicht, als er weiterritt, und er wagte es nicht, sich auch nur einmal umzusehen.

Die Gefährten guckten, als Robin Hood mit einem Paar klobiger Holzschuhe in der Hand zurückkam.

»Ist das alles, was du mitbringst?« fragte Klein-John. »Schau einmal, was ich habe!« Er schwenkte stolz den Beutel, den ihm der heilige Dunstan mit Geld gefüllt hatte.

»Wart nur ab, bis du erfährst, was für Holzschuhe das sind«, meinte Robin.

An diesem Abend brannte das Lagerfeuer sehr lange. Klein-John und Robin berichteten abwechselnd von ihren Abenteuern. Ihre Gefährten fanden Robins Begegnung mit dem Kornhändler genauso lustig wie Klein-Johns Reise mit den reichen Mönchen. Nur Robin und Klein-John selber versicherten einander, jeder habe einen vergnügteren Tag verbracht als der andere, und konnten sich immer noch nicht darüber einigen, wer nun das schönere Leben habe: ein wandernder, barfüßiger frommer Bruder oder ein Bettler.

Die Landstraße lag weiß und staubig unter der heißen Nachmittags-
sonne. Kein Blättchen rührte sich an den Bäumen. Die heiße Luft
flimmerte über den Weiden. Im klaren Bach standen die Fische regungslos über dem gelben Kiesgrund. Die Libellen hingen wie erstarrt an den
scharfen Spitzen der Schilfstengel, und ihre Flügel funkelten in der
Sonne. Auf einem prächtigen Schimmel ritt ein junger Page dahin. Er
war kaum sechzehn Jahre alt und so hübsch wie ein Mädchen. Sein
langes blondes Haar flatterte, und die Edelsteine auf seinem Gewand
aus Samt und Seide blitzten. Ein reich verzierter Dolch hing an seiner
Seite. Es war Richard Partington, Page Ihrer Majestät, der Königin
Eleanor, und er ritt zum Sherwoodwald, um Robin Hood zum Turnier nach London einzuladen.

Der junge Page war am Morgen von Leicester aufgebrochen und hatte
schon über zwanzig Meilen zurückgelegt. So war er froh, als vor ihm
ein kleines Wirtshaus auftauchte, das im Schatten hoher Bäume lag.
Das Schild über der Tür zeigte einen blauen Eber. Richard zog die
Zügel an und rief laut nach einer Flasche Wein, denn Landbier war
ein zu gewöhnliches Getränk für einen jungen Edelmann. Auf der
Bank vor dem Wirtshaus saßen fünf Burschen, die Bier tranken und den
fremden Pagen in dem kostbaren Gewand neugierig anstarrten. Zwei
von ihnen waren von Kopf bis Fuß jägergrün gekleidet.

Der Wirt eilte herbei und reichte dem Pagen auf einem Tablett eine
Flasche Wein und ein hohes, schmales Glas. Der Page füllte sein Glas
und hob es hoch: »Glück und Gesundheit meiner königlichen Herrin, der

edlen Königin Eleanor! Möge meine Reise bald zu Ende sein und ich ihren Wunsch erfüllen und den Freisassen finden, den man landauf, landab Robin Hood nennt!«

Staunend hörten alle diese Worte, und die beiden Burschen in Jägergrün begannen miteinander zu flüstern. Dann fragte der eine: »Edler Page, warum willst du Robin Hood finden? Was will unsere hohe Königin von ihm? Ich frage nicht aus Neugier, sondern mit gutem Grund, denn ich kenne den Freisassen.«

»Wenn du ihn kennst, so führe mich zu ihm«, antwortete der Page. »Du erfüllst damit den Wunsch unserer Königin und erweist Robin Hood einen Dienst.«

Da sprach der zweite grüngekleidete Bursche: »Unsere Königin ist allen Freisassen wohlgesonnen, und du hast ein ehrliches Gesicht, edler Page. Mein Freund und ich wollen dich gerne zu Robin Hood führen, aber du mußt uns dein Ehrenwort geben, daß er dadurch nicht zu Schaden kommt.«

»Seid unbesorgt, ich bringe nichts Böses«, versicherte der Page. »Ich habe eine Botschaft unserer guten Königin für Robin Hood. Wenn ihr wißt, wo ich ihn finden kann, so führt mich bitte zu ihm.«

Die beiden grüngekleideten Burschen sahen sich lange fragend an. Dann meinte der eine: »Ich glaube, wir können es wagen.« Darauf nickte der zweite und antwortete dem Pagen: »Komm, folge uns!«

Robin Hood und seine Gefährten saßen unter der alten Eiche und lauschten schweigend und aufmerksam Allans herrlichem Harfenspiel und Gesang. Plötzlich störte dumpfer Hufschlag das Spiel, und zwischen den Bäumen tauchte ein Schimmel mit einem jungen Reiter auf. Klein-John und Will Stutely liefen nebenher. Allan aus Dale ließ die Harfe sinken und verstummte; alle Männer starrten den Fremden verwundert an, denn an seiner kostbaren Kleidung und an dem Wappen auf seinem Wams erkannten sie sofort den königlichen Pagen. Robin Hood stand auf und ging ihm ein paar Schritte entgegen. Richard Partington sprang vom Pferd und zog seine rote Samtkappe.

»Willkommen, junger Freund«, sagte Robin. »Was führt einen edlen Pagen in unseren einsamen Wald?«

»Ich bringe dem berühmten Robin Hood und seiner Bande geächteter Freisassen den Gruß unserer edlen Königin Eleanor. Sie hat schon oft von dir gehört und möchte dich kennenlernen. Deshalb läßt sie dir durch mich sagen, daß sie dir freies Geleit zusichert, wenn du nach London kommen willst. In vier Tagen hält unser guter König Heinrich auf dem Finsbury Feld vor den Stadttoren einen großen Schützenwettkampf ab, an dem die berühmtesten Bogenschützen von ganz England teilnehmen. Unsere Königin wünscht, daß du dich mit ihnen mißt, denn sie ist überzeugt, daß du den ersten Preis erringen wirst. Als Zeichen ihres Wohlwollens schickt unsere hohe Königin dir diesen goldenen Ring von ihrer eigenen Hand.«

Robin Hood verneigte sich, nahm den Ring entgegen und steckte ihn an seine Hand. »Ich will eher meine Hand verlieren als diesen Ring! Edler Page, ich komme mit dir nach London, wie unsere Königin es wünscht, doch ehe wir aufbrechen, will ich dir hier ein Mahl vom Besten bieten, was wir haben.«

»Ich danke dir für die gute Absicht, aber dazu bleibt leider keine Zeit. Wir müssen sofort aufbrechen. Die Königin läßt dir sagen, daß auch deine Gefährten willkommen sind.«

»Dann sollen mich drei Freunde begleiten: Klein-John, meine rechte Hand; Will Rotwams, mein Neffe; und Allan aus Dale, unser Sänger. Geht, Burschen, macht euch fertig! Will Stutely, du befiehlst hier, solange ich fort bin.«

Robin Hood kleidete sich von Kopf bis Fuß in Blau, Allan aus Dale in Rot, Klein-John und Will Rotwams in Jägergrün. Jeder trug unter dem Wams ein Kettenhemd, dessen Maschen so fein wie gestrickte Wolle waren und doch so dicht, daß kein Pfeil sie durchbohren konnte. Die vier schüttelten allen ihren Gefährten die Hand; Richard Partington stieg auf, und der kleine Trupp machte sich auf den Weg.

Sie wanderten drei Tage und schliefen jeden Abend in einer anderen Herberge. In St. Albans brachen sie schon kurz nach Mitternacht wieder auf und zogen durch die Dämmerung des Sommermorgens, als noch zarte Nebelschleier die Täler verhüllten und Tau auf den Wiesen lag. Der Tag war noch jung, und im Osten glänzte die Morgenröte, als in der Ferne die Türme und Wälle der großen Stadt London auftauchten.

Durch die offenen Fenster strömte das goldene Licht der Morgensonne in die Kemenate, in der Königin Eleanor mit ihren Hofdamen saß. Ein Diener meldete, daß der Page Richard Partington zurückgekehrt sei und mit vier Freisassen im Hof warte. Die Königin befahl, die Männer sofort zu ihr zu führen.

So widerfuhr Robin Hood, Klein-John, Will Rotwams und Allan aus Dale die Ehre, von der Königin in ihrer Kemenate empfangen zu werden. Robin Hood kniete vor der Königin nieder, legte die Hand auf sein Herz und sagte: »Ich bin Robin Hood und Euer treuer Diener bis zum letzten Blutstropfen, hohe Königin. Ich bin gekommen, wie Ihr es gewünscht.«

Königin Eleanor lächelte ihn an, hieß Robin und seine Freunde willkommen und lud sie ein, sich zu setzen und von der weiten Wanderung auszuruhen. Reichliches Essen und guter Wein wurden aufgetischt, und die Pagen der Königin mußten die vier Freisassen bedienen. Als sie sich gestärkt hatten, begann die Königin, sie nach ihrem Leben im Wald auszufragen. Der Königin waren schon viele Geschichten von Robin Hood bekannt, und sie wollte sie alle noch einmal aus seinem eigenen Munde hören. Die Geschichte von Sir Richard von Lea und dem Bischof von Hereford kannte die Königin noch nicht, und Robin Hood und seine Freunde beschrieben ihr ausführlich, wie der Bischof drei Tage bei ihnen im Walde zubringen mußte. Auch die Hofdamen hörten aufmerksam zu und lachten sehr. Als Robin und seinen Freunden keine Abenteuer mehr einfielen, bat die Königin Allan, ihr etwas vorzusingen, denn sein Ruf als Sänger war sogar bis zum königlichen Hof in London gedrungen. Allan nahm die Harfe und sang fröhliche und traurige Weisen. Die Königin und ihre Hofdamen konnten nicht genug davon hören. So verging die Zeit bis zum großen Schützenkampf wie im Fluge.

Das große Finsbury Feld vor den Toren Londons bot ein farbenprächtiges Schauspiel an diesem schönen Sommertag. An einem Ende der Wiese standen zehn Zelte aus gestreiftem Segeltuch; ein Zelt für jede Kompanie Bogenschützen. Zu jeder Kompanie gehörten achtzig Freisassen, und der Wimpel ihres Hauptmanns flatterte an der Zeltspitze. Auf einem Zelt flatterte der gelbe Wimpel von Tepus, dem Bogenträger des Königs. Der blaue Wimpel gehörte Gilbert von der Weißen Hand; der rote Wimpel Clifton von Buckinghamshire. Diese drei galten als die besten Bogenschützen in ganz England. Egbert von Kent und William von Southampton machten ihnen diesen Rang streitig, und auch die anderen fünf Hauptleute waren berühmte Schützen. Stimmengewirr klang aus den Zelten. Pagen rannten diensteifrig hin und her, brachten Bier und Wein, Pfeile und Bogenschnüre. Zu beiden Seiten der Schießbahn erhoben sich lange Tribünen, auf denen sich schon die Zuschauer drängten. Den Zelten gegenüber standen zehn Schießscheiben, eine für jede Kompanie, und genau wie das Zelt mit ihren Farben geschmückt. Alles war bereit; nur König und Königin fehlten noch.

Endlich ertönte Fanfarengeschmetter, und sechs Herolde ritten in das Turnierfeld ein. An ihren silbernen Instrumenten hingen mit Gold und Silberfäden bestickte Samtfahnen. König Heinrich und Königin Eleanor ritten milchweiße Schimmel, die silberbeschlagenes blaues Zaumzeug trugen. Leibwachen schritten neben den Pferden her, die Hellebarden geschultert. Höflinge und Hofdamen, Ritter, Edelfräulein, Pagen und Diener, der ganze Hofstaat folgte. Der grüne Rasen war mit bunten Tupfen aus Samt und Seide übersät; wallende Federn nickten, Edelsteine blitzten, Gold und Silber funkelten in der Sonne. Das Volk jubelte dem Königspaar zu, und das Auf- und Abschwellen der ungezählten Stimmen klang wie ein Sturm an der Küste von Cornwall, wenn die dunklen Wellen gegen das felsige Ufer krachen und wieder zurückfluten. König und Königin stiegen von den Pferden und nahmen auf einem erhöhten Thronsitz Platz, über dem die königliche Standarte wehte.

Als die Jubelrufe verhallt waren, erklang ein Fanfarenstoß. Auf dieses Signal hin marschierten die Schützenkompanien aus den Zelten und stellten sich vor dem Thronsitz auf. König Heinrich betrachtete sie stolz und zufrieden. Nun trat ein Herold vor und verkündete die Kampfregeln mit solch lauter, klarer Stimme, daß man ihn auf dem ganzen Festplatz gut verstehen konnte:

»Jeder Schütze schießt siebenmal auf die Zielscheibe seiner Kompanie. Dann werden in jeder Kompanie die drei besten Schützen gewählt. Diese drei Ersten schießen noch einmal je drei Pfeile auf die Zielscheibe ihrer Kompanie. Dann wird der beste Schütze jeder Kompanie ausgewählt. Diese zehn letzten Schützen schießen je dreimal. Der beste erhält als ersten Preis fünfzig Pfund in Gold, ein silbernes Jagdhorn mit goldner Einlegearbeit und einen Köcher mit zehn Pfeilen mit goldenen Spitzen. Der Zweitbeste bekommt als zweiten Preis hundert Hirsche aus dem Wald von Dallan Lea, die der Gewinner erlegen mag, wann er will. Der dritte Preis sind zwei Fässer Rheinwein. Die anderen sieben Schützen bekommen jeder achtzig Silberpfennige.«

Als der Herold geendet hatte, schwenkten die Schützen ihre Bogen und schrien begeistert. Dann marschierte jede Kompanie an ihren Platz.

Nun begann das Schießen. Es dauerte sehr lange, bis in jeder Kompanie jeder Schütze dreimal geschossen hatte. Zum Schluß waren die

Zielscheiben so mit Pfeilen gespickt wie ein Igel mit Stacheln. Dann kamen die Schiedsrichter, prüften sorgfältig die Zielscheiben und riefen die drei besten Schützen jeder Kompanie aus. Die Zuschauer klatschten Beifall und schrien die Namen der beliebtesten Schützen.

Zehn neue Zielscheiben wurden aufgestellt, und Stille senkte sich über den Festplatz, als die drei besten Schützen jeder Kompanie wieder ihren Platz einnahmen. Diese Runde ging schneller zu Ende. Kein einziger Pfeil verpaßte die Scheibe. Gespannt warteten die Zuschauer darauf, daß die Schiedsrichter den Namen des besten Schützen jeder Kompanie verkündeten. Gilbert mit der Weißen Hand führte an; Tepus und Clifton folgten dicht darauf, aber auch die anderen sieben Schützen hatten gute Aussichten, Zweiter oder Dritter zu werden. Unter dem Beifallsgebrüll der Menge kehrten die zehn Schützen in die Zelte zurück, um sich vor der letzten Runde eine Weile auszuruhen und ihre Bogenschnüre nachzuspannen.

Während dieser Pause fragte Königin Eleanor den König: »Bist du sicher, daß die drei Schützen, die nach dieser Runde übrigbleiben, wirklich die besten in ganz England sind?«

»Natürlich sind sie das!« antwortete der König lächelnd.

»Was würdest du sagen, wenn ich dir drei Bogenschützen hierher holte, die noch besser sind?«

»Ich würde sagen, daß du ein Wunder vollbracht hast«, entgegnete der König und lachte noch mehr. »Glaube mir, es gibt auf der ganzen Welt keine besseren Bogenschützen als Tepus, Gilbert und Clifton!«

»Ich kenne drei Freisassen, die es mit deinen besten Bogenschützen aufnehmen würden, und wenn du mir freies Geleit für sie zusicherst, können sie dir noch heute ihre Kunst zeigen.«

»Welch eine ausgefallene Beschäftigung für eine Königin, Schützen für einen Wettkampf zu suchen! Nun, du hast mich neugierig gemacht, und die Burschen sollen kommen. Vierzig Tage haben sie freies Geleit und können kommen und gehen, wie es ihnen gefällt; es soll ihnen kein Härchen gekrümmt werden, wer immer sie sein mögen. Wenn sie wirklich besser schießen als meine Schützen, sollen sie den Preis bekommen. Da du dich auf einmal um Wettkämpfe kümmerst, hast du vielleicht auch Lust, eine Wette auf deine Schützen abzuschließen?« sagte der König in allerbester Laune.

»Wenn es dir ein Vergnügen macht, gerne«, antwortete die Königin und lachte auch. »Wieviel setzt du auf deine Schützen?«

»Zehn Fässer Wein, zehn Fässer Bier, zehn Bogen mit Köchern und Pfeilen«, sagte der König ohne Zögern, denn er betrachtete die ganze Geschichte als einen gelungenen Scherz. Außerdem liebte er Wetten und war felsenfest überzeugt, daß seine Schützen gewinnen würden.

Die Höflinge schmunzelten; es war wirklich komisch, daß König und Königin eine Wette miteinander abschlossen.

»Die Wette nehme ich an; meine Schützen werden diese Sachen gut brauchen können und sich darüber freuen«, sagte die Königin. »Wer ist auf meiner Seite?« Sie sah das Gefolge an, aber kein Höfling wollte gegen die besten Schützen des Landes wetten. Jeder dachte bei sich, daß Tepus, Gilbert und Clifton bestimmt gewinnen und er selbst nur verlieren würde. »Wer unterstützt meine Wette? Kann ich auf dich rechnen, Bischof von Hereford?«

»Nein, Wetten und solche Dinge stehen einem Mann meines Standes nicht an«, antwortete der Bischof hastig. »Außerdem gibt es auf der ganzen Welt keine besseren Bogenschützen als die Seiner Majestät, und ich würde nur mein Geld verlieren.«

»Mir scheint, die Angst, Geld zu verlieren, wiegt schwerer als die Rücksicht auf deinen geistlichen Stand«, antwortete die Königin. Das Gefolge kicherte ungeniert, denn alle wußten, wie der Bischof von Hereford am Geld klebte. Dann wandte sich die Königin an einen Ritter: »Du bist doch reich genug, um solch eine Wette anzunehmen?«

»Ich nehme die Wette an, um meiner Königin einen Gefallen zu erweisen«, antwortete Sir Robert. »Sonst würde ich keinen Pfennig gegen Tepus, Gilbert und Clifton setzen, denn kein Schütze kann sie übertreffen.«

Da sprach die Königin zum König: »Die Hilfe, die Sir Robert mir bietet, will ich nicht. Ich setze meinen juwelengeschmückten Gürtel ein, der gewiß mehr wert ist als Wein, Bier und Bogen.«

»Die Wette nehm' ich an. Nun laß deine geheimnisvollen Schützen holen, während unsere besten zehn zur letzten Runde antreten«, sagte der König.

Königin Eleanor gab Richard Partington ein Zeichen; der Page verbeugte sich und ging. Er überquerte den Festplatz und verschwand auf der anderen Seite in der Menge. Die Höflinge flüsterten verwundert miteinander.

Die zehn besten Schützen nahmen ihre Plätze ein. Die Menge verstummte und hielt den Atem an. Man hörte jeden einzelnen Pfeil in die Zielscheiben einschlagen. Erst als die Schiedsrichter das Ergebnis bekanntgaben, erhob sich ein mächtiger Jubelschrei. Gilbert mit der Weißen Hand hatte alle drei Pfeile genau im weißen Mittelpunkt der Zielscheibe stecken und damit den ersten Preis errungen. Tepus hatte zwei Pfeile im Weiß und einen im schwarzen Ring dicht daneben und lag auf dem zweiten Platz. Clifton war von Hubert von Suffolk überrundet worden. Beide hatten zwar zweimal genau in die Mitte getroffen, aber Cliftons dritter Pfeil steckte auf dem vierten äußeren Ring und Huberts Pfeil nur im dritten.

Die Schützen aus Gilberts Kompanie schrien vor Begeisterung, bis sie heiser waren. Mitten in all dem Siegesjubel führte Richard Partington, den fast alle Leute kannten, vier Fremde über den Turnierplatz zum Thronsitz des Königs. Einer der Fremden war ganz in Blau gekleidet, einer in Rot und zwei in Jägergrün. Alle vier trugen große, mit Silber und Gold verzierte Bogen. Gleichzeitig lief ein Bote des Königs über die Wiese und befahl Gilbert, Tepus und Hubert, mitzukommen. Die Zuschauer merkten schon, daß irgend etwas Unerwartetes vor sich ging.

Die vier Freisassen knieten vor dem König und seiner Gemahlin nieder und zogen ihre Mützen. König Heinrich beugte sich vor und sah sie prüfend an. Der Bischof von Hereford aber zuckte zusammen, als habe ihn eine Wespe gestochen. Er öffnete den Mund, um etwas zu sagen, fing den lächelnden Blick der Königin auf und klappte den Mund wieder zu. Sein Gesicht wurde so rot wie der Purpur seines Gewandes.

»Locksley, ich habe mit dem König gewettet, daß du und deine beiden Freunde jedem Bogenschützen überlegen seid, den der König gegen euch antreten läßt. Willst du um meinetwillen dein Bestes tun?« sagte die Königin zu Robin Hood.

»Ja, zu Ehren meiner Königin will ich mein Bestes tun und nie wieder schießen, wenn ich Euch enttäusche«, antwortete Robin.

In der Kemenate der Königin war Klein-John ziemlich verschüchtert gewesen; jetzt, da seine Sohlen wieder grünes Gras berührten, gewann er seine alte Selbstsicherheit zurück, und so warf er keck ein: »Wenn ein Kerl es wagen sollte, nicht sein Bestes für unsere schöne, gute Königin zu tun, dann sagt es mir nur, und er kann was erleben!«

»Pst, Klein-John!« flüsterte Robin hastig, aber die Königin lachte vergnügt, und auch die Höflinge lächelten.

Der Bischof von Hereford verzog keine Miene, und der König fragte die Königin: »Wer sind diese Männer?«

Der Bischof von Hereford konnte nicht länger schweigen und kam der Königin zuvor: »Euer Majestät, der Bursche in Blau ist ein geächteter Schurke, der im Sherwoodwald haust und Robin Hood heißt. Der große Grobian da wird kleiner John genannt und der andere Bursche in Grün Will Rotwams. Der im roten Gewand heißt Allan aus Dale und ist ein nichtsnutziger fahrender Sänger.«

188

Der König runzelte ärgerlich die Brauen und wandte sich an die Königin: »Ist das wahr?« fragte er streng.

»Ja«, gab die Königin lächelnd zu. »Der Bischof kennt sie alle vier sehr gut, denn er hat einmal drei fröhliche Tage mit Robin Hood auf der Jagd verbracht. Wer hätte gedacht, daß der Bischof so schlecht über seine Freunde sprechen und sie verraten würde? Sicher vergißt du nicht, daß du diesen kühnen Freisassen vierzig Tage lang freies Geleit versprochen hast.«

»Ich halte mein Wort«, antwortete der König verstimmt. Inzwischen waren Gilbert, Tepus und Hubert herangekommen und hatten verwundert zugehört. Nun sagte der König zu seinen besten Bogenschützen: »Ich habe versprochen, daß ihr gegen diese drei Burschen antretet. Wenn ihr gewinnt, füll' ich eure Mützen mit Silberpfennigen; wenn ihr unterliegt, verliert ihr auch noch die Preise, die ihr schon gewonnen habt. Tut euer Bestes! Wenn ihr diesen Wettkampf gewinnt, sollt ihr bis zum letzten Tag eures Lebens froh darüber sein. Nun geht.«

Gilbert, Tepus und Hubert kehrten zurück in die Zelte ihrer Kompanien und berichteten ihren Kameraden, daß sie jetzt noch einmal mit diesen Fremden um die Wette schießen müßten, die keine anderen als der berühmte Robin Hood und drei seiner Freunde seien. Diese unglaubliche Neuigkeit verbreitete sich in Windeseile unter den Bogenschützen und den Zuschauern. Alle hatten schon von Robin Hood und seinem Leben im Sherwoodwald gehört, und alle reckten nun die Hälse, um den berühmten Geächteten und seine Freunde zu sehen.

Sechs neue Zielscheiben wurden aufgestellt, eine für jeden Schützen. Gilbert, Tepus und Hubert kamen wieder aus den Zelten. Robin Hood und Gilbert mit der Weißen Hand warfen eine Münze, und dieses Los entschied, daß Gilbert beginnen durfte. Er bestimmte Hubert von Suffolk als ersten Schützen.

Hubert nahm seinen Platz ein und zielte langsam und sorgfältig. Der erste Pfeil traf in den weißen Kreis in der Mitte, der zweite ebenfalls, aber der dritte schlug kaum einen Fingerbreit davon entfernt in den schwarzen Ring ein.

»Du mußt dir Mühe geben, wenn du das übertreffen willst. Jetzt bist du an der Reihe, Will. Mach Sherwood keine Schande«, sagte Robin.

Will Rotwams hob den Bogen, aber er verdarb den ersten Schuß durch übertriebene Vorsicht. Der Pfeil traf den zweiten schwarzen Ring von der Mitte her. Robin biß sich auf die Lippen. »Halt die Schnur nicht so lang, Will, und sei nicht zaghaft«, sagte er. Den zweiten und dritten Pfeil schickte Will genau in die Mitte. Trotzdem hatte Hubert besser geschossen, und die Zuschauer spendeten ihm lauten Beifall.

»Wenn deine Schützen nicht besser schießen, verlierst du deine Wette, meine Liebe«, bemerkte der König triumphierend zu seiner Gemahlin.

Königin Eleanor lächelte nur.

Jetzt trat Tepus vor. Auch er wollte seine Sache ganz besonders gut machen und beging den gleichen Fehler wie Will Rotwams. Der erste Pfeil traf nur den ersten Ring; aber der zweite traf in die Mitte, und der letzte in den winzigen schwarzen Punkt mitten im weißen Zielkreis.

»Das ist der beste Schuß, der heute getan wurde«, sagte Robin anerkennend. »Trotzdem kannst du alle Hoffnung fahren lassen, Freund Tepus, denn dein Gegner ist Klein-John.«

Klein-John schoß seine drei Pfeile blitzschnell hintereinander ab; er senkte nicht einmal zwischendurch den Bogen, um den nächsten Pfeil einzulegen. Alle drei Pfeile trafen in die Mitte. Kein einziger Beifallsruf wurde laut. Es waren bis jetzt die drei besten Schüsse, aber den Leuten aus London gefiel es nicht, daß Tepus von einem Burschen vom Land besiegt wurde, mochte er auch so berühmt sein wie Klein-John.

Gilbert mit der Weißen Hand stellte sich vor seiner Zielscheibe auf, zielte sorgfältig und schickte zum drittenmal an diesem Tag alle drei Pfeile genau in die Mitte.

»Bravo, Gilbert«, sagte Robin Hood und schlug ihm auf die Schulter. »Du bist der beste Bogenschütze, den ich je gesehen habe. Du solltest wie wir frei und fröhlich im Walde leben. Dorthin paßt du besser als in die grauen Mauern von London.« Mit diesen Worten hatte Robin schon seinen Platz eingenommen, den Bogen gehoben und den ersten Pfeil eingelegt.

»Heiliger Hubertus, wenn du dem Burschen solch einen Rippenstoß gibst, daß er nicht einmal den zweiten schwarzen Ring trifft, bekommst du hundert dicke Wachskerzen für deine Kapelle von mir«, murmelte der König in seinen Bart. Vielleicht hatte Sankt Hubertus Wachs in den Ohren, oder er war gerade anderweitig beschäftigt, denn er erhörte das Stoßgebet des Königs nicht.

Gilbert stand dicht neben Robin, um ihm zuzusehen. »Du solltest uns einmal im Sherwoodwald besuchen«, sagte Robin und spannte die Bogenschnur. »In London kannst du nur auf hölzerne Zielscheiben oder auf Krähen schießen...« Robin ließ den Pfeil danvonschnellen, »... aber bei uns kannst du die edelsten Hirsche von ganz England erlegen.« So schoß Robin, während er gleichzeitig mit Gilbert sprach, und der Pfeil traf haarscharf in die Mitte.

»Bist du der Teufel in Blau, um so zu schießen?« schrie Gilbert verblüfft.

»Nein, so schlimm bin ich bestimmt nicht«, lachte Robin, und schon surrte der zweite Pfeil davon und schlug kaum ein paar Millimeter neben dem ersten in die Scheibe. Den dritten Pfeil schickte Robin genau zwischen die ersten beiden, so daß die Federn sich zusammendrückten und die drei Pfeile wie ein einziger dicker Pfeil mitten im Ziel steckten.

Ein bewunderndes Murmeln lief durch die Menge, die den fairen Sieg über die drei besten Bogenschützen des Königs anerkannte. Gilbert schüttelte Robin die Hand und beglückwünschte ihn. Nur der König wollte den Sieg nicht anerkennen.

»Nein, Gilbert ist noch nicht geschlagen!« schrie er wütend. »Er hat auch dreimal die Mitte getroffen! Ich habe meine Wette verloren, aber Gilbert noch nicht den ersten Preis. Sie sollen noch einmal eine Runde schießen, und wenn es sein muß, noch eine und noch eine, so lange, bis einer von beiden den anderen wirklich übertrifft! Sag ihnen das, Sir Hugh!«

Der Herold des Königs wollte den Zorn des Königs nicht noch mehr herausfordern und ging, ohne ein Wort zu entgegnen.

»Wenn es unserem Herrn und König Spaß macht, schieße ich bis morgen früh weiter«, antwortete Robin Hood dem Herold. »Geh auf deinen Platz und fang an, Gilbert.«

Doch diesmal hatte Gilbert Pech. Eine winzige Brise drückte seinen Pfeil zur Seite, so daß er nicht genau in der Mitte einschlug, sondern um eine Strohhalmbreite daneben.

»Die Sterne sind gegen dich, armer Freund«, lachte Robin, schoß und traf genau in die Mitte.

Der König erhob sich von seinem Thronsitz, sah sich stumm und böse um, und ein Gewitter wäre über den Höfling losgebrochen, den der König in diesem Augenblick mit einem fröhlichen Gesicht erwischt hätte! Knappen führten eilig die Pferde herbei: der König stieg auf und verließ grollend den Festplatz.

Kaum war der König mit seinem Gefolge verschwunden, da umringten die Schützen Robin Hood und seine Gefährten, die sich mit Gilbert, Tepus und Hubert freundschaftlich unterhielten. Auch die Zuschauer stürzten auf den Rasen, bildeten einen dichten Ring und starrten die Freisassen aus dem Sherwoodwald an wie Wundertiere.

Die drei Schiedsrichter kamen, um den Siegern die Preise zu übergeben. Der erste sagte zu Robin: »Nimm das silberne Jagdhorn, den Köcher mit den goldenen Pfeilen und den Beutel mit fünfzig Pfund in Gold; du hast sie ehrlich gewonnen.« Dann wandte er sich an Klein-

Blau, rot und grün waren die Kleider der Fremden

John: »Du darfst hundert Hirsche im Wald von Dallen abschießen.«
Zu Hubert von Suffolk sprach er: »Dir bleibt der dritte Preis. Sag uns,
wohin wir dir die zwei Fässer Wein bringen sollen.« Dann rief der
Schiedsrichter die anderen sieben Schützen herbei, die an der letzten
Runde teilgenommen hatten und von denen jeder der Beste seiner Kom-
panie war, und gab jedem achtzig Silberpfennige.

»Das silberne Jagdhorn behalte ich zu Ehren dieses Wettkampfes«,
sagte Robin Hood. »Du bist der beste Schütze der königlichen Truppen,
Gilbert, und deshalb will ich den Preis mit dir teilen. Nimm du den
Beutel Gold. Den zehn Meisterschützen der letzten Runde schenke ich
die zehn goldenen Pfeile, einen für jeden. Hebt ihn zur Erinnerung auf,
damit eure Enkel erfahren, daß ihr Ahne zu den zehn besten Schützen
des Landes gehörte.«

Alle Bogenschützen schwenkten ihre Mützen und schrien: »Hoch
lebe Robin Hood!«

Da meldete sich Klein-John: »Auch ich will meinen Preis verschen-
ken, denn im Sherwoodwald kann ich soviel jagen, wie es mir gefällt.
Fünfzig Hirsche sollen dir gehören, Freund Tepus, und fünf jeder Schüt-
zenkompanie, die sie unter sich verlosen mag.«

Wieder schrien die Schützen »Hurra!« und sagten zueinander, daß
Robin Hoods Freunde feine Kerle und faire Kämpfer seien.

Plötzlich drängte sich ein hochgewachsener Soldat der Leibwache
durch die lärmende, fröhliche Menge und zupfte Robin Hood am
Ärmel: »Komm her, ich muß dir etwas ins Ohr flüstern«, begann er.
»Der Page Richard Partington konnte in dem Gewühl nicht zu dir vor-
dringen und hat mich deshalb gebeten, dir eine Botschaft von einer Dame
zu überbringen. Er hat mir sehr ans Herz gelegt, daß ich keinem Menschen ein Wort davon verraten soll und dir die Nachricht nur zuflüstern
darf. Unter uns gesagt: ich finde, für solch eine komische Botschaft sollte
man keinen ausgewachsenen Mann auf den Weg schicken, der schließlich

Wichtigeres im Kopf hat; aber vielleicht kannst du doch etwas damit anfangen: ›Der Löwe knurrt. Paß auf!‹«

»Vielen Dank, guter Freund, du hast mir einen großen Dienst erwiesen!« antwortete Robin, der sofort begriff, daß diese Botschaft von der Königin kam und bedeutete, daß der König zornig war. Robin Hood rief seine Gefährten herbei und erklärte ihnen schnell, daß sie sofort aus London verschwinden müßten. Sie verabschiedeten sich von den Meisterschützen, die sie noch nicht gehen lassen wollten, drängten sich durch die Menge und schlugen den kürzesten Weg nach Norden ein.

Es war ein Glück, daß Robin Hood und seine Freunde den Festplatz auf dem Finsbury Feld so schnell verließen. Sie konnten kaum drei oder vier Meilen weit sein, als sechs Soldaten der Leibwache des Königs dort erschienen, um die Freisassen gefangenzunehmen. Die Menge vergnügte sich noch immer auf dem Turnierplatz, aber die Soldaten suchten vergeblich nach den Schützen aus dem Sherwoodwald. Der Bischof von Hereford war schuld daran, daß König Heinrich so schnell sein Versprechen brach.

Nachdem der König den Turnierplatz verlassen hatte, ging er schnurstracks in sein Kabinett. Der Bischof von Hereford und Sir Robert Lee folgten ihm, aber der König sprach kein Wort mit ihnen. Die Galle lief ihm beinahe über. Er setzte sich nieder und starrte vor sich hin.

Endlich sagte der Bischof von Hereford mit leiser, bekümmerter Stimme: »Es ist wirklich eine Schande, daß dieser Bandit einfach so entkommen soll, Majestät. Sobald er sicher im Sherwoodwald sitzt, macht er sich wieder über König und Sheriff lustig.«

»Wenn die vierzig Tage verstrichen sind, werde ich dir beweisen, wie sehr du dich irrst, Bischof«, antwortete der König grimmig. »Ich werde diesen Burschen fangen, und wenn ich den ganzen Sherwoodwald abholzen lassen muß, um ihn aus seinem Fuchsbau aufzustöbern! Glaubst du vielleicht, ein armer Teufel ohne Geld und einflußreiche Freunde kann ungestraft die Gesetze des Königs von England mißachten?«

Der Bischof von Hereford entgegnete mit der gleichen leisen, salbungsvollen Stimme: »Verzeiht mir meine Kühnheit, Majestät, und

195

glaubt mir, daß mir nur der Wunsch Eurer Majestät und das Wohl des Landes am Herzen liegen. Was würde es nützen, jeden einzelnen Baum im ganzen Sherwoodwald zu fällen? Hat England nicht andere riesige Wälder, in denen Robin Hood sich verkriechen kann? Vom Sherwoodwald ist es nicht weit zu den Wäldern von Cannock Chase, und hinter diesen liegt der Wald von Arden. Rundum in den Grafschaften von Nottingham und Derby, Lincoln und York breiten sich Wälder aus. Dort kann man Robin Hood genausowenig fangen wie eine Maus in einem Getreidespeicher. Wenn der Bursche jetzt im Sherwoodwald verschwindet, erreicht ihn nie wieder der Arm des Gesetzes.«

Der König trommelte zornig mit den Fingerspitzen auf die Tischplatte: »Was willst denn du mir raten? Hast du nicht gehört, wie ich der Königin mein Wort gab? Deine Reden sind leerer Wind, Bischof!«

»Ich käme niemals auf den Gedanken, einem klugen Herrscher wie Eurer Majestät einen guten Rat geben zu wollen«, antwortete der gerissene Bischof. »Aber wenn ich König von England wäre, würde ich die Sache so betrachten: Ich habe der Königin mein Wort gegeben, aber ich wußte nicht, um wen es ging. Nehmen wir einmal an, ich hätte der Königin mein Wort gegeben, alles zu tun, was sie wünscht, und sie würde dann verlangen, daß ich mich umbringe. Würde ich dann die Augen schließen und mich in mein Schwert stürzen? Es wäre eine Dummheit, ein hastig gegebenes Versprechen zu halten, wenn mir dadurch der größte Bandit des Landes entwischt. Außerdem würde ich mir überlegen, daß eine Frau nichts vom Regieren versteht und wankelmütig ist. Sie pflückt gedankenlos eine Blume am Wegrand, riecht einmal daran und wirft sie fort. Genauso schnell wird sie vergessen, daß sie den Geächteten zum Schützenwettkampf einlud. Wichtig ist nur, daß ich den Burschen in der Hand habe und ihn nicht zwischen den Fingern hinausschlüpfen lassen darf. So würde ich die Sache betrachten, wenn ich König von England wäre«, schloß der Bischof.

König Heinrich hörte auf diesen bösen Rat und befahl Sir Robert Lee, sechs Soldaten der Leibwache auszusenden, um Robin Hood und seine Freunde gefangenzunehmen.

Sir Robert Lee war ein Edelmann, dem nichts über das Ehrenwort eines Ritters ging. Er war entrüstet, daß der König so leicht sein Versprechen brach, aber er schwieg, damit der König nicht noch zorniger würde. Doch statt den Befehl des Königs sofort auszuführen, ging Sir Robert Lee zuerst zur Königin, berichtete ihr, was geschehen war, und ließ ihr Zeit, Robin Hood zu warnen. Das tat Sir Robert Lee nicht, weil er Robin Hood schätzte, sondern nur, um die Ehre des Königs zu retten. So kam es, daß Robin und seine Freunde einen Vorsprung hatten, als die Soldaten der Leibwache auf dem Finsbury Feld erschienen.

Der Nachmittag neigte sich schon, als Robin, Klein-John, Will und Allan vom Turnierplatz aufbrachen. Bald versank die Sonne langsam im Westen und tauchte alles in rosiges Licht. Die Schatten wurden länger und gingen allmählich in das verschwommene Grau der Dämmerung über. Der staubige Weg zeichnete sich noch hell zwischen den dunklen Hecken ab. Die vier Freunde marschierten wie vier schwarze Silhouetten dahin. Ihre Schritte und ihre Stimmen klangen klar durch den stillen Abend. Der Mond hing wie eine kugelrunde Laterne am Himmel, als vor ihnen der Kirchturm von Barnet aufragte, zehn oder zwölf Meilen von London entfernt. Sie schritten durch die engen Gassen, in denen die Häuser überhängende Giebel haben. Händler und Handwerker saßen mit ihren Familien vor den Haustüren und genossen den warmen Sommerabend. Das letzte Haus des Ortes war ein kleines Wirtshaus, an dem sich Geißblatt und Rosen hochrankten.

»Wir haben London und den Zorn des Königs schon weit hinter uns gelassen. Hier wollen wir übernachten und uns vorher an einem guten Mahl stärken. Was meint ihr?« sagte Robin.

»Ich bin einverstanden; ich habe Hunger«, antwortete Klein-John.

»Mir wäre es ehrlich gesagt lieber, wenn wir noch ein gutes Stück Weg zurücklegten, ehe wir rasten, Onkel Robin«, meinte Will Rotwams. »Aber wenn du meinst, wir könnten es wagen, dann wollen wir hier einkehren.«

Sie traten also ein und bestellten sich das Beste, was Küche und Keller bieten konnten. Die lange Wanderung hatte sie hungrig gemacht; sie fielen mit Heißhunger über das Essen her, verputzten alles ratzekahl und ließen keinen Krümel übrig. Sie saßen noch bei einem Becher Wein, als der Wirt hereinkam und meldete, ein junger Page aus dem königlichen Gefolge warte draußen und wolle den Burschen in Blau sofort sprechen. Robin sprang auf und ging hinaus.

Vor dem Wirtshaus saß Richard Partington auf seinem Schimmel und wartete.

»Was für Nachrichten bringst du, edler Page?«

»Leider nur schlechte«, antwortete Richard Partington. »Der Bischof von Hereford hat den König so gegen dich aufgehetzt, daß er dich schon auf dem Turnierplatz gefangennehmen lassen wollte. Weil die Soldaten dich dort nicht mehr erwischt haben, schickt der König jetzt tausend Mann hinter dir her, die dich abfangen sollen, ehe du den Sherwoodwald erreichst. Die Befehlsgewalt hat der Bischof von Hereford. Du weißt selbst, was du von dem zu erwarten hast. Zwei berittene Trupps folgen mir dicht auf den Fersen. Du mußt sofort weiter, sonst magst du schon diese Nacht in einem kalten Verlies verbringen. Die Königin schickt mich mit dieser Warnung zu dir.«

»Du rettest mir zum zweitenmal das Leben, Richard Partington. Das will ich dir nie vergessen. Sag deiner guten Königin, daß ich sofort aufbreche und dem Wirt erkläre, wir würden in St. Albans erwartet. Ich werde mich von meinen Freunden trennen. Wir wollen versuchen, den Sherwoodwald auf verschiedenen Wegen zu erreichen. Wenn ich dann den Soldaten in die Hände falle, entkommen wenigstens meine Gefährten. Wenn ich den Bischof von Hereford noch einmal erwische, kommt er nicht so billig davon wie beim erstenmal. Ich danke dir und wünsche dir guten Heimritt«, sagte Robin.

»Leb wohl, guter Freund. Mögest du den Sherwoodwald sicher erreichen«, antwortete Richard Partington.

Sie schüttelten einander die Hand, und der Page ritt durch die Nacht davon. Als Robin die Gaststube betrat, sahen ihn seine Gefährten erwartungsvoll an. Der Wirt stand neben dem Tisch, neugierig, was ein königlicher Page mit diesen Burschen zu tun habe. »Vorwärts, Freunde, wir müssen weiter. Man erwartet uns in St. Albans«, sagte Robin, zog die Börse und bezahlte.

Sobald sie aus dem Ort heraus waren, berichtete Robin seinen Freunden, welche Nachricht Richard Partington gebracht hatte. Er schlug ihnen vor, sich hier zu trennen und zuerst nach Osten zu wandern, um den Sherwoodwald fern der großen Landstraße auf kleinen Nebenpfaden zu erreichen. Er selbst wollte einen Bogen nach Westen schlagen. Seine Freunde waren nicht ganz damit einverstanden, daß Robin der Gefahr alleine entgegentreten wollte, aber sie fügten sich. Robin verabschiedete sich von ihnen, und sie trennten sich.

Nicht lange danach hallten die engen, mit Kopfsteinen gepflasterten Gassen von Barnet von Hufegetrappel wider. Ein Trupp von zwanzig Reitern hielt vor dem Wirtshaus. Die Soldaten sprangen aus den Sätteln und umstellten das Haus, während vier von ihnen in die Wirtsstube eindrangen. Aber die Vögel waren längst ausgeflogen.

»Der Bursche in Blau hat gesagt, sie müßten heute noch nach St. Albans. Sie können noch nicht weit sein; ihr holt sie sicher ein«, meinte der Wirt.

Die Soldaten stiegen wieder auf und preschten wie die wilde Jagd auf dem Weg nach St. Albans davon.

Klein-John, Will Rotwams und Allan aus Dale verließen die große Landstraße bei Barnet. Sie marschierten, so schnell ihre langen Beine sie nur tragen konnten, nach Osten, bis sie Chelmsford in Essex erreichten. Dann schwenkten sie nach Norden ab und kamen durch Cambridge und Lincolnshire zur Stadt Gainsborough. Von dort aus schlugen sie einen Haken nach Südwesten und stießen so auf den nördlichen Saum des Sherwoodwaldes, ohne einen einzigen Soldaten des Königs auch nur von ferne erspäht zu haben. Doch als sie nach acht Tagen Wanderung die sicheren Tiefen des Waldes erreichten, war Robin Hood noch nicht zurückgekehrt.

Leider hatte Robin nicht so viel Glück wie seine Freunde, obwohl auch er sieben Tage wanderte, ohne einem Soldaten zu begegnen. Er schlug einen großen Bogen nach Nordwesten, der ihn bis nach Dudley in Staffordshire führte. Dann fand er, er sei hoch genug im Norden, und wanderte schnurgerade nach Osten. Über kleine Feld- und Waldpfade kam Robin gut bis Stanton. Er freute sich und glaubte, daß nun alle Gefahr vorüber sei und er bald wieder in seinem geliebten Sherwoodwald sein werde. Robin konnte nicht ahnen, was seit seinem Aufbruch in Barnet geschehen war.

Als der erste Reitertrupp merkte, daß er umsonst nach St. Albans geritten war, wußten die Soldaten nicht, was sie tun sollten. Also warteten sie zunächst, bis der nächste Trupp eintraf. St. Albans tat in dieser Nacht kein Auge zu; das ganze Dorf wimmelte von Soldaten. Mit dem Morgengrauen traf der Großteil der berittenen Truppen ein, und mit ihnen der Bischof von Hereford höchstpersönlich. Als er hörte, daß Robin schon wieder aus der Falle geschlüpft sei, ritt er ohne eine Minute zu verlieren nach Norden weiter und hinterließ den Befehl, alle anderen Truppen hätten ihm unverzüglich zu folgen. Am Abend des vierten Tages erreichte der Bischof Nottingham. Dort verteilte er alle seine Soldaten in kleine Gruppen von je sechs Mann und ließ sie rund um den ganzen Sherwoodwald ausschwärmen und jede Straße, jeden Pfad, jeden Weg und Steg abriegeln. Auch der Sheriff von Nottingham ließ seine Soldaten ausziehen; er wollte die günstige Gelegenheit nicht verpassen, sich an Robin Hood zu rächen, ohne sich selbst in Gefahr zu begeben. Einen Tag, nachdem Klein-John, Will Rotwams und Allan aus Dale den Waldessaum erreicht hatten, waren alle Wege, die sie gezogen waren, von Soldaten blockiert.

Doch von all dem ahnte Robin Hood nichts. Er schritt tapfer aus, und als ein kleiner Bach seinen Pfad kreuzte, verließ er den Weg, um zu trinken. Der Bach lief durch eine schmale Senke mit dichtem Unterholz. Robin kniete am Ufer nieder und schöpfte das Wasser mit der hohlen Hand. Wie er so am Bachrand kauerte und trank, schwirrte plötzlich ein Pfeil dicht an seinem Kopf vorbei und fiel klatschend vor ihm ins Wasser. Wie der Blitz sprang Robin auf und mit einem Satz über den Bach. Ehe er im Gebüsch verschwand, folgten ihm noch sechs Pfeile. Einer davon traf ihn in die Seite und hätte ihn durchbohrt, wenn Robin nicht sein dichtes Kettenhemd getragen hätte. Die Soldaten des Königs sprengten in vollem Galopp heran, sprangen von den Pferden und stürzten hinter Robin her ins Dickicht. Doch in Wald und Feld war Robin besser zu Hause als seine Verfolger, und so gelang es ihm, sie weit hinter sich zu lassen und zu entkommen. Bald erreichte er einen anderen Weg. Er blieb einen Augenblick stehen und lauschte auf die fernen Rufe der Soldaten, die im Unterholz hin- und herrannten wie Jagdhunde, die plötzlich die Fährte des Wildes verloren haben. Dann schnallte Robin seinen Gürtel fester und rannte weiter nach Osten. Weit kam er leider nicht. Von der Kuppe des nächsten Hügels aus sah er unten im Tal einen Trupp Soldaten im Schatten eines Baumes neben dem Feldweg sitzen. Robin schlug wie ein Hase einen Haken und rannte zurück, woher er gekommen war. Er wußte genau, daß er den Soldaten im Dickicht leichter entkommen konnte als denen, die unten im Tal im freien Feld warteten. Robin kam tatsächlich sicher durch die Bachsenke und rannte dann wie ein Windhund Meile um Meile, bis er beinahe Derby erreicht hatte. Erst dann gönnte er sich eine Atempause und setzte sich unter die Hecke neben dem Weg, um sich auszuruhen.

Mit so knapper Not bist du noch niemals davongekommen, alter Knabe, sagte Robin zu sich. Ich könnte beschwören, daß die Federn des Pfeils mich am Ohr gekitzelt haben. Und von dieser Rennerei bin ich hungrig geworden. Hoffentlich schickt mir der heilige Dunstan etwas zu essen und zu trinken.

Der heilige Dunstan erhörte Robins Stoßseufzer sofort. Er schickte ihm Quince, den Schuhmacher aus Derby, der einem Bauern ein Paar Schuhe gebracht hatte und nun wieder auf dem Heimweg war. Der Bauer hatte Quince aus Freude über die gut gearbeiteten Schuhe einen gebratenen Kapaun und eine Lederflasche voll Bier geschenkt. Der Schuster war ein ehrlicher Bursche, aber nicht sehr gescheit. Der einzige Gedanke, der ihm auf dem langen Heimweg immerzu im Kopf herumging, war: »Drei Schilling und sechs Pfennige für die Schuhe ... drei Schilling und sechs Pfennig für die Schuhe.«

»Hallo, guter Freund, wohin an diesem schönen Tag?« rief Robin ihm zu.

Der Schuster blieb stehen und antwortete dem gutgekleideten Fremden höflich: »Guten Tag, ich bin Quince, der Schuster aus Derby. Ich komme aus Kirk Langly. Dort habe ich ein paar Schuhe für drei Schilling und sechs Pfennige verkauft. Es ist ehrlich verdientes Geld, denn es waren sehr gute Schuhe. Jetzt geh' ich wieder nach Hause. Und was machst du hier, wenn ich so kühn fragen darf?«

»Ich sitze hier, um goldenen Vögeln Salz auf den Schwanz zu streuen«, antwortete Robin. »Aber du bist der erste nützliche Vogel, den ich heute zu sehen bekomme.«

Bei diesen Worten riß der Schuster Mund und Augen auf. »Goldene

Vögel? So etwas hab' ich noch nie gesehen. Gibt es das wirklich hier in diesen Hecken?«

»So viele wie Forellen im Bach«, sagte Robin.

»Und du kannst sie wirklich fangen, wenn du ihnen Salz auf den Schwanz streust?« Der Schuster machte immer größere Augen.

»Ja, aber nur mit einem ganz besonderen Salz. Man muß ein Viertel eines Mondstrahles in einer hölzernen Schüssel verdunsten lassen, um eine winzige Prise Zaubersalz zu gewinnen. Aber was trägst du dort in deinem dicken, runden Beutel und in der Lederflasche?«

Der Schuster betrachtete Beutel und Flasche, als habe er beide Gegenstände noch niemals vorher gesehen, denn über der Neuigkeit von den goldenen Vögeln hatte er alles andere um sich vergessen. Er brauchte eine Weile, bis er in die Wirklichkeit zurückfand: »In der Flasche ist Bier und im Beutel ein gebratener Kapaun. Den hat mir der Bauer geschenkt, weil er mit meiner guten Arbeit zufrieden war. Das wird heute Abend ein feines Festmahl!«

»Hör mal, guter Schuster, wollen wir nicht tauschen? Ich gebe dir mein blaues Wams und zehn Schilling, und du gibst mir dafür dein Wams, deine Lederschürze, das Bier und den Kapaun«, schlug Robin vor.

»Du machst dich wohl über mich lustig? Mein Wams ist alt und geflickt, und deines ist aus gutem Tuch und noch ganz neu«, antwortete der Schuster.

»Ich meine es ernst.« Robin zog schon sein Wams aus. »Obendrein sollst du mir helfen, den fetten Kapaun aufzuessen.«

Da legte auch der Schuster seine Lederschürze und sein Wams ab, denn Robins schöner blauer Anzug gefiel ihm. Robin gab dem ehrlichen Schuster zehn glänzende Münzen. Dann machten sie sich zusammen über den Kapaun her, bis nur noch die weißen abgenagten Knochen übrig waren. Sie hatten kaum den letzten Bissen hinuntergeschluckt, da preschten plötzlich sechs Reiter heran, sprangen aus den Sätteln, stürzten sich auf den Schuster im blauen Wams, zerrten ihn hoch und rissen ihm dabei beinahe die Kleider vom Leib.

»Jetzt haben wir dich!« schrie der Anführer erfreut. »Jetzt bekommen wir die achtzig Pfund in Gold, die der Bischof von Hereford dem Trupp versprochen hat, der dich tot oder lebendig bringt!«

Der arme Schuster starrte die Soldaten entsetzt an. Sein Mund stand offen, als blieben ihm alle Worte im Halse stecken.

Auch Robin schaute die Soldaten an, als wüßte er nicht, was das alles bedeuten sollte. Endlich meinte er: »Träum' ich oder wach' ich? Was soll der Aufruhr? Gewiß ist das ein ehrlicher Mann, der hier am Wege rastete.«

»Du weißt nicht, wen du vor dir hast, du dummer Kerl«, antwortete ein Soldat dem falschen Schuster. »Das ist Robin Hood!«

Der richtige Schuster wurde immer fassungloser. In seinem armen Kopf wirbelten die Gedanken herum wie Hafer und Spreu beim Dreschen auf der Tenne. Er starrte Robin Hood an, der sein Schusterwams und seine Schürze trug und genauso aussah wie er sonst, und wußte vor Schreck und Verwirrung nicht mehr, wer er war. »Bin ich wirklich der andere?« murmelte der richtige Schuster vor sich hin. »Aber ich bin doch Quince, der Schuster!... Nein, ich muß wirklich Robin Hood sein, denn der andere trägt den Lederschurz... Ich verstehe überhaupt nichts mehr... Ich hätte nie gedacht, daß aus einem armen Handwerker solch ein berühmter Freisasse werden kann...«

»Eure Grobheit hat dem armen Burschen den Kopf verwirrt«, sagte Robin Hood zu den Soldaten. »Ich bin Quince, der Schuster aus Derby.«

»Wenn du das bist, muß ich ein anderer sein«, seufzte der richtige Schuster ergeben. »Vielleicht bin ich doch Robin Hood. Nehmt mich mit, Soldaten. Ihr habt den tapfersten Freisassen gefangen, der jemals durch unsere Wälder zog.«

»Willst du den Verrückten spielen?« sagte der Anführer. »Nun, das macht nichts. Wenn du vor dem Bischof stehst, wirst du schnell genug wieder zu Verstand kommen.«

Die Soldaten fesselten dem armen Schuster die Hände auf dem Rükken und führten ihn an einem langen Strick neben ihren Pferden her, so wie ein Bauer ein Kalb vom Markt heimführt. Robin Hood sah ihnen nach und bog sich vor Lachen. Er stellte sich das Gesicht des Bischofs vor, wenn Quince ihm als Robin Hood vorgeführt wurde. Dem einfältigen Schuster würde nichts geschehen.

Robin Hood wanderte weiter gen Osten. Er wollte ohne weiteren Aufenthalt bis zum Sherwoodwald marschieren. Doch Robin hatte seit London schon über hundertvierzig Meilen zurückgelegt und in dieser Woche kaum geschlafen. Nach ein paar Meilen konnte er nicht mehr; seine Füße waren wie Bleiklumpen. Er zwang sich, weiterzulaufen, und gab erst auf, als er ein kleines Wirtshaus erreichte. Die Sonne war kaum untergegangen, aber Robin ließ sich sofort vom Wirt in eine Kammer führen und schlief im selben Augenblick, in dem er den Kopf auf das Kissen legte, ein.

Nicht lange danach türmten sich im Westen schwarze Wolken auf. Hin und wieder leuchtete darunter ein fahles Licht am Horizont. Dumpfes Donnergrollen ertönte in der Ferne. Vier Bürger aus Nottingham suchten eilig in dem kleinen Wirtshaus Zuflucht vor dem Unwetter. Sie übergaben dem Stallburschen ihre Pferde und stärkten sich in der Gaststube an einem guten Mahl. Als der Wirt ihnen sagte, daß er nur noch zwei Schlafkammern habe und sie zu zweien in einem Bett schlafen müßten, brummten sie ein bißchen, aber sie wollten auch nicht bei Nacht und Regen weiterreiten und naß werden.

Der erste Windstoß rüttelte an Türen und Fenstern und wirbelte eine Wolke aus Staub und Blättern auf. Die Tür flog auf, und wie von diesem Windstoß hergetragen erschien ein Mönch aus dem Kloster Emmet in der Gaststube. Seine Kutte aus gutem, weichem Tuch und sein kostbarer

Rosenkranz verrieten, daß er einen hohen Rang bekleidete. Er befahl dem Wirt, zuerst sein Maultier im Stall gut zu versorgen und ihm selbst dann das Beste aufzutischen, was Küche und Keller bieten konnten. Bald zog der gute Duft von Leber und Zwiebeln durch die Gaststube. Der fromme Bruder aß mit herzhaftem Appetit und ließ nur einen winzigen Rest Soße übrig, der nicht einmal eine Maus vor dem Verhungern gerettet hätte.

Inzwischen brach der Sturm los. Ein zweiter Windstoß fegte durch die Baumwipfel, und die ersten dicken Regentropfen klatschten gegen die Fensterscheiben. Wenige Augenblicke später goß es in Strömen. Blitze ließen jeden einzelnen Regentropfen aufleuchten. Der Donner krachte, als ob der heilige Florian rumpelnd riesige Fässer über das Himmelsrund rollen ließe.

Auch der Mönch wollte im Wirtshaus übernachten. Als er nach dem Essen hörte, daß er Kammer und Bett mit einem wandernden Schuster teilen oder mit der harten Ofenbank vorlieb nehmen müsse, grollte er wie der Donner, der sich langsam verzog. In der Kammer hielt er die Kerze hoch und musterte seinen unerwünschten Schlafgenossen. Sein Unmut legte sich etwas, weil der Bursche wenigstens ziemlich sauber war. Da zog der Mönch seine feine Kutte aus und kroch ebenfalls ins Bett. Robin schlief wie ein Murmeltier, brummte etwas im Schlaf und rückte bereitwillig etwas zur Seite, ohne wach zu werden. Wenn er gewußt hätte, wer sich da neben ihm niederließ, wäre er wohl nicht so rücksichtsvoll gewesen. Und wenn der Mönch geahnt hätte, wer der wandernde Schuster war, so hätte er bestimmt lieber bei seinem Maultier im Stroh übernachtet.

Die beiden ungleichen Schläfer störten einander die ganze Nacht nicht. Beim ersten Morgengrauen schlug Robin die Augen auf, drehte den Kopf auf dem Kissen und war im selben Moment hellwach. An der Tonsur erkannte er sofort, wer da neben ihm lag. Er setzte sich im Bett auf und zwickte sich in die Nase, um festzustellen, ob er tatsächlich wach sei. Der fromme Bruder schnarchte friedlich weiter, als ob er sicher in seiner Klosterzelle läge. Robin schüttelte den Kopf und fragte sich: »Wie ist denn der in mein Bett geraten?« Um den Mönch nicht zu wecken, stand Robin leise und vorsichtig auf. Er sah sich in der Kammer um, und sein Blick fiel auf die Kutte, die auf der Bank vor dem Fenster lag. Mit nachdenklichem Gesicht betrachtete Robin zuerst das Kleidungsstück und dann den schlafenden Mönch, »Frommer Bruder, nachdem du dir ungebeten mein Bett geliehen hast, werde ich mir dafür deine Kleider leihen«, überlegte Robin und zog sich rasch die Kutte über den Kopf. Großzügig wie er war, ließ er das Schusterwams und den Lederschurz dafür zurück. Dann schlich er sich leise hinaus.

Der Stallbursche traute seinen Augen nicht; er hatte noch niemals erlebt, daß ein Mönch, der im Wirtshaus übernachtete, so früh aufbrach. Er behielt seine Gedanken jedoch für sich und fragte den frommen Bruder höflich, ob er sein Maultier haben wolle.

»Ja, mein Sohn, bring es mir bitte schnell«, antwortete Robin höchst erfreut darüber, daß er plötzlich ein Reittier hatte und nicht mehr zu Fuß gehen mußte. »Die Zeit eilt, und ich habe heute noch einen weiten Weg vor mir.«

Der Stallbursche sattelte das Maultier, und Robin ritt vergnügt davon.

Die Sonne stand hoch am Himmel, als der Mönch aufwachte und feststellte, daß seine Kutte samt seinem Beutel, der zehn Pfund in Gold enthielt, verschwunden war und stattdessen nur ein geflicktes Schusterwams und ein Lederschurz auf der Bank lagen. Der Mönch fluchte wie ein Fuhrknecht, aber davon kamen Kutte und Beutel auch nicht wieder. Er schrie nach dem Wirt, der ihm nicht helfen konnte, weil er den wandernden Schuster nicht kannte. Da er noch am selben Morgen dringend im Kloster von Emmet erwartet wurde, blieb dem Mönch gar nichts anderes übrig, als sich in Schusterwams und Lederschurz und auf Schusters

Rappen auf den Weg zu machen. Er stieß die schwärzesten Verwün-
schungen aus und schwor allen Schustern in ganz England Rache. Das
Unglück verfolgte ihn weiter. Er war kaum ein paar Meilen weit gegangen, als er den Soldaten des Königs in die Hände lief. Die packten
ihn, ohne lange Umstände zu machen, und fesselten ihn, denn sie wußten bereits, daß Robin Hood das Wams mit dem Schuster aus Derby
getauscht hatte. Vergebens beschwor der Mönch, daß er ein frommer
Bruder aus dem Kloster Emmet sei; vergeblich zeigte er ihnen seine
Tonsur. Die Soldaten glaubten ihm kein Wort und schleppten ihn mit
zum Bischof von Hereford.

Währenddessen ritt Robin Hood zufrieden dahin und kam ungescho-
ren an zwei Trupps Soldaten vorbei. Je mehr er sich dem Sherwoodwald
näherte, desto vergnügter wurde er. In einem schattigen Hain begegnete
er unvermutet einem Ritter. Robin zog die Zügel an und sprang aus dem
Sattel. »Sir Richard von Lea!« rief er freudig. Auch der Ritter begrüßte
ihn herzlich. Robin berichtete schnell, was sich ereignet hatte. Zum
Schluß sagte er, jetzt fühle er sich wieder in Sicherheit, weil es nun nicht
mehr weit bis zum Sherwoodwald sei.

Doch Sir Richard schüttelte betrübt den Kopf: »Du bist in größerer
Gefahr als zuvor, Robin. Die Truppen des Sheriffs halten jeden Weg
und Steg rund um den Sherwoodwald besetzt und lassen niemand durch,
ohne ihn zu durchsuchen. Ich habe es soeben am eigenen Leib erlebt.
Vor dir liegen die Truppen des Sheriffs und hinter dir die Soldaten des
Königs. Es besteht keine Hoffnung, daß du durchkommst, denn inzwischen wissen sie, daß du dich als Mönch verkleidet hast. Du bist auf
meiner Burg willkommen, aber auch dort bist du nicht in Sicherheit,
denn gegen so viele Soldaten können wir uns nicht lange verteidigen.«
Sir Richard starrte nachdenklich vor sich hin und schwieg. Robin sank
das Herz wie einem Fuchs, der die Meute hinter sich schlagen hört und
seinen Bau mit Erde zugeschüttet findet. Endlich sagte Sir Richard: »Es

Die Pfeile steckten mitten im Ziel

bleibt nur eines übrig, Robin. Du mußt zurück nach London und dich unter den Schutz unserer guten Königin Eleanor stellen. Komm jetzt mit auf meine Burg. Ich ziehe mit allen meinen Leuten nach London, und du mischst dich als Knappe unter mein Gefolge. Vielleicht vermag ich dich auf diese Weise sicher und unerkannt zur Königin zu geleiten. Nur sie allein kann dir noch helfen, wieder in den Sherwoodwald zurückzukehren.«

Robin befolgte Sir Richards guten Rat und ritt mit ihm auf seine Burg.

Königin Eleanor ging in ihrem Rosengarten spazieren, freute sich an der Blütenpracht und unterhielt sich mit ihren Hofdamen. Plötzlich tauchte oben auf der Mauer ein Mann auf, ließ sich einen Augenblick an den Armen herunterhängen und sprang dann federnd ins Gras. Die Hofdamen schrien erschrocken auf. Der Mann rannte auf die Königin zu und kniete vor ihr nieder. Da erkannten sie alle Robin Hood.

»Robin, du wagst dich in die Höhle des Löwen? Du bist verloren, wenn der König dich hier entdeckt! Weißt du nicht, daß er dich im ganzen Lande suchen läßt?« sagte die Königin ängstlich.

»Das weiß ich, edle Königin, und deshalb komme ich zu Euch. Gewiß kann mir hier nichts Böses geschehen, nachdem der König Eurer Majestät sein Ehrenwort gegeben hat, daß er mir vierzig Tage freies Geleit gewährt. Ich vertraue auf Eure Güte und Gerechtigkeit und lege mein Leben in Eure Hände, Majestät«, antwortete Robin.

»Du hast allen Grund, mir Vorwürfe zu machen, denn ich habe dir gegenüber nicht so gehandelt, wie ich es hätte tun müssen, Robin«, sagte die Königin sehr ernst. »Ich verstehe, daß dir kein anderer Ausweg mehr blieb, als kühn eine neue Gefahr auf dich zu nehmen, um einer anderen zu entgehen. Ich verspreche dir noch einmal meine Hilfe. Ich will alles tun, was in meiner Macht steht, damit du frei und ungehindert zu deinen

Gefährten in den Sherwoodwald ziehen kannst. Warte hier, bis ich zurückkehre.«

Es dauerte geraume Zeit, bis die Königin wieder erschien. Ihre Wangen waren gerötet und ihre Augen glänzten, als habe sie sehr erregt gesprochen und vielleicht sogar geweint. Sir Robert Lee begleitete die Königin. Er winkte Robin Hood zu sich heran und sprach mit kalter, strenger Stimme: »Seine Majestät, unser hoher König, hat sich von der Fürsprache seiner edlen Gemahlin erweichen lassen und gewährt dir noch einmal freies Geleit. In drei Tagen begleitet dich ein königlicher Page zum Sherwoodwald und bietet dir Gewähr, daß dich niemand unterwegs gefangennimmt. Danke deinem Schutzheiligen dafür, daß unsere gute Königin dir wohlgesinnt ist. Ohne ihre Bitten wärst du schon ein toter Mann. Lerne eines aus dieser Erfahrung: Streife nicht so dreist und kühn durchs Land. Du hast den Kopf in den Rachen des Löwen gelegt und bist wie durch ein Wunder gerettet worden. Fordere das Schicksal nicht noch einmal heraus!« Sir Robert Lee drehte sich auf dem Absatz um und ging.

Drei Tage lang blieb Robin Hood als Gast bei der Königin. Dann holte ihn der erste Page des Königs ab und ritt mit Robin nach Norden. Unterwegs begegneten ihnen die letzten Truppen, die Befehl erhalten hatten, nach London zurückzumarschieren. Die Soldaten grüßten den ersten Pagen ehrerbietig; niemand hielt ihn an. Ein paar Tage später traf Robin Hood sicher und wohlbehalten unter der alten Eiche tief im Sherwoodwald ein, wo er von seinen treuen Gefährten jubelnd begrüßt wurde.

19 UNTER DER REGIERUNG VON KÖNIG RICHARD LÖWENHERZ

Robin Hood befolgte Sir Robert Lees guten Rat und streifte noch lange Zeit nach dem Schützenfest in London nicht mehr so dreist und kühn durchs Land, sondern blieb immer in der Nähe des Sherwoodwaldes. Inzwischen gingen in England große Veränderungen vor sich, denn König Heinrich starb und der berühmte, tapfere Richard Löwenherz stieg auf den Thron. Aber das Leben im Sherwoodwald wurde davon nicht berührt. Robin Hood und seine Freunde gingen wie immer ungestört auf die Jagd, veranstalteten Wettkämpfe untereinander und vertrieben sich die langen Abende mit Allans Harfenmusik und Liedern.

Wieder einmal brach ein klarer Sommermorgen an, und das Gezwitscher der Vögel weckte Robin Hood und seine Gefährten. Sie standen auf, aßen ihr Frühstück, und dann ging jeder seinem Tagwerk nach. Robin Hood sagte zu Klein-John: »Wie wär's, wenn wir wieder einmal ausziehen würden, um ein Abenteuer zu suchen? Jeder für sich alleine natürlich.«

Damit war Klein-John einverstanden. Sie brachen auf und wanderten zusammen durch den Wald, bis der Weg sich teilte. »Geh du nach rechts, Robin, und ich gehe nach links«, schlug Klein-John vor. »Dann spaziert jeder seiner Nase nach, bis ihm irgend etwas begegnet.«

»Gut, aber gib acht, daß du nicht in Gefahr gerätst, Klein-John«, antwortete Robin.

»Du bist gerade der Richtige, um solche Ratschläge zu geben«, lachte Klein-John. »Paß du nur selber auf dich auf.«

Sie schüttelten einander die Hand und trennten sich.

Robin Hood erreichte nach einer Weile einen breiten Waldweg, über dem sich die Äste der Bäume wie ein grüner Baldachin wölbten. Hier und da drang die Sonne durch das dichte Blattwerk und warf goldene Kringel auf den weichen, feuchten Waldboden. Die Vögel sangen; Farne und Waldkräuter dufteten; alles war still und friedlich. Robin Hood schritt kräftig aus und ahnte nicht, daß er an diesem schönen Ort das schlimmste Abenteuer bestehen mußte, das ihm in seinem ganzen Leben begegnen sollte.

Plötzlich sah Robin unter einem Baum einen Mann sitzen und hielt verwundert inne. Der Fremde hatte Robin nicht näherkommen hören, und so betrachtete Robin ihn aufmerksam, ehe er weiterging, denn er hatte noch niemals solch eine eigenartige Gestalt gesehen. Der Fremde trug Kleidung aus haarigem Pferdefell; seine Hose und sein Wams waren aus Pferdefell; eine haarige Kapuze, an der Ohren aus Fell hochstanden, verbargen sein Gesicht und seinen Kopf. Er sah fürchterlich und furcht-erregend aus und war mit Köcher und Bogen, Schwert und Dolch be-waffnet.

Robin ging auf ihn zu und sprach ihn an: »Hallo, Fremder, wer bist denn du? Wenn ich ein schlechtes Gewissen hätte, würde ich denken, du seist ein Wesen aus der Unterwelt, und mich vor dir fürchten. Solch ein Gewand habe ich noch nie gesehen.«

Der Fremde schob wortlos seine Kapuze zurück. Seine Stirn war niedrig; seine schwarzen Augen glänzten bösartig; ein grausamer Zug lag um seinen schmalen, verkniffenen Mund; sein ganzes Gesicht wirkte verschlagen und heimtückisch. Er musterte Robin finster und antwortete mit eisiger Stimme: »Und wer bist du, Kerl?«

»Nicht so grob, Bruder«, antwortete Robin freundlich. »Oder hast du heute Brennesseln und Essig zum Frühstück gehabt, daß deine Rede so stechend ist?«

»Wenn dir meine Worte nicht gefallen, dann schau zu, daß du weiter-

212

kommst, denn ich handele genau so, wie ich rede«, entgegnete der Fremde so grob wie vorher.

»Aber deine Worte gefallen mir, guter Freund«, behauptete Robin und setzte sich vor den Fremden ins Gras. »Ich höre gerne zu, wenn jemand so freundlich und witzig redet.«

Der Fremde antwortete nicht und sah Robin nur stumm und drohend an, als wollte er ihm jeden Augenblick an die Kehle springen. Robin erwiderte den verächtlichen Blick mit großen, unschuldig blauen Augen und einem harmlosen Gesicht; er beherrschte sich so gut, daß nicht einmal seine Mundwinkel zuckten. So starrten sie einander lange an, bis der Fremde ihn plötzlich anfuhr: »Wie heißt du?«

»Bin ich froh, daß ich deine Stimme wieder höre!« rief Robin aus und lächelte. »Ich fürchtete schon, mein Anblick hätte dir die Sprache verschlagen. Was meinen Namen angeht ... nun, eigentlich solltest du mir zuerst sagen, wie du heißt, denn du bist hier der Fremde, nicht ich. Und sag mir bitte, guter Freund, warum trägt solch ein hübscher Bursche wie du solch ein häßliches Gewand?«

Der Fremde stieß ein kurzes, hartes Lachen aus: »Du bist ein kühner Kerl, daß du es wagst, so mit mir zu reden. Vor zwei Tagen habe ich in Nottingham einen Mann für weniger Worte getötet.

Ich weiß nicht, warum ich es nicht mit dir genauso mache und dich stattdessen da sitzen und schwatzen lasse. Ich trage das Gewand, weil es warm ist, du Dummkopf. Außerdem hält es Pfeile genauso gut ab wie ein Kettenhemd. Meinen Namen kennst du vielleicht schon: ich bin Guy von Gisburn und hause im Wald von Herefordshire. Ich bin geächtet und verschaffe mir das, was ich zum Leben brauche, wie ich kann. Der Bischof von Herefordshire hat mich zu sich gerufen und mir erklärt, daß ich begnadigt werde und obendrein zweihundert Pfund bekomme, wenn ich dem Sheriff von Nottingham einen Gefallen tue. Ich bin sofort nach Nottingham marschiert, und was meinst du, was der

Sheriff von mir will? Ich soll ihm Robin Hood tot oder lebendig bringen! Hier findet der Sheriff weit und breit niemand, der das für ihn tun
will, deshalb mußte er mich bis aus Herefordshire holen lassen. Ich tu'
ihm gerne den Gefallen; ich würde meinen eigenen Bruder für die Hälfte
umbringen.«

Robin Hood hörte schweigend zu. Er hatte den Namen Guy von
Gisburn schon oft gehört und wußte, welche Untaten er in Herefordshire begangen hatte. Guy von Gisburn begnügte sich nicht damit, das zu
stehlen, was er unbedingt brauchte, um im Wald leben zu können.
Er plünderte und mordete zum Zeitvertreib; zündete den Armen das
Haus über dem Kopf an und erschlug sie um ein paar Pfennige. Die
armen Leute zitterten vor ihm; die Reichen zogen nur mit schwerbewaff-
netem Gefolge durch den Wald von Herefordshire, und an sie wagte
Guy von Gisburn sich wohlweislich nicht heran. Er hauste ganz alleine
im Wald; nicht einmal die schlimmsten Diebe wollten etwas mit diesem
Unhold zu tun haben. Robin Hood packte der Zorn bei dem bloßen
Gedanken, daß solch ein Räuber und Mörder durch seinen friedlichen
Sherwoodwald lief, aber er zeigte das nicht, denn er hatte schon einen
Plan. Deshalb antwortete er ruhig:

»Ja, ich habe schon von dir gehört. Ich glaube, Robin Hood würde
niemand lieber begegnen als dir.«

Wieder stieß Guy von Gisburn ein kurzes Lachen aus, bei dem man
eine Gänsehaut bekommen konnte. »Das wird ein schlechter Tag für
Robin Hood, denn dann muß er sterben!«

»Und wenn Robin Hood dich besiegt? Er soll der stärkste Mann weit
und breit sein«, meinte Robin.

»Vielleicht ist er wirklich der stärkste Mann weit und breit, aber das
wird ihm nichts nutzen, denn er ist ein weichherziger Dummkopf, der
kein Blut vergießen will. Ich habe gehört, er hat noch nie im Leben mit
Absicht einen Menschen umgebracht, und damals, als er ein junger

Bursche war, den Jäger nur aus Versehen im Zorn erschossen. So was nennt sich ein Geächteter! Ich habe auch gehört, daß er ein guter Bogenschütze ist. Ich kann genauso gut schießen«, versicherte Guy von Gisburn großspurig.

»Das stimmt, er ist ein guter Schütze«, bestätigte Robin. »Aber alle Männer aus Nottinghamshire sind berühmt für ihre Schießkunst. Sogar ich würde es wagen, mich mit dir zu messen, und ich verstehe nicht viel davon.«

»Du wagst es, dich mit mir zu messen?« sagte Guy von Gisburn grimmig und verächtlich. »Ich sollte dir für deine kühnen Worte ohne Umstände den Schädel einschlagen, aber das kann ich nachher auch noch tun. Häng eine Zielscheibe auf, und wir schießen um die Wette!«

»In Nottinghamshire schießen nur kleine Buben auf Zielscheiben«, antwortete Robin Hood und stand auf. »Männer schießen auf andere Ziele!« Robin schnitt einen daumendicken Haselzweig ab, schälte die Rinde herunter und steckte ihn achtzig Schritte weiter in den Boden. Dann kam er zurück zu Guy von Gisburn und sagte: »Wenn du den Zweig triffst, bist du ein Bogenschütze.«

»Nicht einmal der Teufel selber könnte solch ein Ziel treffen!« schrie Guy von Gisburn und sprang auf.

»Vielleicht kann er's, vielleicht auch nicht«, sagte Robin gelassen. »Das werden wir gleich sehen, wenn du geschossen hast.«

Guy von Gisburn runzelte die Stirn und blickte böse drein; Robin machte noch immer ein ganz harmloses Gesicht, als wüßte er nicht, daß seine Worte herausfordernd waren. Guy von Gisburn spannte stumm seinen Bogen, zielte ... und schoß um zwei oder drei Handbreiten daneben. Beim zweitenmal flog der Pfeil noch weiter an dem Haselzweig vorbei.

Robin schlug sich vor Vergnügen auf die Schenkel und lachte: »Du hast recht gehabt: nicht einmal der Teufel selber kann dieses Ziel treffen. Das ist dein Pech! Wenn du mit dem Schwert nicht besser umgehen kannst als mit Pfeil und Bogen, dann besiegst du Robin Hood niemals!«

»Ich werd' dir dein loses Mundwerk gleich stopfen!« drohte Guy von Gisburn.

Robin Hood spannte seinen Bogen und schoß schnell zweimal hintereinander. Der erste Pfeil traf die Spitze des Haselzweiges und prallte daran ab. Der zweite Pfeil spaltete ihn. Ehe Guy von Gisburn ein einziges Wort herausbringen konnte, ließ Robin seinen Bogen fallen und riß sein Schwert aus der Scheide. »Jetzt weißt du, daß du nichts vom Bogenschießen verstehst«, rief er. »Du läufst schon zu lange auf dieser Erde herum, du Ungeheuer! Jetzt mußt du sterben! Ich bin Robin Hood!«

Einen Augenblick stand Guy von Gisburn vor Überraschung wie versteinert da, dann zog er sein Schwert und stürzte sich in wilder Wut auf seinen Gegner. Solch einen Schwertkampf hatte der stille Sherwoodwald noch nie gesehen. Beide Kämpfer wußten, daß es um Tod und Leben ging und es keine Gnade geben konnte. Bald war das grüne Gras rundum zertrampelt, und rotes Blut tropfte auf den Boden, denn Robins scharfes Schwert zerschnitt das harte Fellwams seines Gegners. Noch war Robin unverletzt. Um einem gefährlichen Schlag zu entgehen, mußte er blitzschnell zurückspringen. Dabei verfing sich sein Fuß in einer Wurzel, und Robin stürzte rücklings zu Boden. Mit einem teuflischen Grinsen sprang Guy von Gisburn auf ihn zu und schwang sein Schwert. Unerschrocken packte Robin die scharfe Schneide mit der bloßen Hand und drückte das Schwert mit aller Kraft beiseite, so daß sich die Spitze tief in den weichen Waldboden bohrte. Er zerschnitt sich die linke Hand dabei, aber er achtete nicht auf den Schmerz und sprang auf. Guy von Gisburn wich zurück; Robin holte ihn mit einem Satz ein, rammte ihm sein Schwert in die rechte Seite und durchbohrte ihn völlig. Guy von Gisburn ließ seine Waffe fallen, warf die Arme in die Höhe, stieß einen schrillen Schrei aus, drehte sich einmal um sich selbst, und sank tot zusammen.

Robin Hood wischte das Blut von seinem Schwert und steckte es in die Scheide. Dann sah er auf den Toten herunter und sprach zu sich selbst: »Als ich ein hitzköpfiger junger Bursche war, habe ich den Jäger des Königs erschossen, und noch heute, nach so vielen Jahren, denke ich oft voll bitterer Reue an das Leben, das ich damals auslöschte. Seitdem habe ich nie wieder einen Tropfen Blut vergossen und mir immer Mühe gegeben, gut zu allen Menschen zu sein. Aber bei diesem Scheusal hier bin ich so froh über meinen Sieg, als hätte ich einen wilden Eber erlegt, der fruchtbare Felder zerstört hat. Dieser Unhold hat so viele Menschen auf dem Gewissen; jetzt hat ihn die gerechte Strafe ereilt. Der ehrlose Sheriff hat ihn als Mörder gedungen und dafür auch eine Strafe verdient. Ich werde das Gewand des Kerls anziehen und zu ihm gehen.«

Damit zog Robin Hood dem Toten das haarige, über und über mit Blut besudelte Gewand aus Pferdefell aus und schlüpfte hinein. Er schnallte sich Schwert und Dolch um, zog sich die Kapuze tief ins Gesicht, damit ihn niemand erkannte, und machte sich auf den Weg. Sein eigenes Schwert, seinen Bogen und sein Jagdhorn trug er wie eine Beute in der Hand. Die wenigen Leute, denen er unterwegs begegnete, rannten entsetzt vor ihm davon. Sie erkannten das Gewand aus Pferdefell und fragten sich voll Furcht, wie der berüchtigte Guy von Gisburn nach Nottinghamshire gekommen sei und was aus ihnen werden sollte, wenn er hierbliebe. Dann trösteten sie sich mit dem Gedanken, daß Robin Hood und seine Freunde den Bösewicht bestimmt schnell verjagen würden, wenn schon der Sheriff zu dumm dazu war.

Inzwischen hatte auch Klein-John etwas erlebt, das er sein ganzes Leben lang nicht vergessen sollte.

Klein-John wanderte aus dem Wald heraus und durch Felder und Wiesen. Unter ein paar knorrigen Apfelbäumen lag eine kleine, strohgedeckte Hütte. Hier blieb Klein-John plötzlich stehen, denn er glaubte, jemand weinen zu hören. Er lauschte und stieß dann kurzentschlossen das Gartentor auf. Die Haustür stand offen, und drinnen vor dem erkalteten Kamin saß eine alte, grauhaarige Frau und weinte bitterlich.

Klein-John hatte ein mitfühlendes Herz für andere, und so legte er der alten Frau tröstend die Hand auf die Schulter und fragte sie freundlich, was sie bedrücke. Vielleicht konnte er ihr helfen? Die alte Frau schüttelte den Kopf, aber die gutgemeinten Worte trösteten sie doch, und nach einer Weile erzählte sie Klein-John ihre Sorgen. Ihr ältester Sohn hatte gestern abend bei Mondschein heimlich ein Reh erlegt. Die Jäger des Königs entdeckten die Blutspuren auf dem Waldboden und konnten sie bis hierher verfolgen, und dann fanden sie auch noch das frische Fleisch. Ihr Ältester gestand den Jägern sofort, daß er gewildert habe, weil sie Not litten und nichts mehr zu essen hatten, und er schwor ihnen, daß seine beiden jüngeren Brüder nicht mit dabei gewesen waren. Aber die Jäger glaubten ihm nicht und fesselten alle drei. Die beiden jüngeren Söhne verteidigten sich nicht und ließen sich stumm abführen, denn sie wollten ihren großen Bruder nicht verraten und im Stich lassen. Die Jäger hatten gesagt, der Sheriff würde die ersten Wilderer, die sie ihm brachten, als abschreckendes Beispiel am nächsten Baum aufhängen, um endlich der Wilderei ein Ende zu machen. Die alte Frau wußte auch noch, daß die Jäger ihre Söhne jetzt zum Gasthof zum Falken führten, denn dort wartete der Sheriff auf die Rückkehr eines Mannes, den er in den Sherwoodwald geschickt hatte, um Robin Hood zu suchen.

Klein-John hörte aufmerksam zu und schüttelte bekümmert den Kopf. »Das ist wirklich eine böse Geschichte. Und warum mag ausgerechnet der Sheriff jemand zu Robin Hood in den Sherwoodwald schicken? Nun, darum kann ich mich jetzt nicht auch noch kümmern. Aber ich wollte doch, ich könnte Robin um Rat fragen. Leider habe ich dazu keine Zeit mehr, wenn ich versuchen will, deine Söhne zu retten. Sag, hast du ein anderes Gewand, das du mir leihen kannst? Wenn der Sheriff mich in diesem jägergrünen Wams erwischt, erkennt er mich, und dann baumele ich schneller als deine drei Söhne, das darfst du mir glauben.«

Die alte Frau hatte noch ein paar Kleidungsstücke von ihrem verstorbenen Mann, die Klein-John zum Glück paßten. Er ließ sich auch noch schnell aus ungebleichter, krauser Schafwolle einen falschen Bart und eine Art Perücke machen, mit denen er ganz verändert aussah. Dann stülpte Klein-John sich einen hohen, spitzen Hut auf, der auch dem alten Häusler gehört hatte, und machte sich, so schnell er konnte, auf den Weg.

Eine gute Meile von Nottingham entfernt und gar nicht weit weg vom südlichen Saum des Sherwoodwaldes lag das Wirtshaus zum Falken, in dem der Sheriff mit zwei Dutzend Knappen auf Guy von Gisburn wartete. Das ganze Wirtshaus stand auf dem Kopf; in der Küche wurde gebraten und gebruzelt; im Keller die besten Fässer Wein und Bier angezapft, denn dem Sheriff war nur das Beste gerade gut genug. Er saß in der Gaststube und vertrieb sich die Wartezeit, indem er sich so vollfraß, als ob er vier Wochen bei Wasser und trocken Brot gehungert habe und jetzt alles Versäumte auf einmal nachholen wolle. Seine Soldaten saßen vor dem Haus, lachten und lärmten und ließen sich das Bier schmecken. Ihre Pferde waren unter den Bäumen angebunden und stampften mit den Hufen und schlugen mit den Schweifen, um sich gegen die Fliegen zu wehren.

Die königlichen Jäger trafen mit den drei Söhnen der Witwe ein und führten sie in die Gaststube vor den Sheriff. Der ließ sie erst einmal eine Weile zusehen, wie er sich an einem saftigen Braten gütlich tat, für den auch ein Reh aus dem Wald des Königs hatte dran glauben müssen. Dann herrschte er sie an:

»Ihr habt im Wald des Königs gewildert, und ich werde nicht viel Federlesens mit euch machen. Ich lass' euch alle drei am nächsten

Baum baumeln, so wie ein Bauer tote Krähen in den Kirschbaum hängt, um die anderen zu verscheuchen. Ich habe diese Wilderei zu lange geduldet, aber jetzt ist Schluß damit. Von nun an wird jeder Wilderer gehenkt, und mit euch fange ich an.«

Einer der drei armen Burschen öffnete den Mund, um etwas zu sagen, aber der Sheriff schrie ihn an, er solle gefälligst schweigen. Den Jägern befahl er, die Burschen hinauszuführen und zu warten, bis er gegessen habe.

Als der Sheriff endlich genug gegessen hatte und herauskam, befahl er seinen Männern: »Die drei Übeltäter sollen sofort hängen, aber nicht hier, damit sie diesem guten Wirtshaus kein Unglück bringen. Wir hängen sie im Sherwoodwald, damit die Geächteten dort sehen, was sie von mir zu erwarten haben, wenn ich sie jemals in die Hände bekomme.« Der Sheriff bestieg sein Pferd; seine Knappen saßen ebenfalls auf, und mitten in diesem Trupp trieben die Jäger die drei Burschen vor sich her wie Vieh zum Metzger. Am Waldrand ließ der Sheriff anhalten. Die Knappen legten jedem Burschen eine Schlinge um den Hals und schleuderten das lange Ende des Stricks über den weit herausragenden Ast einer Eiche. Die drei jungen Burschen fielen weinend auf die Knie und baten den Sheriff um Gnade. Der Älteste bat nur für seine jüngeren Brüder und flehte den Sheriff an, wenigstens einen von ihnen am Leben zu lassen, weil seine alte Mutter sonst keinen Menschen mehr habe, der für sie sorge. Aber der Sheriff blieb ungerührt und verspottete sie auch noch:

»Ihr habt Pech; es ist kein Priester da, um euch eure schwarzen Sünden zu vergeben; ihr müßt sie wie ein Bündel auf dem Rücken mitschleppen. Vielleicht habt ihr im Jenseits mehr Glück, und Petrus läßt euch trotzdem durch eine Hintertür ins Paradies schlüpfen.«

Während das alles vor sich ging, war ein alter Mann aufgetaucht und stehengeblieben. Sein Haar und sein Bart waren schon fast weiß und sein Rücken etwas gebeugt, aber er trug trotzdem einen großen Bogen, mit dem nur kräftige Arme umgehen können. Der Sheriff entdeckte ihn und winkte ihn heran:

»He, Alter, komm einmal her!«

Klein-John kam so langsam näher, wie es sich für einen alten Mann geziemt; denn niemand anderer als er steckte in dieser Verkleidung.

Der Sheriff sah ihn prüfend an und sagte: »Dein Gesicht kommt mir irgendwie bekannt vor. Wie heißt du?«

»Ich heiße Peter Hob, Euer Gnaden«, antwortete Klein-John mit der leicht zitternden Stimme eines alten Mannes und verbeugte sich.

»Peter Hob, Peter Hob . . .« murmelte der Sheriff vor sich hin und strengte vergeblich sein Gedächtnis an. »Ich erinnere mich nicht an diesen Namen; aber das ist auch unwichtig. Willst du dir sechs Pfennige verdienen?«

»Ich stehe Euer Gnaden zu Diensten«, antwortete Klein-John. »Ich habe nicht viel Geld und verachte sechs Pfennige nicht, die ich mir ehrlich verdienen kann. Was soll ich dafür tun, Euer Gnaden?«

»Die drei Burschen da müssen gehenkt werden. Wenn du sie hochziehst, bekommst du für jeden zwei Pfennige. Ich will nicht, daß meine Knappen Henkerdienste verrichten«, erklärte der Sheriff.

»So etwas habe ich noch nie getan«, antwortete Klein-John und sprach wieder wie ein alter Mann. »Aber die sechs Pfennige sind schnell verdient und ich kann sie brauchen; warum soll ich's also nicht einmal versuchen? Aber haben diese Bösewichte auch die letzte Beichte abgelegt und ist ihnen die Absolution erteilt worden, wie es sich gehört, Euer Gnaden?«

»Nein, aber wenn's dir Spaß macht, kannst du dich ja auch als Seelenhirte versuchen«, antwortete der Sheriff lachend. »Beeil dich nur ein bißchen, denn ich will zurück zum Wirtshaus, wo ein frisches Fäßchen Wein und dringende Geschäfte auf mich warten.«

»Man muß im Leben alles einmal ausprobieren«, antwortete Klein-John, als ob er diesen Spott ernst nähme. Er trat vor die drei Burschen, die vor Entsetzen zitterten und sagte milde: »Ich bin ein armer, alter Mann, dem ihr euch ruhig anvertrauen könnt, denn ich erweise euch sehr gerne diesen Dienst.« Leider verstand nur Klein-John selbst den Doppelsinn dieser Worte. Er trat zu dem Ältesten, hielt sein Gesicht ganz dicht an seine Wange, als ob er die Beichte hören wollte, und flüsterte ihm ins Ohr:

»Rühr dich nicht, wenn ich deine Handfesseln durchschneide. Reiß dir erst den Strick vom Hals und renn in den Wald, wenn ich meine Perücke abwerfe!« Während dieser Worte schnitt Klein-John schon unbemerkt die Fesseln durch. Der Bursche rührte sich nicht und blieb stehen, als ob seine Hände noch immer auf dem Rücken festgebunden wären.

Dann trat Klein-John zum zweiten Bruder, flüsterte ihm die gleichen Worte ins Ohr und zerschnitt die Fesseln. Der Sheriff und die Knappen waren so damit beschäftigt, sich über diese »Beichte« lustig zu machen, daß keiner merkte, was in Wirklichkeit vor sich ging. Auch beim jüngsten Bruder gelang Klein-Johns Manöver. Nun wandte Klein-John sich zum Sheriff und fragte sehr höflich:

»Darf ich meinen Bogen spannen, Euer Gnaden? Ich möchte den Burschen mit einem Pfeil zwischen den Rippen schneller auf den Weg ins Jenseits helfen, wenn sie baumeln.«

»Von mir aus, aber beeil dich«, antwortete der Sheriff.

Klein-John spannte den Bogen, legte einen Pfeil ein, warf einen schnellen Blick zurück auf die drei Burschen hinter sich, riß plötzlich Hut und Perücke herunter und schrie: »Rennt!«

Wie der Blitz zogen die drei Brüder die Köpfe aus den Schlingen, machten kehrt und rasten auf den dichten Wald zu; Klein-John wie ein Wiesel hinterher. Der Sheriff und seine Knappen standen wie die Salzsäulen da und starrten ihm mit offenem Munde nach. Der Sheriff kam als erster wieder zu sich und begriff, daß er schon wieder auf einen von Robin Hoods Gefährten hereingefallen war. »Auf ihn!« schrie er und seine Stimme überschlug sich vor Wut.

Klein-John hörte das und erkannte, daß ihm sein kurzer Vorsprung nichts nutzte. Die Knappen würden ihn einholen, ehe er das schützende Dickicht erreichte. Er wirbelte herum und stellte sich mit schußbereitem Bogen seinen Verfolgern entgegen. »Zurück! Wer einen Schritt näherkommt, hat einen Pfeil zwischen den Rippen!« schrie er.

Die Knappen blieben wie angewurzelt stehen; sie wußten, daß hier nicht gespaßt wurde, und keiner hatte Lust, für die Launen des hartherzigen Sheriffs sein Leben zu riskieren. Der Sheriff tobte, nannte sie Feiglinge und beschwor sie; es war alles vergeblich, seine Knappen rührten sich nicht von der Stelle und sahen zu, wie Klein-John Schritt um Schritt rückwärts zum Wald zurückwich, den Bogen schußbereit gehoben. Dem Sheriff flimmerte es vor den Augen vor Zorn; plötzlich hieb er seinem Pferd die Sporen in die Flanken und fegte in gestrecktem Galopp auf Klein-John zu. Der ließ ihn kaltblütig dicht herankommen, denn er wollte ganz sicher treffen. Doch als Klein-John die Sehne spannte, zerbrach plötzlich der gute Bogen, der ihm so lange treu gedient hatte. Schon hatte der Sheriff Klein-John erreicht und schlug mit dem Schwert auf den Unbewaffneten ein. Klein-John duckte sich; die Breitseite des Schwertes krachte auf seinen Kopf und er stürzte bewußtlos zu Boden. Nun wurden auch die Knappen wieder mutig und rannten eiligst herbei.

»Ich bin froh, daß ich den Kerl nicht gleich erschlagen habe«, sagte der Sheriff grimmig. »Er soll am Galgen sterben! Dort drüben ist ein Bach; holt Wasser und gießt es ihm über den Kopf, damit er wieder zu sich kommt!«

Die Knappen gehorchten. Nach einer Weile öffnete Klein-John die

Augen und schaute sich benommen um. Der Sheriff befahl, ihm die Hände auf dem Rücken zu fesseln, ihn rückwärts auf ein Pferd zu setzen, und ihm auch noch die Füße unter dem Pferdebauch zusammenzubinden. Dann ritt der Sheriff mit seinem Gefolge zum Wirtshaus zum Falken.

Während die Soldaten mit Klein-John draußen warten mußten, setzte der Sheriff sich wieder in die Gaststube und ließ sich ein neues Mahl auftischen und einen großen Becher Wein füllen. Er war sehr zufrieden mit seinem Fang und überlegte: »Morgen um diese Zeit lass' ich den Banditen vor dem Stadttor von Nottingham hängen, und alle Leute sollen zuschauen.« Er nahm einen ordentlichen Schluck. Der Wein schien dem Sheriff eine Erleuchtung zu bringen, denn plötzlich schüttelte er nachdenklich den Kopf und murmelte vor sich hin: »Nicht für tausend Pfund möchte ich, daß mir der Kerl noch entkommt... Aber wenn Robin Hood vielleicht doch mit diesem Guy von Gisburn fertiggeworden ist, weiß man nicht, was noch alles passieren kann... Vielleicht ist es besser, ich warte nicht bis morgen...« Der Sheriff stellte den Becher hin, stieß hastig seinen Stuhl zurück und ging eilig hinaus zu seinen Soldaten. »Aufsitzen!« befahl er. »Wir hängen den Burschen sofort, und zwar an demselben Baum, an dem er die drei Wilderer entkommen ließ. Vorwärts, wir müssen uns beeilen!«

Der kleine Trupp hatte gerade die Stelle am Waldrand erreicht, als ein Knappe rief: »Euer Gnaden, kommt dort nicht Guy von Gisburn, den Ihr in den Sherwoodwald geschickt habt, um Robin Hood zu töten?«

Der Sheriff kniff die Augen zusammen, um besser zu sehen. »Tatsächlich, das ist er! Hoffentlich hat er Robin Hood ins Jenseits befördert, so wie wir das gleich mit seiner rechten Hand, Klein-John, machen werden!«

Bei diesen Worten hob Klein-John den Kopf und sah sofort, daß der Mann von oben bis unten mit Blut bespritzt war und Robins Schwert, seinen Bogen und sein Jagdhorn in der Hand trug.

Als der vermeintliche Guy von Gisburn näherkam, rief der Sheriff: »Wie siehst du denn aus? Dein Gewand ist ja ganz mit Blut besudelt!«

»Wenn dir mein Gewand nicht gefällt, dann schau mich nicht an«, entgegnete Robin so grob, wie Guy von Gisburn immer sprach. »Das ist das Blut des größten Schurken im ganzen Land, und ich habe ihn erschlagen, wie er es verdient hat!«

Zum erstenmal seit der Sheriff ihn gefangen hatte, sprach nun Klein-John: »Du Scheusal! Ich kenne dich und deine Verbrechen, Guy von Gisburn, und ich verfluche dich dafür, wie dich alle anständigen Menschen dafür verfluchen. Du Meuchelmörder bist der richtige Handlanger für diesen elenden Wicht, für diesen Feigling, den Sheriff von Nottingham! Das ganze Land wird um Robin Hood weinen. Jetzt sterbe ich gerne, denn wenn Robins edles Herz nicht mehr schlägt, will auch ich nicht mehr leben.« Salzige Tränen rollten Klein-John über die braunen Wangen.

Der Sheriff aber klatschte vor Freude in die Hände und rief: »Guy von Gisburn, wenn du die Wahrheit sprichst, soll heute der beste Tag deines Lebens sein! Ich werde dich fürstlich belohnen!«

»Natürlich spreche ich die Wahrheit! Sind das hier Robin Hoods Schwert, sein Bogen und sein Jagdhorn oder nicht? Glaubst du vielleicht, er hätte sie Guy von Gisburn freiwillig gegeben?« Robin Hood hatte Mühe, seine Stimme zu verstellen, denn obwohl die Lage für ihn und Klein-John sehr ernst war, mußte er unter seiner Maske aus Pferdefell etwas grinsen: er sprach die Wahrheit, und es war nicht seine Schuld, wenn der Sheriff seine Worte so auslegte, wie er das gerne hören wollte.

»Der größte Schuft des Landes ist tot und der Kerl da in meinen Händen!« lachte der Sheriff triumphierend. »Sag mir, was du haben willst; deine Bitte ist schon erfüllt!«

»Überlaßt mir den Gefangenen, Euer Gnaden«, antwortete Robin ohne Zögern. »Ich bin mit dem ersten fertiggeworden; ich will mich auch noch selbst um den zweiten kümmern.«

»Du Dummkopf, du hättest jede Menge Geld von mir fordern können; das wäre dir nützlicher. Den Burschen geb' ich nicht gerne aus der Hand, aber versprochen ist versprochen«, sagte der Sheriff.

»Danke schön für das Geschenk, Euer Gnaden! Zieht den Kerl vom Pferd und bringt ihn dort unter den Baum, Männer. Ich zeige euch gleich, wie man bei uns mit dem Messer umgeht!« sagte Robin Hood mit Guy von Gisburns zynischer Stimme.

Ein paar Knappen des Sheriffs schüttelten den Kopf; es war ihnen egal, ob Klein-John gehenkt wurde oder nicht, aber sie wollten doch nicht zusehen, wie er zu Tode gequält wurde. Aber der Sheriff befahl ihnen grob, zu tun, was Guy von Gisburn wünschte. Währenddessen spannte Robin schnell beide Bogen, ohne daß einer darauf achtete. Dann zog er Guy von Gisburns Dolch und schrie:

»So, jetzt Platz da, Platz da, stört mich nicht bei meinem Vergnügen! Zurück, habe ich gesagt, oder soll ich euch Beine machen? Zurück, noch weiter zurück!«

Die Knappen ließen sich nicht zweimal auffordern; sie stiegen auf, wendeten ihre Pferde und warteten in respektvoller Entfernung auf ihren Herrn, den Sheriff.

»Komm nur her, Guy von Gisburn! Dieselbe Hand, die meinen Freund erschlug, soll auch mich ermorden«, rief Klein-John laut.

Robin Hood stand dicht vor ihm und zischte ihm zu: »Hast du mich unter diesem Fell nicht einmal an der Stimme erkannt? Ich bin Robin! Mach die Augen auf: zwei Schritte vor dir liegen mein Bogen und mein Schwert. Stürz dich drauf, schnell!« Damit schnitt Robin seinem Freund die Fesseln durch. Eine Sekunde später hatte Klein-John die Waffen in der Hand. Robin Hood riß die Kapuze aus Pferdefell herunter und hielt den Bogen schußbereit: »Rührt euch nicht! Ich habe deinen gedungenen

Mörder besiegt, Sheriff! Jetzt paß auf, daß du nicht der nächste bist!« Mit einem schnellen Seitenblick stellte Robin fest, daß Klein-John den Bogen auf den Sheriff gerichtet hatte. Da griff er nach seinem silbernen Jagdhorn, und das Echo von drei durchdringenden schrillen Hornrufen schallte durch den Wald.

Als der Sheriff von Nottingham Robin Hoods Gesicht unter der Kapuze auftauchen sah und ihm der Klang des Jagdhorns in den Ohren gellte, glaubte er, sein letztes Stündlein habe geschlagen. »Robin Hood!« schrie er entsetzt, riß sein Pferd herum, hieb dem armen Tier die Sporen in die Flanken, daß es ihm die Haut zerschnitt, und verschwand in einer Staubwolke. Daraufhin fanden seine Knappen, daß sie hier nun auch nichts mehr verloren hatten, und folgten ihrem Herrn.

Als Will Stutely und zwanzig Gefährten atemlos angerannt kamen, um Robin Hood zu helfen, war von den Feinden weit und breit nichts mehr zu sehen. Robin Hood, Klein-John und ihre Freunde wanderten zurück zur Lichtung mit der alten Eiche. Unterwegs fanden sie die drei Söhne der Witwe, die Klein-John umarmten und ihm dankten, weil er sein eigenes Leben gewagt hatte, um sie zu retten. Robin Hood schickte den ältesten nach Hause, um der Mutter von ihrer glücklichen Rettung zu berichten. Dann sollte er mit seinen beiden Brüdern zu Robin Hoods Gefährten gehören.

Inzwischen ritt der Sheriff sein Pferd zuschanden und jagte es in vollem Galopp bis nach Nottingham. Als er tief über dem Pferdehals liegend durch das Stadttor und die engen Gassen preschte, drehten sich die Leute nach ihm um. Wie bei einem Spatz, der in der Mauser ist und nur noch eine einzige Schwanzfeder hat, so steckte ein langer Pfeil in dem Körperteil, den man auch bei einem hohen Sheriff nur die vier Buchstaben nennen kann. Der Pfeil war ein Andenken von Klein-John. Einen Monat lang konnte der Sheriff kaum auf weichen Kissen sitzen und mußte nachts höchst unbequem auf dem Bauch schlafen.

20 KÖNIG RICHARD LÖWENHERZ BESUCHT ROBIN HOOD IM SHERWOODWALD

Kaum zwei Monate waren seit Robin Hoods und Klein-Johns gefähr-
lichem Abenteuer verstrichen, als ganz Nottinghamshire in Aufregung ge-
riet: reitende Boten brachten die Nachricht, daß König Richard Löwenherz auf seiner Reise durch England auch die Stadt Nottingham besuchen wollte.

Nun brach für alle Handwerker eine geschäftige Zeit an, und bis
spät in die Nacht hörte man aus den Werkstätten Klopfen und Sägen.
Fahnenmasten wurden aufgestellt; die hölzernen Gerüste der Triumph-
bogen überspannten alle Gassen, durch die der König reiten sollte, und
warteten auf ihren Blumen- und Fahnenschmuck. Die große Zunfthalle
der Stadt wurde ganz neu hergerichtet, denn dort sollte das Festmahl
stattfinden. Alle Leute hatten alle Hände voll zu tun, um das Ereignis
gebührend vorzubereiten, und doch schien es manchen, als würde der
große Tag niemals kommen.

Doch endlich war es soweit. Die Sonne schien; aus der ganzen Grafschaft waren die Leute herbeigeströmt und drängten sich in den ge-
schmückten Gassen so dicht nebeneinander wie Heringe in einem Faß.
Die Knappen des Sheriffs konnten die Massen kaum zurückhalten, damit
Platz für den Troß des Königs blieb.

»He da, paß auf, wem du deine Hellebarde in den Bauch bohrst!
Wenn du das noch einmal machst, kannst du was erleben!« schrie ein
großer, breitschultriger Mönch einen Knappen an.

Die Leute um ihn herum lachten, aber ein Freisasse in grünem Wams
stieß den Mönch an und flüsterte ihm zu: »Sei still, Tuck! Du hast mir

versprochen, du nimmst dich zusammen und hältst den Mund und beginnst nicht ausgerechnet mit den Männern des Sheriff einen Streit!«

»Ja, das hab' ich versprochen«, gab der Mönch brummend zu. »Aber die Kerle trampeln auf meinen armen nackten Zehen 'rum, wie wir auf den Eicheln im Wald.«

Plötzlich ertönten schmetternde Trompetenklänge; das Gelächter und Gemurmel verstummte einen Augenblick. Die Leute schoben und drängten sich noch mehr als zuvor und reckten die Hälse. Die Vorreiter tauchten auf, und die Jubelrufe der Menge pflanzten sich fort wie Feuer auf trockenem Gras.

Achtundzwanzig in weiße Seide und schimmernden Samt gekleidete Herolde ritten auf prächtigen, glänzendschwarzen Rappen voraus. Wallende weiße Federn schmückten ihre Samtmützen und Standarten mit dem königlichen Wappen ihre silbernen Trompeten.

Den Herolden folgten hundert edle Ritter in voller Rüstung, die in Zweierreihen ritten. Jeder trug eine Lanze in der Hand, die er auf den Steigbügel stützte und an deren Spitze sein bunter Wimpel flatterte. Neben jedem Ritter schritt ein Page dahin, der den Helm seines Herrn trug. Die Hufe der schweren Streitrosse dröhnten dumpf auf dem Kopfsteinpflaster; Zaumzeug und Rüstungen klirrten und spiegelten die Sonne wieder. Es war der großartigste Anblick, den Nottingham je erlebt hatte.

Nach den Rittern kamen die Landedelleute; auch sie trugen ihren besten Sonntagsstaat und kostbare Ketten um den Hals. Dann marschierte das Fußvolk der Soldaten auf, alle mit Speeren und Hellebarden bewaffnet. Sie umringten zwei Reiter. Der eine war der Sheriff von Nottingham in seiner Amtsrobe. Der zweite Reiter war einen Kopf größer als der Sheriff und trug ein Gewand, das einfach wirkte, obwohl es aus dem besten Tuch war, und dazu eine breite Goldkette. Auch sein Haar und sein Bart schimmerten wie Gold, und seine Augen strahlten so blau wie der Himmel. Er grüßte lächelnd nach rechts und links, und die Jubelrufe der Menge übertönten Pferdegetrappel und Waffengeklirr. Es war König Richard Löwenherz.

Eine einzige Stimme kam trotzdem gegen diesen unbeschreiblichen Lärm an und erhob sich dröhnend: »Die Heiligen sollen unseren guten König Richard segnen! Hoch lebe der König, hoch!«

Der Blick des Königs fiel auf einen auffallend großen Mönch, der breitbeinig ganz vorne in der ersten Reihe stand und sich mit seinem mächtigen Rücken gegen die Menge stemmte, die ihn von hinten von seinem guten Platz verdrängen wollte. »Hoch lebe der König, hoch! Hurra für Richard Löwenherz!« trompetete Bruder Tuck, daß den Leuten neben ihm beinahe das Trommelfell platzte.

König Richard Löwenherz winkte ihm dankend zu und wandte sich dann lachend an den Sheriff: »Ich habe mir schon manchmal gedacht, daß der Himmel meine Gebete nicht erhört und Petrus mit Taubheit geschlagen ist. Vielleicht sollte ich mir diesen Riesenmönch an meinen Hof holen, denn diese Stimme hört Petrus bestimmt!«

Der Sheriff antwortete nicht; er wurde plötzlich weiß wie ein Leintuch und griff nach seinem Sattelknauf, um Halt zu finden. Er hatte nicht nur Bruder Tuck erkannt, sondern in der Menge auch noch Robin Hood, Klein-John, Will Rotwams und viele andere Freisassen aus dem Sherwoodwald entdeckt. Und als er auf die andere Seite sah, fiel sein erster Blick auf Allan aus Dale und Will Stutely. Dem Sheriff schwamm alles vor den Augen. Er hatte das Gefühl, als ob die ganze bunte Volksmenge plötzlich das jägergrüne Wams der Geächteten trüge und er in dieser drohenden grünen Masse ertrinken müßte.

»Was ist los? Bist du krank? Du bist plötzlich totenblaß, Sheriff«, sagte König Richard freundlich.

»Nein, Euer Majestät, ich bin nicht krank. Es ist nur ein alter Schmerz, der hin und wieder unvermutet auftaucht und genauso schnell wieder vorüber ist«, log der Sheriff hastig. Er schämte sich, weil er aus Angst vor Robin Hood so blaß geworden war, daß jeder es merkte. Was würde der König von ihm denken, wenn er den wahren Grund wüßte? Gleichzeitig ärgerte sich der Sheriff schwarz, weil Robin Hood und seine Freunde offensichtlich nicht die geringste Furcht vor ihm hatten und dreist und unverfroren alle miteinander bis mitten in die Stadt kamen, um bei diesem Volksfest mit dabei zu sein. Die Kerle hatten es nicht einmal für nötig gehalten, sich zu verkleiden! Sie waren alle von Kopf bis Fuß in Jägergrün gekleidet, und sie schrien »Hoch lebe der König«, als ob sie nicht geächtet wären! Dem Sheriff war die Freude an dem Fest schon vergällt. Es sollte noch schlimmer für ihn kommen.

Am Abend fand in der Zunfthalle von Nottingham ein großes Festessen statt. Tausend Wachskerzen beleuchteten die lange Tafel, an der die Edlen speisten. König Richard saß am Kopfende des Tisches auf einem mit Goldbrokat bezogenen Thron. Der Sheriff saß rechts von ihm, der Bischof von Hereford links. Der Wein floß in Strömen, und der König war sehr vergnügt. Plötzlich sagte er zum Sheriff:

»Ich habe schon öfter von diesem Robin Hood gehört, der mit seinen Gefährten vogelfrei im Sherwoodwald haust. Es heißt, daß du schon einige Male mit ihm zu tun gehabt hast, Sheriff; erzähle mir also eine Geschichte von ihm!«

Der Sheriff erschrak und antwortete: »Ich kann Euer Majestät leider nur eines über diese Burschen sagen: es sind die kühnsten Gesetzesbrecher im ganzen Land.«

Da sprach der junge Sir Henry von Lea: »Während ich in Palästina kämpfte, erhielt ich einige Male Nachrichten von meinem Vater, und er schrieb mir jedesmal ausführlich von Robin Hood. Ich erzähle gerne ein Abenteuer aus dem Sherwoodwald, wenn es Eurer Majestät recht ist.«

König Richard Löwenherz und Henry von Lea waren Waffenbrüder, und der junge Edelmann wußte, daß er sich kein Blatt vor den Mund zu nehmen brauchte, um diese Geschichte zu erzählen, die er von seinem Vater so gut kannte, als ob er selbst dabei gewesen wäre. Henry von Lea beschrieb also ausführlich, wie großzügig Robin Hood seinem Vater, Sir Richard von Lea half, sein Erbe zu retten, indem er sich beim Bischof von Hereford das nötige Geld dafür »lieh«. Der König schüttelte sich vor Lachen, aber der Bischof wurde rot wie ein Puter vor Verlegenheit und hätte sich am liebsten in einem Mauseloch verkrochen.

Alle Gäste sahen, welchen Spaß der König an diesem abenteuerlichen Bericht hatte, und als Sir Henry von Lea endlich fertig war, meldeten sich eifrig andere Edelleute, die auch von Robin Hood erzählen und sich dadurch beim König beliebt machen wollten. Schließlich gab es in ganz Nottinghamshire und sogar weit darüber hinaus keinen Menschen — ob alt oder jung, dick oder dünn, arm oder reich — der keine Geschichte von Robin Hood und seinen Gefährten gewußt hätte! König Richard ließ sie alle der Reihe nach erzählen und unterhielt sich prächtig dabei. Zum Schluß sagte er:

»Bei meinem Schwert, das scheint ein kühner, lustiger Bursche zu sein. Ich werde die Sache selbst in die Hand nehmen und genau das tun, was du nicht fertiggebracht hast, Sheriff: nämlich Robin Hood mitsamt seiner ganzen Bande aus dem Sherwoodwald herausholen!«

Der Sheriff antwortete nicht; er wünschte im stillen, er wäre niemals Sheriff gewesen, oder König Richard Löwenherz wäre niemals nach Nottingham gekommen.

Als König Richard sich nach dem Festmahl in seine Privatgemächer zurückgezogen hatte, gingen ihm die Geschichten von Robin Hood noch immer im Kopf herum, und er sagte zu den Edelleuten, die ihm Gesellschaft leisteten: »Einhundert Pfund wäre es mir wert, diesen Robin Hood kennenzulernen!«

»Dieser Wunsch kann leicht erfüllt werden«, versicherte Sir Hubert von Bingham lachend. »Wenn Eure Majestät sich die Sache wirklich hundert Pfund kosten lassen will, verpflichte ich mich, dafür zu sorgen, daß Robin Hood Eure Majestät zu einem Festmahl im Sherwoodwald einlädt.«

»Das würde mir großen Spaß machen. Und nachdem Robin Hood dem Sheriff von Nottingham und dem Bischof von Hereford diese Ehre erwiesen hat, ist es nicht mehr wie recht und billig, daß er mich auch einlädt. Schließlich bin ich der König von England, nicht wahr?« antwortete der Köng in bester Laune. »Aber wie willst du das einfädeln?«

»Das ist ganz einfach: Eure Majestät und wir ziehen schwarze Mönchskutten an und reiten morgen früh von hier quer durch den Sherwoodwald nach Mansfield. Eure Majestät steckt einen Beutel mit hundert Pfund in Gold ein. Mehr ist nicht nötig, um einer Einladung von Robin Hood sicher zu sein ... das beweisen die Geschichten, die wir heute abend gehört haben.«

»Der Plan gefällt mir, Sir Hubert, und wir wollen ihn gleich morgen früh ausführen«, stimmte der König zu.

Früh am nächsten Morgen machte der Sheriff dem König seine Aufwartung. König Richard sah keinen Grund, dem Sheriff Sir Huberts feinen Plan zu verheimlichen; er hatte keine sehr hohe Meinung mehr von dem Sheriff von Nottingham, und es war ihm ein heimliches Vergnügen, ihn zu ärgern, indem er ihn an Robin Hood erinnerte. Den Sheriff traf beinahe der Schlag, als er hörte, was der König vorhatte. Er mimte den Entsetzten, schlug sich an die Stirn, raufte sich den Bart und jammerte: »Oh, mein hoher Herr und König, Ihr rennt in Euer Verderben! Ihr wißt nicht, was Ihr tut! Der Bösewicht hat keinen Respekt vor Eurer Majestät, vor der Obrigkeit und den Gesetzen!«

»Ich habe gehört, daß Robin Hood keinen Tropfen Blut vergossen hat, seit er geächtet wurde. Er hat nur diesen Unhold Guy von Gisburn getötet, und damit hat er dem Land und allen anständigen Menschen einen großen Dienst erwiesen und nur etwas getan, das der Sheriff von Herefordshire schon längst selber hätte tun sollen«, wandte der König ein.

»Ja, Euer Majestät, das stimmt, aber . . .«

»Was habe ich dann von ihm zu fürchten, nachdem ich ihm niemals etwas zuleide getan habe? Im übrigen hat Robin Hood während meiner Kreuzzüge im fernen Heiligen Land sich in der Heimat tapfer zu mir und den Meinigen bekannt!« unterbrach König Richard ungeduldig. »Wenn du so um mein Wohl besorgt bist, dann reitest du am besten mit uns, Sheriff!«

»Der Himmel möge mich davor bewahren!« rief der Sheriff aus.

Da befahl König Richard dem Sheriff streng, bei keinem Menschen ein Wort über diesen Ritt in den Sherwoodwald verlauten zu lassen. Sieben schwarze Mönchskutten wurden gebracht; König Richard Löwenherz, Sir Henry von Lea, Sir Hubert von Bingham und vier andere Ritter verkleideten sich und verließen unbemerkt und heimlich die Burg von Nottingham. In einer stillen Gasse warteten sieben Maultiere.

Lachend und scherzend ritten der König und sein Gefolge dahin. Der Weg wurde ihnen nicht lang, und schneller als sie erwarteten, erreichten sie den Sherwoodwald. Sie folgten einem schattigen Weg, unterhielten sich weiter laut und fröhlich, trieben ihre Maultiere durchaus nicht zur Eile an, und nannten einander nur noch »lieber Bruder«. Sie ritten und ritten, aber kein einziger vogelfreier Freisasse im grünen Wams ließ sich sehen.

»Ich wollte, ich hätte ein besseres Gedächtnis für wichtige Dinge!« sagte König Richard plötzlich. »Wir sind zu solch einem weiten Ritt aufgebrochen und haben nicht daran gedacht, etwas zum Trinken mitzunehmen! Ich würde fünfzig Pfund dafür geben, wenn ich jetzt meinen Durst löschen könnte.«

König Richard hatte kaum das letzte Wort ausgesprochen, als aus den

Büschen neben dem Weg wie aus dem Boden gestampft ein großer, stämmiger Bursche auftauchte und das Maultier des Königs am Zügel festhielt. »Frommer Bruder, es wäre unchristlich von uns, uns solch ein gutes Geschäft entgehen zu lassen. Wir haben ein Wirtshaus hier in der Nähe, und für fünfzig Pfund kriegst du dort nicht nur mehr Bier, als du trinken kannst, sondern obendrein auch noch ein Festessen, wie es dir dein Bruder Küchenmeister auch nicht besser bieten kann.« Robin Hood steckte zwei Finger in den Mund und stieß einen schrillen Pfiff aus. Rechts und links knackte es im Unterholz, und im Nu waren die sieben Mönche von einer stattlichen Anzahl kräftiger Burschen umringt, die alle jägergrün gekleidet waren.

»Wer bist du? Hast du keinen Respekt vor solch frommen Brüdern wie uns?« fragte der König streng.

»Respekt vor euch? Nicht im geringsten!« lachte Robin Hood. »Ihr kommt aus einem reichen Kloster, das sieht man, und deshalb ist mit eurer Frömmigkeit auch nicht viel los. Meinen Namen kennt ihr sicher: ich bin Robin Hood.«

»Deinen Namen habe ich schon oft gehört«, antwortete König Richard. »Du bist ein dreister Bursche und geächtet und vogelfrei obendrein. Jetzt laß mich und meine Brüder in Frieden weiterziehen.«

»Das geht leider nicht, denn es würde einen schlechten Eindruck machen, wenn wir solch fromme Brüder wie euch durstig und mit leerem Magen weiterreisen ließen. Du hast für einen einzigen Trunk fünfzig Pfund geboten, also hast du sicher einen gut gefüllten Beutel dabei, um deine Mahlzeit in unserem Wirtshaus zu bezahlen. Zeig mir deinen Beutel, ehrwürdiger Bruder, damit ich nicht selber in deiner weiten Kutte danach suchen muß.«

»Wag es nicht, deine gesetzlose Hand an unsere Person zu legen!« Der König reckte sich im Sattel. »Hier ist mein Beutel.«

»Hör mal, guter Bruder, wir sind meistens sehr höflich und liebenswürdig zu unseren Gästen«, sagte Robin Hood sehr herablassend. »Aber hier im Sherwoodwald bestimme ich, also sei so gut und blas dich nicht so auf, ja? Bildest du dir vielleicht ein, du bist der König von England?« Robin Hood warf Will Rotwams den Beutel zu: »Zähl nach, Will, und nimm die Hälfte für uns, wie immer.«

Will Rotwams zählte nach und steckte dann fünfzig Pfund wieder in den Beutel, den Robin Hood dem König zurückgab. Dazu sagte Robin gönnerhaft: »Danke deinem Schutzpatron, daß du so menschenfreundlichen Banditen in die Hände gefallen bist, die dir nur die Hälfte abnehmen anstatt alles. Willst du nicht deine Kapuze abnehmen, frommer Bruder? Ich möchte gerne sehen, wer heute mein Gast ist.«

»Ich kann die Kapuze nicht abnehmen, denn wir sieben haben geschworen, als Buße vierundzwanzig Stunden lang das Gesicht zu verhüllen«, entgegnete der König schnell.

»Dann laßt die Kapuzen nur auf; wegen mir sollt ihr eure Gelübde nicht brechen«, sagte Robin freundlich.

Sieben Freisassen nahmen jeder ein Maultier am Zügel, Robin Hood schritt voraus, und so führten sie die sieben Mönche zur Lichtung unter der alten Eiche, ohne zu ahnen, welch hohe Gäste sich unter den Mönchskutten verbargen.

Am selben Morgen war auch Klein-John mit vierzig Gefährten aufgebrochen, um irgendwo einen reichen Gast aufzugabeln, der dann sein Mahl im Sherwoodwald teuer bezahlen mußte. Zu dieser Zeit, da der König das Land besuchte, waren viele reiche Barone und Äbte mit vollen Beuteln unterwegs. Bruder Tuck und vierzig weitere Gefährten warteten auf der Lichtung auf Robins Rückkehr.

König Richard stieg von seinem Maultier und sah sich um. »Ich hätte nicht gedacht, daß du so viele Burschen um dich versammelt hast, Robin«, sagte er. »Ich glaube, sogar König Richard wäre froh, wenn er solch eine stattliche Leibwache hätte.«

236

»Das sind längst noch nicht alle meine Gefährten«, antwortete Robin stolz. »Sechzig sind noch mit Klein-John unterwegs, der meine rechte Hand und mein bester Freund ist. König Richard Löwenherz wäre der einzige, dem wir alle gerne dienen würden. Ihr Kirchenleute versteht unseren König nicht, aber wir Freisassen lieben ihn, weil er so tapfer ist wie wir.«

Bruder Tuck eilte herbei. »Guten Morgen, liebe Brüder! Ich bin wirklich froh, daß ich gleich sieben meines heiligen Standes in diesem Räubernest willkommen heißen kann. Ich glaube, den Burschen hier würde es eines Tages an der Himmelspforte schlecht ergehen, wenn ich, der fromme Bruder Tuck, nicht jeden Tag so fleißig für sie beten würde. Was meint ihr?« Bruder Tuck blinzelte den fremden Mönchen vielsagend zu und schlug dem König freundschaftlich auf die Schultern.

König Richard wollte hochfahren, aber er mußte doch lachen. Er unterdrückte das, so gut er konnte, und fragte: »Wer bist denn du komischer Kauz?«

Bruder Tuck musterte ihn entrüstet: »Hör mal zu, ich bin kein komischer Kauz! Ich bin Bruder Tuck, der fromme Bruder Tuck, und wenn du meinst, du bist was Besseres, bloß weil du ...«

»Tuck, red nicht so viel und bring unseren Gästen lieber den Wein. Die ehrwürdigen Brüder sind durstig, und weil sie schon so viel bezahlt haben, sollen sie von allem das Beste bekommen.«

Bruder Tuck ärgerte sich, weil Robin ihn unterbrochen hatte und ihn vor den fremden Mönchen herumkommandierte, aber er gehorchte und holte einen Krug Wein und Becher. Robin schenkte ein, doch als seine Gäste sofort den Becher an die Lippen setzten, rief er: »Wartet! Solange Richard Löwenherz in Nottinghamshire weilt, wird im Sherwoodwald kein Tropfen ohne einen Toast auf unseren guten König getrunken!« Robin hob seinen Becher. »Glück und Segen für unseren edlen König! Verderben seinen Feinden!«

Dann tranken alle auf die Gesundheit des Königs; Richard Löwenherz in der Mönchskutte trank auf sein eigenes Wohl, um sich nicht zu verraten. Dann sagte er: »Hast du nicht auf deinen Gegner getrunken, guter Freund?«

»Nein, denn wir Geächteten im Sherwoodwald schätzen und ehren unseren König viel mehr als ihr Mönche. Wir würden unser Leben für ihn geben, aber euch frommen Brüdern ist es egal, wer auf dem Thron sitzt und wie das Land regiert wird und wie es dem Volk ergeht, solange ihr nur ungestört bequem in euren Klöstern lebt!«

»Vielleicht liegt mir König Richards Wohlergehen mehr am Herzen, als du ahnst«, antwortete der König lachend. »Doch genug davon. Wir haben ziemlich viel für unseren Aufenthalt hier bezahlt, also kannst du uns auch etwas dafür bieten. Ich habe oft gehört, ihr wäret alle solch großartige Bogenschützen. Wollt ihr uns nicht eure Kunst zeigen?«

»Mit dem größten Vergnügen«, antwortete Robin. »Wir tun immer unser möglichstes, um unsere Gäste zu unterhalten. Wie sagt das alte Sprichwort: nur ein hartes Herz gibt dem gefangenen Vogel nicht die besten Krümel, und ihr seid gefangene Vögel bei uns. He, Burschen, hängt ein paar Ziele auf!«

Bruder Tuck ärgerte sich noch immer, weil Robin ihm vorhin das Wort abgeschnitten hatte, und deshalb bemerkte er jetzt zu einem der falschen Mönche: »Hast du gehört? Jedesmal, wenn Robin nichts Gescheites einfällt, behauptet er, es sei ein altes Sprichwort.«

Die Zielscheibe war eine handbreite Girlande, die an einem breiten Baumstamm aufgehängt wurde. Die Freisassen mußten aus einhundertzwanzig Schritt Entfernung darauf schießen. »Jeder schießt dreimal, und wer nicht trifft, bekommt eine Ohrfeige von Will Rotwams«, bestimmte Robin Hood.

»Du kannst es dir leisten, so großzügig Ohrfeigen von deinem Neffen anzubieten; selber kriegst du ja keine«, brummte Bruder Tuck.

David aus Doncaster und Midge der Müller schossen als erste und trafen beide dreimal. Wat, der Kesselflicker, hatte nicht so viel Glück; ein Pfeil pfiff einen Fingerbreit an der Girlande vorbei.

»Komm nur her, guter Freund, du bekommst deinen Preis sofort«, sagte Will Rotwams so sanft wie immer.

Wat, der Kesselflicker, pflanzte sich vor ihm auf, biß die Zähne zusammen und schloß die Augen, als ob ihm schon der Kopf brummte. Will Rotwams hob den Arm und holte weit aus. Klatsch, und schon kippte Wat der Kesselflicker um wie ein Kegel vor der Kugel. Nach einer Weile setzte er sich im Gras auf, rieb sich den Kopf und blinzelte in die bunten Sternchen, die ihm vor den Augen tanzten. Seine Freunde lachten, denn wer den Schaden hat, braucht für den Spott nicht zu sorgen.

Alle Freisassen schossen hintereinander, und fast alle trafen die Girlande dreimal. Nur ein paar mußten eine Ohrfeige einstecken. Als letzter schoß Robin. Sein erster Pfeil traf den Stock, an dem die Girlande hing, genau in der Mitte. Sein zweiter Pfeil bohrte sich dicht daneben ins Holz. König Richard überlegte gerade: »Ich wollte, Robin und seine Gefährten wären meine Leibwache...«, da flog Robins dritter Pfeil einen Zentimeter am Ziel vorbei!

Die Freisassen brüllten vor Vergnügen und auch vor Überraschung, denn sie hatten noch niemals erlebt, daß Robin so danebenschoß.

»Der Pfeil war schlecht gefedert, das habe ich sofort gespürt, als ich abzog!« schrie Robin wütend. »Gebt mir einen anständigen Pfeil, und ich spalte den Stock!«

Seine Freunde lachten nur noch lauter. Will Rotwams schüttelte den Kopf und sagte mit seiner milden Stimme, die gar nicht zu seinen Bärenkräften zu passen schien: »Lieber Onkel, du hast die gleiche Chance gehabt wie alle anderen und dein Ziel verpaßt. Dein Pfeil war in Ordnung, also komm nur her und zier dich nicht.«

»Nur Mut, lieber Junge«, ermunterte auch Bruder Tuck Robin. »Du teilst immer alles ehrlich mit uns und paßt auf, daß keiner zu kurz kommt. Deshalb würden wir uns jetzt schämen, wenn wir dir deinen Anteil nicht geben würden. Also los, hol ihn dir schon!«

»Ich bin König im Sherwoodwald, und kein Untertan darf die Hand gegen seinen König heben!« erklärte Robin Hood energisch. »Aber sogar unser großer König Richard darf sich dem heiligen Papst unterwerfen und von ihm als Buße einen Knuff einstecken, ohne daß das seiner Ehre Abbruch tut. Deshalb will ich mich diesem heiligen Bruder unterwerfen. Er strahlt Autorität aus und wird von seinen Gefährten mit Respekt behandelt, also muß er einen hohen Rang einnehmen. Von ihm will ich meine Strafe hinnehmen.« Robin Hood wandte sich an König Richard, der auf dem Moossitz unter der alten Eiche saß. »Bist du dazu bereit, ehrwürdiger Bruder?«

»Selbstverständlich«, antwortete König Richard. »Ich schulde dir sowieso noch eine Gefälligkeit, weil du mich von der schweren Goldlast befreit hast, die ich mit mir schleppte. Macht Platz, Burschen!«

»Die fünfzig Pfund bekommst du wieder, wenn ich umfalle«, antwortete Robin. »Aber wenn ich *nicht* umfalle, nehme ich dir für deine Prahlerei die anderen fünfzig auch noch ab!«

»Abgemacht«, sagte der König und rollte seinen Kuttenärmel hoch. Robin stutzte, als er die Muskeln darunter sah, aber er blieb breitbeinig stehen und lächelte. König Richard holte aus; ein lautes Klatschen, ein dumpfer Aufschlag, und Robin Hood lag der Länge nach im Gras! Es dauerte noch länger als bei Wat dem Kesselflicker, bis Robin sich endlich wieder aufrichtete. Er sah sich so maßlos erstaunt um, als sei er frisch aus den Wolken gefallen und an einem Ort gelandet, den er noch nie im Leben gesehen hatte. Er schien auch nicht zu begreifen, warum seine Freunde so laut lachten. Nach einer Weile betastete Robin Hood vorsichtig sein Ohr. Endlich sagte er: »Will Rotwams, gib dem Bur-

schen seine fünfzig Pfund zurück! Ich will weder mit ihm noch mit seinem Geld mehr etwas zu tun haben! Ich wollte auch, ich hätte mir meine Ohrfeige bei dir geholt!«

Unter dem Gelächter der Gefährten zählte Will Rotwams fünfzig Pfund ab. König Richard steckte das Geld in den Beutel und sagte: »Schönen Dank, guter Freund. So schnell und leicht habe ich noch niemals fünfzig Pfund verdient, deshalb gebe ich dir gerne noch eine Ohrfeige umsonst als Zugabe obendrauf, wenn du willst.«

»Bemüh dich nicht, ich . . .« Weiter kam Robin nicht. Stimmen ertönten, und zwischen den Bäumen tauchten Klein-John und seine vierzig Gefährten auf, Sir Richard von Lea hoch zu Roß mitten unter ihnen. Noch ehe er sein Pferd zum Halten brachte und aus dem Sattel stieg, rief er Robin Hood zu: »Schnell, Robin, schnell! Sammle deine Leute und folge mir! König Richard hat heute morgen Nottingham mit ein paar Rittern verlassen, um dich zu suchen! Ich weiß nichts Genaues, ich habe nur das Gerücht gehört, aber es wird schon stimmen. Ihr müßt euch alle auf meiner Burg verbergen, bis die Gefahr vorüber ist. Wer sind diese Fremden?«

Robin stand endlich aus dem Gras auf. »Diese Gäste sind uns im Wald begegnet. Ich kenne ihre Namen noch nicht, obwohl mich das Vergnügen ihrer Bekanntschaft fünfzig Pfund und ein taubes Ohr gekostet hat.«

Sir Richard sah den großen Mönch prüfend an, der sich aufrichtete und ihn durchdringend anstarrte. Plötzlich wurde Sir Richard blaß, denn er erkannte den König trotz der Kapuze an den Augen. Schnell sprang er aus dem Sattel und kniete vor ihm nieder. Da warf der König seine Kapuze zurück. Die Freisassen verstummten vor Verblüffung; sie waren alle dabeigewesen, als König Richard Löwenherz in Nottingham einritt und hatten ihn dort aus allernächster Nähe gesehen. Nun fielen sie auf die Knie. König Richard sah sie alle der Reihe nach grimmig an. Zuletzt blieb sein Blick auf Sir Richard von Lea haften.

»Wie kannst du es wagen, zwischen mich und diese Burschen zu treten? Wie kannst du es wagen, dieser Bande von Geächteten deine ritterliche Burg als Zuflucht anzubieten, Sir Richard?« sagte er streng.

Sir Richard von Lea sah den König offen an und antwortete: »Weit sei es von mir, etwas zu tun, das Eure Majestät nicht billigen könnten. Trotzdem würde ich eher den Zorn Eurer Majestät erleiden, als Robin und seinen Gefährten meine Hilfe verweigern, denn ihnen verdanke ich alles: mein Leben, meine Ehre, meinen Besitz. Soll ich solch einen guten Freund in der Stunde der Not verlassen, edler König?«

Noch ehe Sir Richard von Lea zu Ende gesprochen hatte, kniete einer der sieben falschen Mönche neben ihm nieder und warf ebenfalls seine Kapuze zurück. Es war Sir Richards Sohn Henry. Als sein Vater schwieg, sprach der junge Sir Henry: »Majestät, ich habe Euch immer treu gedient und Euch in Palästina einmal das Leben gerettet. Doch diesmal bin ich auf der Seite meines Vaters. Auch ich würde Robin Hood jederzeit helfen, selbst wenn Ihr dann Eurem Waffenbruder Euer Wohlwollen entziehen wolltet. Robin Hood hat die Ehre meines Vaters gerettet, also ist auch er mein Bruder.«

König Richard Löwenherz sah von einem zum anderen und endlich lächelte er. »Ich kenne die Geschichte, und ich nehme dir die offenen Worte nicht übel. Dein Sohn steht seinem Vater nicht nach an Kühnheit in Worten und Taten. Er hat mir einmal das Leben gerettet, und deshalb würde ich dir um seinetwillen verzeihen, wenn du dir etwas Schlimmes vorzuwerfen hättest, Sir Richard. Nun steht alle auf; ihr habt nichts von mir zu fürchten, denn es wäre schade, wenn mein Ritt in den Sherwoodwald ein trauriges Ende nehmen müßte.«

Dann winkte der König Robin Hood zu sich heran: »Ist dein Ohr noch zu taub, um mich zu hören?«

»Nein, und ich will von nun an immer auf das hören, was Eure Majestät befiehlt«, antwortete Robin Hood.

»Ich habe erfahren, daß du dich mit deinen Gefährten mitten unter die Soldaten des Sheriffs gewagt hast, um deinen König beim Einzug in Nottingham zu begrüßen. Du hast einem unbekannten Mönch deine Ergebenheit mir gegenüber erklärt. Du bist der Freund meines Freundes, des Ritters von Lea. Ich habe sehr viel Gutes von dir vernommen, und deshalb soll dir alles andere verziehen sein. Ich gewähre dir und allen deinen Gefährten freies Geleit und Pardon. Aber ich kann nicht zulassen, daß ihr wie bisher im Land herumstreift. Deshalb nehme ich dich bei deinem Wort: du kommst mit mir nach London und trittst zusammen mit Klein-John und Will Rotwams in meinen Dienst ein. Dein Sänger Allan aus Dale soll ebenfalls an meinen Hof kommen. Alle deine anderen Gefährten stelle ich als königliche Jäger und Waldhüter ein. Ich habe nur Gutes von euch auf meinen Kreuzzügen gemeldet bekommen, habe von eurer Treue zu eurem König gehört. Nun sorge für das Festmahl, denn ich bin gekommen, weil ich gerne sehen wollte, wie ihr hier im Walde lebt.«

Schnell wurden große Feuer angezündet, und während einige Freisassen das Mahl zubereiteten, vertrieb Allan aus Dale dem König die Zeit mit Harfenmusik und alten Liedern. Dann ließ König Richard sich den saftigen Wildbraten schmecken und erklärte hinterher, er wolle auch noch Robin Hoods Köche mit an den Hof nach London nehmen. In dieser Nacht schlief der König auf einem Lager aus grünen Blättern unter der alten Eiche, und zwölf Freisassen schützten sein Lager. Früh am nächsten Morgen verließ er den Sherwoodwald. Die ganze Stadt lief zusammen, als König Richard Löwenherz auf einem gewöhnlichen Maultier und in einer schwarzen Kutte zum zweitenmal in Nottingham einzog. Sechs falsche Mönche begleiteten ihn, die am Tage zuvor prächtige Ritterrüstungen getragen hatten. Und hintendrein marschierten in Viererreihen, von Robin Hood und Klein-John angeführt, hundertzwanzig Freisassen, alle von Kopf bis zu Fuß in Jägergrün gekleidet, den Bogen auf der Schulter, das Schwert an der Seite. Die Leute trauten ihren Augen nicht. Dann schwenkten sie die Mützen und schrien, bis sie heiser waren: »Hoch lebe Richard Löwenherz! Hoch lebe Robin Hood! Gott segne unseren guten König, der Robin Hood aus dem Wald geholt hat! Hurra, hurra!«

Der Tumult und die Jubelrufe drangen durch die dicken Burgmauern bis an das Ohr des Sheriffs. Er stürzte ans Fenster und stand mit offenem Mund und wie zur Salzsäule erstarrt da. Die ganze geächtete Bande aus dem Sherwoodwald schwenkte in die Straße ein, die geradewegs zu seiner Burg führte! Und der König vorneweg auf seinem Maultier lachte, als ob er sich freuen würde, weil die ganze Stadt kopfstand und die Leute sich um ihn drängten, daß er kaum noch vorwärtskam, und dazu auch noch »Hoch lebe Robin Hood!« brüllten! Hatten sie gestern vielleicht »Hoch lebe der Sheriff« geschrien, als *er* neben dem König in die Stadt einritt? Kein einziger. Jetzt hatte der Troß schon die Zugbrücke erreicht, und seine Wachen mußten vor diesen vogelfreien Kerlen strammstehen und salutieren. Dem Sheriff lief die Galle über; es wurde ihm schwarz vor den Augen vor Wut; am liebsten hätte er seinen Bogen gepackt und einen Pfeil hinuntergeschickt und König Richard selbst erschossen. Doch der Sheriff wußte zu gut, daß er ihn erstens nicht treffen, und zweitens sowieso nicht mehr lange Sheriff sein würde, wenn er jetzt nicht aufpaßte und sich zusammennahm. Also schluckte er alles herunter; sah zu, wie die Freisassen seine Burg förmlich besetzten, und wartete ergeben, bis der König ihn zu sich rief.

Am nächsten Tag verließ König Richard Löwenherz Nottingham. Robin Hood, Klein-John, Will Rotwams und Allan aus Dale verabschiedeten sich von ihren Freunden und versprachen, sie oft im Sherwoodwald zu besuchen. Dann bestiegen sie ihre Pferde und ritten im Gefolge des Königs davon.

So endeten Robin Hoods fröhliche Abenteuer, denn trotz seines Versprechens verstrichen viele Jahre, ehe er seinen geliebten Sherwoodwald wiedersah. Klein-John kehrte schon nach zwei Jahren bei Hof nach Nottinghamshire zurück, lebte friedlich in einem kleinen Ort am Saum des Sherwoodwaldes und wurde noch berühmter als zuvor, weil er beim Stockfechten alle Wettkämpfe in ganz England gewann. Will Rotwams konnte nach einiger Zeit nach Hause zurück und sein väterliches Gut übernehmen. Alle anderen Gefährten taten ihre Pflicht als königliche Jäger und Waldhüter.

König Richard Löwenherz bewunderte Robin Hoods großartige Schießkünste sehr, und es dauerte gar nicht lange, bis er ihn zum Hauptmann der Königlichen Bogenschützen ernannte. Weil Robin nicht nur sein bester Schütze, sondern vor allem treu und aufrichtig war, verlieh ihm der König auch den Titel eines Grafen von Huntingdon. Robin Hood begleitete den König auf allen Feldzügen und wurde sein Vertrauter. Allan aus Dale wurde der Lieblingssänger des Königs und lebte mit seiner schönen Frau Ellen ständig am Hof.

21 ROBIN HOODS RÜCKKEHR IN DEN
SHERWOODWALD UND SEIN TOD

König Richard Löwenherz kam bei der Belagerung der Burg des Grafen von Limoges im Kampf gegen Frankreich ums Leben*, und Robin Hood, der Graf von Huntingdon, kehrte zurück nach England.

Allan aus Dale und seine schöne Frau Ellen gehörten stets zu seinem Gefolge. Es war Frühling, als sie an der englischen Küste landeten. Das Land grünte und blühte; die Vögel sangen; die Sonne schien; und alles erinnerte Robin Hood an die Jahre im Sherwoodwald.

Nun herrschte König Johann** über England, und ihn mußte der Hauptmann der Königlichen Bogenschützen, der Graf von Huntingdon, um Urlaub bitten, ehe er den Sherwoodwald wiedersehen konnte. König Johann ließ ihn ziehen, aber er befahl Robin Hood, nicht länger als drei Tage im Sherwoodwald zu bleiben. Robin und Allan aus Dale brachen sofort auf. Sie übernachteten in Nottingham, aber sie dachten nicht daran, dem Sheriff ihre Aufwartung zu machen. Er haßte Robin Hood und seine Freunde jetzt noch mehr als früher, als sie vogelfrei waren und er sie verfolgen durfte.

Am nächsten Morgen bestiegen Robin und Allan in aller Herrgottsfrühe ihre Pferde; sie konnten es vor Ungeduld kaum noch erwarten. Robin schien es, als würde er jeden Stock und Stein wiedererkennen. Dort verlief ein kleiner Pfad, über den er oft mit Klein-John zum »Blauen Eber« gelaufen war; den schmalen Weg, über den sie zu Bruder Tuck gegangen waren, versperrten jetzt dicke Brombeerbüsche.

* 1199
** 1199—1216. Unter seiner Regierung wurde die Magna Charta, das wichtigste englische Staatsgrundgesetz, beschlossen.

»Siehst du die Narbe an dem Buchenstamm, Allan? Erinnerst du dich, wie dein Pfeil den Hirsch verfehlte und stattdessen ein Stück Rinde vom Baumstamm riß? Das war an demselben Tag, an dem wir in den Sturm gerieten und in dem alten Bauernhaus über Nacht blieben.«

So ritten sie dahin und stießen überall auf Erinnerungen. Endlich erreichten sie die alte Eiche auf der Lichtung, die so lange ihr Zuhause gewesen war. Beide schwiegen, als sie unter dem knorrigen Baum vom Pferd sprangen. Robin schaute sich um: alles war so vertraut wie früher und doch ganz anders, denn wo früher die fröhlichen Stimmen seiner Gefährten erklangen, breitete sich nun die tiefe Stille der Einsamkeit aus. An diesem Morgen hatte Robin sein gutes, altes Jagdhorn an den Gürtel gebunden. Seit er König Richard Löwenherz gefolgt war, hatte Robin es nie wieder geblasen; es gehörte nur zu seinem Leben im Sherwoodwald. Jetzt setzte er es noch einmal an die Lippen. Der helle, klare Ton klang über die Lichtung, und der dunkle Wald warf das Echo zurück.

Zufällig wanderte an diesem Morgen auch Klein-John durch den Wald. Er schritt tief in Gedanken versunken dahin, als er plötzlich den vertrauten Klang des fernen Jagdhorns vernahm. Wie ein Hirsch sich aufbäumt, wenn ein Pfeil sein Herz trifft, so fuhr Klein-John zusammen. Er neigte den Kopf und lauschte. Wieder ertönte das Jagdhorn, schwach und fern, aber klar, und dann noch einmal. Da stieß Klein-John einen Freudenschrei aus und rannte los. Er stürzte durch das Unterholz und achtete nicht auf die Dornen und Äste, die an seiner Kleidung rissen und ihm Gesicht und Hände zerkratzten. Er dachte nur daran, auf dem kürzesten und schnellsten Wege die Lichtung zu erreichen. Robin wartete unter der alten Eiche, genau wie früher, und konnte sich vor Überraschung nicht rühren, als plötzlich Klein-John aus dem Dickicht auftauchte. Die beiden alten Freunde umarmten einander und brachten vor Freude kein einziges Wort heraus.

Sie standen noch ganz fassungslos so da, als im Laufschritt sieben königliche Jäger erschienen und in ein Freudengeheul ausbrachen, als sie Robin Hood sahen. Wenige Augenblicke später tauchten keuchend und außer Atem noch vier Waldhüter auf. Sie alle hatten das Jagdhorn gehört und kaum ihren eigenen Ohren getraut. Nun umarmten sie Robin und Allan und schlugen ihnen auf die Schultern, um sich zu überzeugen, daß es keine Geister waren, die da vor ihnen standen. Endlich sagte Robin voll Rührung:

»Ich schwöre, daß ich euch und unseren lieben Sherwoodwald nie wieder verlassen will. Ich war zu lange fort. Ich will nicht länger Robert, Graf von Huntingdon, sein, sondern nur Robin Hood, der Freisasse.«

Seine Gefährten jubelten. Die Nachricht, daß Robin Hood in den Sherwoodwald zurückgekehrt war, verbreitete sich wie ein Lauffeuer in ganz Nottinghamshire. Noch ehe eine Woche verstrichen war, fanden sich fast alle seine Freunde wieder unter der alten Eiche ein. Doch als König Johann erfuhr, daß Robin Hood nicht länger in seinem Dienst bleiben wollte, wurde er so wütend auf ihn, daß er eine bewaffnete Truppe ausschickte, um den Grafen von Huntingdon tot oder lebendig aus dem Sherwoodwald herauszuholen. Er befahl sogar dem Sheriff von Nottingham, sich mit seinen Soldaten an dieser Jagd auf Robin Hood zu beteiligen. Sieben Tage lang durchkämmten die Truppen des Königs und des Sheriffs den Sherwoodwald, aber sie fanden Robin Hood nicht.

Wenn Robin Hood noch so sanftmütig und friedlich gewesen wäre wie früher, so wäre diese Suche nach ihm wohl im Sande verlaufen. Aber inzwischen hatte Robin so manches Jahr unter König Richard Löwenherz gekämpft und sich dabei verändert. Es verletzte seinen Stolz, wie ein gejagtes Wild zu fliehen und sich zu verbergen, und am achten Tag beschloß er, sich seinen Verfolgern zum Kampf zu stellen.

Der erste, der ins Gras beißen mußte, war der Sheriff von Nottingham. Er stürzte mit einem Pfeil im Kopf tot vom Pferd, noch ehe das erste halbe Dutzend Pfeile abgeschossen waren. Der Hauptmann der königlichen Truppe wurde schwer verwundet. Er zog sich erst geschlagen aus dem Sherwoodwald zurück, als die meisten seiner Soldaten gefallen waren.

Robin Hood hatte in einem fairen Kampf gesiegt, obwohl seine Feinde viel zahlreicher waren als seine Gefährten. Um den Sheriff trauerte er nicht; niemand in Nottinghamshire weinte dem eine Träne nach. Aber die anderen Toten bedrückten Robins Gewissen sehr; er konnte sie nicht vergessen, und die jahrzehntelange Last auf seinem Herzen machte ihn so krank, daß ihn ein schweres Fieber überfiel. Drei Tage lang wurde Robin vom Fieber geschüttelt; dann bat er Klein-John, ihn zu seiner Kusine, der Äbtissin des Klosters Kirklees in Yorkshire zu begleiten. Sie verstand etwas von Heilkräutern und Aderlassen. Robin hoffte, er würde schneller wieder gesund, wenn er etwas Blut verlor. So machten Robin und Klein-John sich auf den Weg und kamen nach langer, sehr langsamer Wanderung zum Kloster Kirklees.

Diese Kusine war seinerzeit nur zur Äbtissin ernannt worden, weil König Richard Löwenherz Robin wohlgesinnt war und ihm gerne eine Gefälligkeit erwies. Doch Undank ist der Welt Lohn, und als die stolze Äbtissin hörte, daß Robin Hood seinen Grafentitel und seine hohe Stellung bei Hof einfach hingeworfen hatte, um wieder als Freisasse im Sherwoodwald zu leben, fürchtete sie sofort, dadurch ihren eigenen Rang und ihre fette Pfründe zu verlieren. Als nun Robin krank zu ihr kam und sie bat, ihm einen Aderlaß zu machen und ihn zu pflegen, beschloß die Äbtissin ohne Zögern, diese Gelegenheit zu nutzen, um sich bei Robins Feinden einzuschmeicheln. Robin gegenüber tat sie jedoch sehr freundlich. Sie führte ihn über eine Wendeltreppe in ein Turmgemach, aber Klein-John ließ sie nicht mit herein. Er durfte nicht einmal im Klosterhof bleiben. Wie ein treuer Hund, der von der Tür weggejagt wird, in die sein Herr eingetreten ist, wartete Klein-John auf einer Lichtung nicht weit vom Kloster entfernt.

Die Äbtissin ließ auch keine andere Nonne in das kleine Zimmer hoch oben unter dem Dach des Turmes, in dem Robin Hood lag. Niemand sollte wissen, was sie tat. Sie nahm eine dünne Schnur und band damit Robins Arm ab, als wollte sie ihn richtig zur Ader lassen. Dann nahm die Äbtissin ein kleines Messerchen, aber anstatt die Ader zu öffnen, die in der Ellbogenbeuge dick und blau dicht unter der Haut liegt, schnitt sie heimtückisch tief in das Fleisch ein und öffnete eine Schlagader. Robin Hood verstand nichts von diesen Dingen und sah deshalb ohne Sorge zu, wie ein feiner, dünner Blutstrahl aus seinem Arm floß.

Die Äbtissin verließ unter einem Vorwand das Turmzimmer und verschloß leise die Tür hinter sich. Den ganzen Tag lang floß das Blut langsam und unaufhaltsam aus Robins Arm, und er konnte es nicht stillen. Immer wieder rief er um Hilfe, aber niemand kam, und Klein-John war viel zu weit, um ihn zu hören. Robins Kräfte ließen immer mehr nach. Schwankend erhob er sich und griff mit zitternder Hand nach seinem Jagdhorn. Nur drei schwache, leise Töne kamen heraus, denn Robins Atem flatterte schon durch das Fieber und den Blutverlust. Klein-John hörte sie trotzdem und rannte so schnell er nur konnte herbei. Er klopfte an die Klosterpforte und befahl mit lauter Stimme, ihn einzulassen. Die Pforte war aus dicken Eichenbohlen und mit Eisenbändern und Nägeln beschlagen; die Nonnen fühlten sich sicher hinter dieser Tür und riefen Klein-John durch das Guckloch zu, er könne nicht hereinkommen und solle weiterziehen.

Klein-John packte die Angst um das Leben seines besten Freundes. Er schrie den Nonnen noch einmal zu, ihm sofort die Tür zu öffnen, aber sie antworteten ihm nicht einmal. Sein Blick fiel auf einen Steinpfahl. Klein-John bückte sich und riß ihn mit einem Ruck aus dem

Boden. Er schwankte unter dem Gewicht, nahm einen kurzen Anlauf und schleuderte den Felsbrocken gegen die Pforte. Die Bohlen splitterten krachend auseinander, und die Nonnen rannten kreischend davon. Klein-John stürmte die steile Turmtreppe hinauf. Weil er auch die Tür zum Gemach verschlossen fand, stemmte er sich mit seinen breiten Schultern dagegen und brach sie auf.

Robin Hood lehnte schweratmend an der Wand. Sein Gesicht war weiß und eingefallen, und er schwankte vor Schwäche hin und her. Klein-John sprang hinzu, fing ihn auf und trug ihn vorsichtig auf das Bett.

Die Äbtissin erschien hastig; auch sie war blaß und zitterte, denn ihr war plötzlich eingefallen, daß Robin Hoods Gefährten sie für den Mord an ihm bestrafen würden. Unter Klein-Johns grimmigen Blicken stillte sie nun das Blut mit Kräuterauflagen. Er beobachtete mißtrauisch ihre Handreichungen, und als das Blut endlich zum Stillstand gebracht war, befahl er ihr streng, das Gemach zu verlassen.

Um Robin Hood aufzumuntern, sagte Klein-John mit zuversichtlicher Stimme, daß kein Freisasse an ein paar Tropfen Blut stirbt und jetzt alles wieder gut sei. »In einer Woche läufst du wieder im Wald herum, du wirst schon sehen!«

Robin Hood schüttelte schwach den Kopf und lächelte müde. Er konnte nur noch flüstern. »Der Himmel segne dein gutes Herz, mein lieber Freund, wir werden nie wieder zusammen durch den Wald streifen.«

»Aber natürlich!« antwortete Klein-John laut, um sich selber Mut zu machen. »Natürlich wirst du wieder gesund! Ich bin doch hier, und ich...« Er brach ab, denn die Trauer überwältigte ihn. Nach einer Weile stieß er mit tiefer, drohender Stimme aus: »Ich schwöre beim heiligen Georg, daß ich das Dach über diesem Kloster und seinen Nonnen zusammenstürzen lasse und alles ein Raub der Flammen wird, wenn du nicht gesund hier herauskommst!«

Robin Hood nahm Klein-Johns schwere, braune Fäuste in seine wei-

ßen, mageren Hände und sprach solange mit immer schwächer
werdender Stimme eindringlich auf ihn ein, bis Klein-John ihm endlich
das Versprechen gab, sich nicht an der Äbtissin und dem Kloster zu
rächen, ganz gleich, was auch geschehen mochte. Dann senkte sich Stille
über das Turmzimmer. Klein-John hielt Robins Hand und mußte immer
wieder einen großen Klumpen herunterschlucken, der ihm in den Hals
stieg. Die Sonne versank langsam im Westen und der ganze Himmel
leuchtete blutrot. Leise bat Robin seinen Freund, ihn aufzurichten,
damit er durch das Turmfenster den Sherwoodwald noch einmal sehen
konnte. Klein-John stützte ihn mit den Armen, und Robin legte er-
schöpft den Kopf auf die Schulter seines Freundes. Robin schaute lange
schweigend über den dunklen Wald. Klein-John hielt den Kopf gesenkt,
und die Tränen liefen ihm über die Wangen, denn er fühlte, daß die
Abschiedsstunde gekommen war. Er stellte keine Frage, als Robin ihn
auch noch bat, ihm seinen Bogen zu spannen und einen Pfeil einzulegen.
Klein-John erfüllte ihm diesen Wunsch, ohne sich von seinem Platz zu
rühren und Robin zu stören. Robin lächelte, als seine Hand über das
glatte Holz des Bogens glitt. »Klein-John, du warst mein bester Freund
auf dieser Welt. Begrabe mich an der Stelle, wo dieser Pfeil hinfällt.
Laß mich mit dem Gesicht zur aufgehenden Sonne ruhen, Klein-John,
und sorge dafür, daß mein Grab immer Grün ist und meine müden
Knochen nicht gestört werden.«

Plötzlich richtete Robin sich auf, als ob seine alte Kraft zurückgekehrt
wäre. Er hob den Bogen und schoß den Pfeil zur offenen Turmluke hinaus.
Dann sank Robin Hood langsam in Klein-Johns Arme. Sein Bogen lag
auf seinen Knien, und mit dem Pfeil war auch seine Seele davongeflogen;
hinaus in die goldene Dämmerung über dem Sherwoodwald.

Klein-John saß lange regungslos. Dann legte er Robin sanft nieder,
drückte ihm die Augen zu, faltete ihm die Hände und verließ leise das
Turmgemach.

Unten an der Treppe begegnete er der niederträchtigen Äbtissin und einigen Nonnen.

Mit bebender Stimme sagte er: »Keinen Schritt weiter, oder es bleibt hier kein Stein auf dem anderen!«

Die Nonnen wichen zurück und beobachteten von ihren Zellenfenstern, wie Klein-John im Wald verschwand.

Der graue Morgen dämmerte kaum, als Klein-John mit sechs Freunden das Kloster wieder betrat. Keine einzige Nonne ließ sich sehen. Robins Gefährten eilten die Turmtreppe hinauf, und nach einer Weile hörte man den dumpfen, schlurfenden Schritt von Männern, die eine schwere Last eine steile Treppe hinuntertrugen. Als der kleine Trupp aus der Klosterpforte trat, erhob sich auf der Lichtung, auf der noch die langen Schatten der Nacht lagen, tiefes, klagendes Murmeln. Die Freisassen trauerten um ihren treuesten Freund. Der Sherwoodwald trauerte mit ihnen; kein Vogelruf störte den frühen Morgen.

So starb Robin Hood im Kloster Kirklees in Yorkshire. Voll Großmut verzieh er seinen Mördern, so wie er sein ganzes Leben lang stets Nachsicht für die Fehler anderer und Mitleid mit den Schwachen gezeigt hatte. Ohne Robin Hood gefiel seinen Gefährten das Leben im Sherwoodwald nicht mehr; sie hatten die Lichtung mit der alten Eiche schon einmal verlassen, als Robin Hood an den Hof von König Richard Löwenherz zog. Nun verließen sie den Sherwoodwald endgültig. Robins kurze Rückkehr hatte sie von großer Freude in tiefe Trauer gestürzt. Der neue Sheriff verfolgte sie nicht, und so konnten sie friedlich und ungestört überall in Nottinghamshire verstreut leben und die Erinnerung an Robin Hood und sein gutes Herz, die Geschichten seiner lustigen und ernsten Abenteuer an ihre Kinder und Enkel weitergeben. Und in Kirklees steht auf einem verwitterten, moosbedeckten Grabstein in verschlungenen Buchstaben und alter Sprache:

Hier ruht in Frieden Robin Hood,
den Armen half er aus der Not,
er beugte keinem Unrecht sich
und war ein Schütze meisterlich,
führt' lang ein vogelfreies Leben,
war König Richard treu ergeben,
kämpft' tapfer in manch fremdem Land
und wurd' Graf Huntingdon genannt,
zum Sherwoodwald kehrte er heim,
hier ruht nun friedlich sein Gebein.

Anno Domini 1247

INHALT